心理與教育測驗

周文欽・歐滄和・許擇基
盧欽銘・金樹人・范德鑫 著

作者簡介

周文欽：（兼策劃主編）

學歷：國立台灣師範大學教育學博士

現任：國立空中大學生活科學系副教授兼教學媒體處處長

負責撰寫：序、第一章、第五章、第七章

歐滄和：

學歷：國立台灣師範大學教育學博士

現任：國立台中教育大學諮商與應用心理學系副教授

負責撰寫：第二章、第三章、第四章

許擇基：

學歷：美國愛荷華大學哲學博士

現為榮譽退休教授

負責撰寫：第六章、第十二章、第十五章

盧欽銘：

學歷：美國北科羅拉多大學哲學博士

曾任：國立台灣師範大學教育心理與輔導學系所教授

負責撰寫：第八章、第九章、第十章

金樹人：

學歷：美國依利諾大學香檳分校區哲學博士

曾任：國立台灣師範大學教育心理與輔導學系教授

負責撰寫：第十一章

范德鑫：

學歷：美國匹茲堡大學哲學博士

現任：慈濟大學師資培育中心副教授兼學務長

負責撰寫：第十三章、第十四章

序 言

在當今處處講求「科學化」的時代潮流裡，對於人類行為與心理歷程的了解與研究，自亦不能違反此股潮流。「科學化」最大的特徵是，經由觀察、測量及量化的過程以探究萬物及各項事理的真象，最後並以具體、客觀的數字來呈現真象。心理測驗就是這樣一個「科學化」的工具，藉著它，我們可以更準確的去了解人類的外顯行為與內隱的心理歷程（如動機、態度、興趣等）。職是之故，凡是要做與人有關的決策或決定，就常會使用到心理測驗，而且也離不開心理測驗。與人最有關聯的事業，首推教育，殆無疑義；所以在教育情境中，無時無刻不在使用測驗。就因，心理測驗最常運用在教育與教學情境裡；準此，「心理與教育測驗」也就成為一個常用的詞彙與常見的學科名稱。

目前的各類師範院校與即將辦理的「教育學程」，都開設有「心理與教育測驗」這門課程，市面上常見的教科書亦復不少，惟適宜的並不多見。外文書除了有語文的障礙外，其內容也常不符國情；中文書則常見全盤移自外文書的翻譯本，或是年久失修而致資料老舊。基此緣由，而興起撰寫本書的念頭，為使此念頭早日實現，所以特邀約在各大學院校任教本科目的師長與同好，共同執筆、集體創作。撰寫前，執筆者一起協商全書架構及各篇

章名稱與內容大要，再由各執筆者依其專長分章撰寫，完稿後為使全書之體制、格式趨於一致，出版者委由筆者綜覽全稿以求全書之一致性與連貫性。

本書共分五篇十五章，由歐滄和、許擇基、盧欽銘、金樹人、范德鑫等諸位先生與筆者共同執筆。第一篇緒論，旨在介紹測驗的基本概念；第二篇測驗的原理，在探討測驗的三個基本要素：信度、效度與常模；第三篇測驗的編製，除了說明編製一份測驗的整個過程外，並介紹當代重要的測驗理論：項目反應理論；第四篇測驗的種類，詳細說明成就、智力、性向、人格與興趣測驗的內涵及介紹各相關的測驗，此外，也探討為了因應電腦化而出現的適性測驗；第五篇測驗的實施，則涵括測驗計畫、測驗的運用與倫理，並介紹教育測量的最新動態。本書的出版，要感謝各執筆先生的辛勤付出，心理出版社發行人許麗玉女士的鼎力支持，及蔡幸玲、郭暖卿兩位主編小姐的溝通協調與細心校對。

本書以實用、資料新、易讀易懂自許，惟因屬共同執筆，再加之以倉促成書，當有未盡完善之處，至盼學界先進、同好，不吝指正，俾利再版時修訂與補漏。

周文欽　謹識

中華民國八十四年六月於　國立空中大學

目　錄

第一篇

緒　論

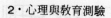

第一章

測驗的基本概念

近二、三十年來，凡是在學的學生、求職的人、服役的預官，甚或出國留學的人，無庸置疑的幾乎都做過心理或教育測驗，測驗已經深深影響到了現代人的日常生活與生涯規劃。當今，測驗廣泛的使用在學校、心理輔導機構、工商業界及部隊裏，以便對各類人員從事診斷、選擇、安置以及服務或評鑑。職是之故，身為傳道、授業、解惑的教師或輔導人員，都應具備測驗的知識與觀念。本章的目的即在說明測驗的基本概念，首先概述心理測量的涵義，接著論述測驗的涵義、功能與要素，最後並以介紹測驗常用的統計方法做結。

第一節　心理測量的涵義

心理測驗（psychological test，簡稱測驗）與**心理測量**（psychological measurement，簡稱測量）兩個名詞常易混淆，有人認為是同義詞，有人認為是分屬不同的概念。其實這兩個名詞所蘊涵的觀念是相同的，不同的是，心理測驗是了解人類心理的工具，而心理測量則是了解人類心理的手段，兩者是一體兩面、相輔相成。準此，研討心理測驗之前，就須先了解心理測量的涵義，才能收事半功倍之效。

一、心理測量的意義與特性

　　所謂測量，是指依據某種工具，用數字描述某項事物的歷程。比方說，我們可以用體重器來測量體重，結果以多少公斤來顯示；用溫度計來測量北極的溫度，結果以多少度（攝氏或華氏）來顯示；用尺來測量桌子的長、寬、高，結果以多少公分來顯示。同理，我們可以用智力測驗來測量智力，結果用某個數字（如IQ＝135）來代表智力；用態度量表來測量某人對婚前性關係的態度，結果也可用數字來說明該種態度；用托福（TOEFL）來測量英語能力，其結果也可用得分來代表英語能力。綜上所述，可知，測量的客體可以是具體的概念，如桌子；也可以是抽象的事物，如智力、態度等。就對人的測量而言，又可分為生理特質的測量（如身高、體重或血壓的測量）與心理特質的測量（如智力、態度或動機的測量）。至於測量的工具，可以是依據客觀、具體的標準或原理製造出來的儀器，如體重器、溫度計或馬錶；也可以是依據主觀、抽象理論編製出來的測驗或量表，如智力測驗或態度量表。一般而言，對於具體事物或人之生理特質，是使用較客觀的儀器施以直接測量，因此測量誤差較小；對於抽象概念或人之心理特質，則使用較主觀的測驗施以間接測量，所以其測量誤差較大。

　　有了「測量」的概念後，就可輕易的了解「心理測量」的意

義。簡言之，心理測量是測量人之心理特質的歷程；詳言之，凡是運用心理測驗或量表，測量個人或團體的各項心理特質，進而量化人之心理特質的整個歷程，就稱之爲心理測量。人的心理特質，在實體上是不存在的，但爲了研究或實用上的便利，心理學上假設它是存在的而且是可觀察、可量化的，這在心理學上稱爲是**建構**（construct），例如，智力、性向、焦慮或人格等都是「建構」。就因心理特質是一種理論上的建構，既看不著也摸不透，所以對心理特質的測量，就只有採取間接測量了，因而產生較大的測量誤差，也就不足爲奇了。

二、心理測量的基本課題

　　心理測量是一種相當複雜且抽象的歷程，因此從事心理測量就須充分掌握及認知其基本課題，才能達成客觀且正確的心理測量目的。

㈠心理測量的客體是人的心理特質

　　就因測量的客體是人的心理特質，因此心理測量的第一步驟，就在界定心理特質的內涵爲何，當我們能了解心理特質的意義及範疇後，才有可能據以尋求或編製適切的工具去加以測量。人的心理特質包羅廣泛，種類繁多，然本書將其分爲「成就」、「性向」、「智力」、「人格」及「興趣」等五大類，在往後的

章節中，對這些類心理特質的涵義與測量方法，將會有詳盡的說明。

(二)心理測量的工具有一定的編製程序

這一課題所要討論的是測驗或量表的編製，其編製程序的最大特徵是標準化。關於此一課題，本書的第五章將會討論到。

(三)心理測量的工具應具可靠性與正確性

依心理學家的研究顯示，人的心理特質有其穩定性與持久性，因此測量結果也應具有此種特性。換言之，測量工具應儘可能以可靠或可信賴的數值，來描述人們的心理特質，這就是測量工具的信度問題。此外，測量工具亦應能正確的測量到它所想要測量的心理特質，心理特質是一種心理學上的建構，具有相當的抽象性與變異性，可謂言人人殊，所以測量工具的正確性在測量歷程中，也就不能予以忽視，這就是測量工具的效度問題。在本書的第二及第三兩章裏，將對測量工具之信度與效度的意義及評估方法，有深入的探討。

(四)心理測量的結果以量化數據來呈現

測量的結果均可用具體的分數或數字來描述及呈現，這些分數或數字均可經由某種轉換，使其具有意義性和可比較性。就因心理測量都以量化數據來描述結果，所以統計處理分析，在心理

測量裏就扮演著非常重要的角色。這一個課題將在本書的第一章第五節（測驗的統計方法）及第四章（常模與測驗結果的解釋）中討論之。

三、心理測量的誤差種類

前文曾述及，在心理測量中產生誤差是不可避免的，測量中的誤差可依誤差的來源及誤差的變異性分成兩類。

㈠依誤差的來源分

1.時間取樣的誤差

即在不同的時間測量，所產生的誤差而言。例如，某甲在今日測量智力得 IQ 為115，兩個月後測得的 IQ 則為90，像此種因時間的改變，而影響測量結果產生誤差的現象，就是測量上的時間取樣誤差。造成此種誤差的原因，可能是個人的成熟、學習、疲勞等因素致之。

2.內容取樣的誤差

即測量結果的實得分數與個人本身所應具有的真實分數之間有了顯著的差異，此種差異所顯示出的誤差，是測量工具本身之題目或內容所造成的，這種誤差在測量上，就是內容取樣的誤

差。例如，用一份國語成就測驗來測量英語成就能力，就會產生極大的內容取樣誤差。

(二)依誤差的變異性分

1.系統性誤差

即一個人接受同一測量工具測量多次，這多次的測量結果彼此間有差距，而這些差距的原因是某些規則性的變異因素所造成的，就稱做是測量的系統性誤差。例如，學習的時間愈多，則成就測量的得分就愈高；在國小階段隨著年齡的增長，智力分數亦會隨著增加。所以學習、成長、訓練等因素對測量結果的得分，會產生規則性的增加現象；同理，遺忘、衰老、疲累等因素則對測量結果的得分，會產生規則性的減少現象。上述的規則性因素在測量時產生效應時，測量結果的得分就會有一致性或趨向性的變化。

2.非系統性誤差

依上文延伸之，凡多次測量結果的得分變化情形，是因不規則的變異因素造成的，就稱為是測量的非系統性誤差。例如，某生作文分數的好壞，與閱卷教師的評分標準有關；此外，情緒、動機等因素，也會對測量分數造成不規則的變化，換言之，測量分數隨意變化，毫無規則可循。

　　職是，測量結果得分的誤差情形有兩種型態，系統性誤差的分數變動呈規則的型態，每次得分的改變有一定的軌跡可尋，成有規則的增減，或一種循環現象，因此不難假定或歸因為是某些因素所造成的現象。非系統性誤差的分數變動則完全沒有任何規則或章法可言，每次得分的變動情形完全是任意的。這兩種誤差型態可能同時出現，因此某人數次測量的分數大致上會逐漸增進，但同時也會出現若干小幅度任意變動的情形，有時高些，有時則低些（林幸台，民75，第176頁）。

第二節　測驗的涵義

　　測驗是心理測驗的簡稱，其出現至今雖已九十年（以第一版的比西智慧量表在1905年出版算起），然迄今對其定義並無可令人完全接受的說法，所以其涵義也就眾說紛云，難有約定俗成或一致的見解。本節旨在從測驗的定義、分類及基本假定，論述及澄清測驗的涵義。本書書名定為《心理與教育測驗》，事實上是包含心理測驗與教育測驗兩個概念。教育測驗是指用在教育情境中的測驗，特別是指成就測驗而言，惟其仍是心理測驗的一部分。為突顯及強調本書可用在教學或教育情境中，所以將本書命名為《心理與教育測驗》。

一、測驗的定義

歷來測驗學者對測驗的見解有廣義、狹義兩種，就廣義的層面而言，視測驗爲測量的程序或歷程；就狹義的層面而言，則視測驗爲測量的工具。一般而言，持廣義說的學者主要有下述幾位（周文欽，民82）：

第一位是克朗巴赫（Cronbach, 1984），他認爲：「測驗是指經由數字量尺（numerical scales），或固定分類法（fixed categories），以觀察及描述個人行爲的系統化程序（p.26）。」

第二位是瓦序及貝茲兩位（Walsh and Betz, 1990），他們認爲：「測驗是一種在控制的情境下，獲得行爲樣本（a sample of behavior）的方法（p.20）。」

第三位是郭生玉（民74，第4頁），他認爲：「測驗是指採用一套標準化刺激，對個人的特質做客觀測量的有系統程序。」

持狹義說的學者有梅倫斯及李曼（Mehrens and Lehmann, 1975），他們很簡潔的指出：「測驗是測量的工具（p.5）。」；國內學者張春興（民78，第649頁）亦持狹義觀點，他認爲：「測驗是指評量某方面行爲（如智力、人格等）的科學工具。此類工具多係由問題或類似問題的刺激所組成，且經過標準化而建立其常模、信度與效度。」

綜合上述的界說，可以發現，對於測驗的測量客體與編製、實施的特徵，並沒有做清楚、明確的交待與說明，準此，本書將測驗定義為：「在標準化的情境下，測量個人心理特質的工具或歷程。」當測驗界定為工具時，是持狹義的觀點，它所代表的詞性是名詞；當測驗界定為歷程時，是持廣義的觀點，它所顯示的詞性是動名詞。前者的英文是 test，後者的英文則是 testing。一般言之，testing 的涵義包含了 test，所以大部分的英文測驗書籍，大都以 testing 來命名。例如，安娜斯塔西（A. Anastasi）在 1990 年所出版的測驗專書就命名為「Psychological Testing（6th ed.）」，克朗巴赫（L. J. Cronbach）在同年所出的專書，其書名為「Essentials of Psychological Testing（5th ed.）」，同樣是以 testing 代表測驗。然也有以 test 名之的，例如瓦序及貝茲（W. B. Walsh and N.E. Betz）在1990年所寫的測驗書籍，就取名為「Tests and Assessment（2nd ed.）」。接著將申述測驗的定義如后，由於測量的意義已在本章第一節中詳述，因此不再贅述。

㈠標準化的情境

「測驗」的最主要特徵是標準化的情境，測驗的**標準化**（standardization）涵蓋兩個層面，第一個層面是測驗的編製程序標準化，另一個層面則是測驗的實施程序標準化。就測驗編製程序的標準化而言，從欲測量心理特質的確定、編擬試題、分析

試題、選擇試題、組合試題，至研究、分析整份測驗的信度、效度、及常模的建立都須經過一定的程序和步驟，才能完成一份適宜且合用的測驗。例如，在編擬試題之前，就要確定所欲測量之特質的涵義，再針對其涵義所涉及的領域或範疇來擬題，擬題完成後要選取適當的樣本實施預試，再依預試的結果進行「試題（項目）分析」，以選取具有高鑑別度或難易度適中的題目，組合成一份完整的測驗。測驗編製完成後，還要分析其信度及效度，唯有具良好之信度及效度的測驗，才是一份良好的測驗。最後，為了解釋測驗結果，還必須建立常模。總之，測驗的編製要比一般學校的考試試卷之命題來得嚴謹、繁雜的多了。

　　其次，在測驗實施的標準化方面，須顧及施測步驟、記分及結果解釋的一致性。在施測步驟上，舉凡指導語、時間限制、物理環境和受試者的身心特質都應力求標準化，亦即每個受試者的施測條件或環境都應一樣或相類似。至於測驗的記分方法及測驗結果的解釋原則與方式，亦要遵循一定的要領與方法；直言之，記分要力求客觀與正確，結果解釋則須力求周延，而且亦須將受試者某項測驗分數在團體中的地位（或等第）告訴受試者。上述各項標準化的過程，都會很詳盡的記載在該測驗的指導手冊上；準此，只要查閱測驗的指導手冊，就可了解測驗的編製過程與實施方法（周文欽，民82）。

㈡心理特質

人類先天上的個別差異，主要顯現在兩方面的特質，一為生理特質，另一為心理特質。生理特質如身高、體重、血型、心跳、心電圖、皮膚電等，都可用儀器加以直接測量；心理特質如智力、成就、態度、興趣、人格等，幾乎都是內隱且無法用肉眼觀察的，所以心理特質都是經由測驗來做間接測量。測驗所要測量的心理特質包括**認知**（cognition）、**情意**（affective）及**技能**（psychomotor）三大層面。認知層面即指人的心智能力，包括天賦的能力如智力、性向與創造力等，及後天學習而來的能力，如各學科的學習成就；情意層面則泛指非心智能力的心理特質，包括人格特質、動機、態度、興趣、氣質及自我觀念等；技能層面則指人實際操作事物的能力，包括手眼協調及各項感官對外界事物的靈敏程度，然在測驗的測量實務上，常將技能層面的特質併入認知層面裏（周文欽，民82）。本書將測驗欲測量的心理特質，歸納為成就、智力、性向、人格及興趣等五大類，並立專章詳述之。

㈢工具

此處所稱的工具，是指在測驗情境中引起受試者反應的刺激而言，用通俗的話來講，即是一整套經過標準化程序編製而成的試題。試題主要可分成兩大類，一者是紙筆式的試題，另一者是

實物操作式的試題。紙筆式的試題，可以用文字來命題，也可以用圖形來呈現；實物操作式的試題，則使用各類積木、方塊、木板或儀器等，甚或是某個眞實的情境，以測量人的操作能力或臨場應變的機智或反應。一份完整的測驗工具，其試題可能全部是語文式、圖形式或實物式，也可能是各式試題的組合體。

二、測驗的類別

測驗可以從測量特質、內容的呈現方式、一次施測人數、記分方式、命題型式及結果的解釋模式來加以分類，從下列的分類中，將更能了解測驗的涵義與性質（周文欽，民82）。

(一)認知測驗與情意測驗

依據測驗的測量特質來分，測驗可分為**認知測驗**（cognitive test）及**情意測驗**（affective test）兩類。

認知測驗旨在測量心智能力，所以又可以稱為能力測驗，此類測驗包括智力測驗、性向測驗、成就測驗及創造思考測驗等；情意測驗則在測量個人心智能力以外的各類心理特質，易言之，即在測量各項人格特質，所以情意測驗又可稱為是非能力測驗，凡是以人格、動機、興趣、態度、焦慮、氣質及自我觀念等為名的測驗，都屬於情意測驗的範疇。

㈡文字測驗與非文字測驗

依據測驗內容的呈現方式來分，可將測驗分為**文字測驗**（verbal test）及**非文字測驗**（nonverbal test）兩類。

文字測驗的題目是以文字來呈現，其作答說明與答題反應亦都使用文字或語言。非文字測驗的題目不用文字來呈現，而是以圖形或實物（如方塊、積木或儀器等）為測驗素材，然答題卻常以文字（如數字或字母）來呈現。一般常見的人格測驗與各學科成就測驗，大都是屬於文字測驗。非文字測驗則常運用於測量特殊性向（如機械操作、手指靈巧、手眼協調或美術、音樂能力等），也適用於文盲、智能不足者或幼兒等；此外，為比較不同文化間人們的心理特質差異情形，也常使用非文字測驗。在測驗的實務上，有些測驗的內容呈現，同時涵蓋了文字與非文字兩種，其中又以智力測驗及性向測驗最常見之。

㈢個人測驗與團體測驗

依據一次施測人數來分，測驗可分為**個人測驗**（individual test）與**團體測驗**（group test）兩類。

個人測驗一次只能施測一個人，而團體測驗則一次可同時施測許多人。目前所能見到的測驗，大部分都是團體測驗，只有極少數是個人測驗（如比西量表或魏氏智慧量表）。因為實施個人測驗耗時費力且步驟繁雜，所以僅在有特殊目的時（如診斷）才

使用。

㈣客觀測驗與非客觀測驗

依據測驗的記分方式來分，測驗可分為**客觀測驗**（objective test）及**非客觀測驗**（nonobjective test）（Aiken, 1991, p.10）兩類。

客觀測驗是指計分有標準或有正確答案可資遵循的測驗，此種測驗的計分不會因計分者的不同而有差異。下文將述及的選擇反應測驗就是屬於此類測驗，凡是以選擇題或是非題組成的測驗都是客觀測驗。非客觀測驗則是指計分無固定標準答案可資遵循的測驗，它的評分會因評分者的寬嚴不同而有差異，如論文式的測驗之評分就會因人而異，常缺乏客觀的計分標準，下文將述及的結構反應測驗就屬此類測驗。現行的測驗為了力求標準化，所以大部分都是客觀測驗或選擇反應測驗。

㈤選擇反應測驗與結構反應測驗

依據測驗的命題型式來分，測驗可分為**選擇反應測驗**（selected–response test）及**結構反應測驗**（constructed–response test）（Popham, 1981）兩類。

凡是測驗題目以選擇題、配合題或是非題的型式來命題者，就屬於選擇反應測驗，這類測驗的作答方式，是將正確或最佳的選項選出來。結構反應測驗則是以申論題或問答題的方式來命

題，其答案大皆是一段文字或一篇論文。爲達到測驗的標準化，大部分的測驗都是選擇反應測驗，僅有少數的測驗，如主題統覺測驗、羅夏克墨漬測驗（均是人格測驗）及托浪斯創造性思考測驗是屬於結構反應測驗。

(六)常模參照測驗與標準參照測驗

依據測驗結果的解釋模式來分，測驗可分爲**常模參照測驗**（norm–referenced test）及**標準參照測驗**（criterion–referenced test）兩類。此種分類法是源之於葛雷塞（Glasser, 1963）將測量分爲**常模參照測量**（norm–referenced measurement）及**標準參照測量**（criterion–referenced measurement）。

所謂常模參照測驗，就是指測驗的結果，根據測驗分數在團體中的相對位置而加以解釋的一種測驗。所謂標準參照測驗，則是指測驗的結果，根據事先訂定的標準而加以解釋的一種測驗（郭生玉，民74）。換言之，凡是將測驗結果，拿來與他人做比較的測驗，就是常模參照測驗；例如，某甲在數學成就測驗之原始得分爲三十九分，對照常模得百分等級爲八十二，這代表某甲的數學成就贏過百分之八十二的人，僅只不如百分之十八的人。凡是將測驗的結果，與預設的標準做比較的測驗，就是標準參照測驗。例如，在英語成就測驗上的得分超過三十五分者，視爲通過英語測驗，反之則否；今有某乙在該測驗上得分爲四十一分，

則可說某乙通過了英語成就測驗。綜上說明，該數學成就測驗是常模參照測驗，該英語成就測驗則是標準參照測驗。準此，依測驗使用目的的不同，它可以是常模參照測驗，同時也可以是標準參照測驗。

三、測驗的基本假定

誠如前文所提及的，測驗是在「標準化」的情境下，測量個人心理特質的工具或歷程；再者，心理特質都是心理學上的「建構」。職是之故，測驗與測驗分數就必須符合某些假定，才能運用，也才有意義。測驗並不是「神奇」的東西，它們也不具備有唯一的「正確」答案，然而它們卻是搜集人們心理特質資料的最便捷與最有效的途徑。下述幾項基本假定，是運用測驗時必須存在的（Walsh and Betz, 1990）。

第一、測驗中的每一個題目及每一個題目裏的全部文字，對不同的人具有相同或相似的意義。換言之，不同的人對測驗這個刺激所蘊涵的意義，應有相同或類似的認知，測驗結果才有相互比較的可能。

第二、人們能夠正確地知覺與描述他們的自我觀念（self-concept）與人格特質。這個假定意味著，人們應可充分地免於自我扭曲（self-distortion）及防衛，俾能正確地反應出屬於他們自己的一切。

第三、人們將能夠誠實地說出他們的思想與感情（thoughts and feelings）。

第四、個人的測驗行為（及眞實行為）具有相當的一致性與穩定性。值得慶幸的，這個假定已可加以實徵性的探討，在專業術語上稱為測驗的「**信度**」（reliability），信度的原始涵意就是「**一致性**」（consistency）。信度的觀念及類型，將在本書的第二章有詳盡的討論。

第五、測驗在測量它所想要測量的東西。例如，智力測驗是想要測量智力或智慧，支配量表（dominance scale）是想要測量領導力與支配力。同樣的，本假定也可以實徵性的方法加以研究，這就是所謂的測驗的「**效度**」（validity）。效度的意義和種類，將在本書的第三章加以探討。

第六、個人在測驗上的**觀察分數**（observed score）（Xi），等於他的**眞正分數**（true score）（Ti）加上**誤差**（error）（Ei）。

$$Xi = Ti + Ei$$

所有的測驗分數都有誤差因素在干擾著，諸如受試者的健康、注意力、先前經驗、情緒狀態、疲累、動作缺陷、視力障礙、社會文化問題、及施測環境、測驗的信度與效度等都是造成誤差的因素。我們必須記住，就像大部分的其他事物一樣，測驗並不是一個完美無瑕的工具。

第三節 測驗的功能

　　測驗的主要功能在測量及評量個人的行為、心智能力及其他的個人特質，俾便做判斷、預測及決定。具體言之，其功能有了解個別差異，落實輔導與諮商效能，分類與安置人員，協助診斷與評鑑，及促進研究與發展等。

一、了解個別差異

　　所謂「**個別差異**」（individual difference），一般性的涵義，係指個體在成長的歷程中，因受遺傳與環境的交互影響，使不同個體之間在身心特徵上所顯示的彼此各不相同的現象（張春興，民80）。綜合言之，從心理學及教育學的觀點來看，人際間的個別差異現象可歸納成三方面：第一是能力方面，如智力、性向與學業成就等；其次是人格方面，即非能力的心理特質，如動機、興趣、態度、情緒與自我觀念等；第三是社會背景方面，如友伴關係、及父母的教育程度、職業類別和婚姻關係等。前述兩方面的差異現象都屬於心理特質的層面，所以要了解個別差異，就要藉助於測驗的實施，才能克盡全功。

　　就因人與人之間普遍存在著上述的個別差異現象，所以每個人的需求、長短處、優缺點也就各有不同，因此，如能了解人際

間的個別差異，將有助於處理有關於人的任何事務，尤其在教育輔導上，更能顯示其價值。目前中、小學校都會定期對學生實施各種測驗，其目的即在了解學生之間的個別差異現象，以給予最適切的教育或輔導，俾使每個人都能發揮最大的潛能，並朝自己的理想目標去充分實現。

二、落實輔導與諮商效能

輔導工作的主要目的，在增進個人的自我了解，消除或減少日常生活中的困擾與不適應行為，俾能發揮其最大潛能，以充分實現其自我。透過測驗的實施，可使個人進一步的了解其自我及各種困擾與不適應行為的緣由。所以獲取學業性向（智力）、成就、興趣及人格特質的量化數據資料，就成為輔導諮商歷程中一項很重要的工作。例如，利用標準化的測驗與量表的量化結果資料，可以協助人們選擇適當的學校、課程或職業，而且對於發現未知的潛能和人格特質，亦有很大的助益。此外，我們也可運用測驗的結果，來評估輔導與諮商的成效。測驗雖能發揮上述的輔導功能，惟一旦誤用或濫用，其負面的後果亦相當可怕，因此在實施測驗時就應遵循下述諸項原則：㈠選取適宜的測驗來施測；㈡針對需求實施測驗；㈢兼顧團體施測與個別施測；㈣讓受試者知悉並了解測驗的結果；及㈤應由專業人員來實施測驗。

三、分類與安置人員

　　「因材施教」是教學上的最主要原則，教學唯有因材施教，每個學生才能發揮其最大的讀書潛能；「人盡其材」則是用人的不二法門，主管用人亦唯有人盡其材，每個人也才能發揮其最大的工作效能。上述所謂的「材」，即指人的一切身心特質，特別是指人的心理特質而言，例如，智能、性向、興趣及人格特質等皆是。人之「材」的運用，主要的目標就在適切的分類與安置人員，經由測驗的結果，就可將人的「材」加以分門別類，篩選出最適當的人員來，安置至最適切的位置，如此將可使「因材施教」及「人盡其材」的理想付諸實現。

四、協助診斷與評鑑

　　人生在世不得意事十之八九，因此學生在學習或心理調適上都可能會遭遇到困擾或挫折，就是成年人在日常生活上也會有適應不良（如高壓力或焦慮）的情況，此時就可使用測驗以尋出問題的癥結所在。例如，經由測驗可診斷出某甲的學習困擾為何，某乙的精神官能症又是什麼心理因素造成的。此外，在某項計畫、措施或方案執行完成後，也可藉由前後測的測驗結果之比較分析，評鑑其成效。

五、促進研究與發展

在當前重視「**研究與發展**」（research and development, R & D）的時代裏，各行各業均汲汲於研究工作，尤以有關人之行為及心理歷程的研究為甚。從事研究，除了需要嚴謹的理論基礎外，尚要有量化的原始資料加以分析，以供佐證或驗證理論，就中測驗是搜集人類行為與心理歷程之原始資料的最佳工具。再者，從測驗的編製過程中，也可促使我們進一步去了解人類行為及心理歷程的更深一層涵義。

第四節　測驗的要素

每一份在標準化情境下所編製的測驗，都必須具備理想的信度與效度，可供做解釋分數之依據的常模，及可使用的特性（周文欽，民82，頁281～285）。

一、信度

信度（reliability）是指測驗的可靠性，包含測驗分數的穩定性與測驗內容的一致性。穩定性是指同一份測驗經多次施測所

得的分數，相當一致，並沒有太大的差異。依據心理學家的研究顯示，人的各項心理特質都擁有穩定性與持久性的特質，並不隨著個體的成長發展或時間的變異而有太大的變化。因此，描述心理特質的測驗分數就要有穩定性，不能隨時間的更易而改變，否則將無法知曉人的心理特質到底爲何。職是，要了解一個人的心理特質，首須這項被量化的特質之分數是穩定的，換言之，即測量的工具（測驗）要有高的信度。比如，張生今天做甲智力測驗得 IQ 爲98，一星期後做得 IQ 爲70，兩個月後再做一次之 IQ 變成150，如此我們將無法了解張生的智力特質到底爲何。因此，高的信度，是測驗的基本要素。

　　一致性是指測驗中的各個題目，在功能上或性質上而言，是屬於同一類或趨近於同一類，簡言之，即它所測量的特質是相同的或極相似的；換言之，一致性是代表測驗的內容僅在測量一種特質。測驗內容如一致性偏低，則將會降低測驗分數的穩定性。在本章第一節中，曾論及依誤差的來源分，可將測量誤差分成時間取樣誤差與內容取樣誤差兩種，前者可從測驗分數的穩定性加以評估，後者則可從測驗內容的一致性去考量。總之，一份具有高信度的測驗，它的測驗分數比較不會因測驗時間的不同，而產生太大的差異；它的測驗內容，大體上而言是在測量單一屬性的特質。

　　評估信度高低的方法，主要有三種：其一是**重測信度**（ test–retest reliability ），即在計算同一群體前後兩次測驗分數

的相關程度；其二是**折半信度**（split-half reliability），即在計算同一次測驗中，單數題目之總分與偶數題目之總分的相關程度；其三是**複本信度**（alternate form reliability），即在計算兩份互為複本之測驗的分數的相關程度。上述重測信度，可讓我們了解測驗分數的穩定性程度，或測驗之時間取樣誤差的程度；折半信度，可讓我們了解測驗內容的一致性程度，或測驗之內容取樣誤差的程度；複本信度，則可讓我們同時了解測驗分數的穩定性程度與測驗內容的一致性程度，或測驗之時間與內容取樣誤差的程度。代表信度高低之數值的量數稱為**信度係數**（reliability coefficient），即上述相關程度的數值。本書的第二章將深入探討信度的涵義，並介紹其他評估信度的方法。

二、效度

　　效度（validity）是指測驗的正確性，亦即指測驗能夠測量到它所欲測量之特質的程度，或是指測驗能達到其目的的程度。易言之，一個具有高效度的測驗，即代表這個測驗愈能測量到它所想要測量的特質，或愈能達到該測驗的編製目的。譬如，在某大學的畢業班中，甲系的學生英語程度被評為比乙系優異；又比方說，在某學系裏，老師依據日常的觀察所得，認為趙生的英語最佳，錢生次之，李生再次之。經過實施托福測驗後發現，甲系的平均托福得分顯著的高於乙系，趙生的得分顯著的高於錢生，

錢生的得分又顯著的高於李生。職是，我們可以這麼說，這個托福測驗具有很高的效度，因為它眞的能夠測量出團體及個人之英語程度高低。

　　人類使用任何的工具，都是為了達成某項目的，無法達成使用目的的工具，都不是好的工具。因此，效度是測驗最重要的要素，甚至比信度還重要。一個具有高信度的測驗，不一定具有高的效度；然而一個具有高效度的測驗，必定具有高的信度，所以信度是效度的必要條件，而非充分條件。例如，使用溫度計來測量體溫，每次的測量結果都相當穩定或差不多（高信度）；但如使用它來測量血壓，卻無法正確測到血壓的量數（低效度）。再如，某興趣量表被公認為，可正確的測量到興趣這個特質（高效度）；所以它所測量到的多次分數，也就不會有顯著的差異（高信度）。

　　評估效度的高低，最常用的方法有**內容效度**（content validity）、**效標關聯效度**（criterion–related validity）及**建構效度**（construct validity）等三種。

　　內容效度適用於有固定命題範圍的測驗，例如學科成就測驗的效度評估，大都使用內容效度。所謂內容效度，是指測驗內容的代表性或取樣的適切性而言（郭生玉，民74，第92頁）。探究內容效度最便捷的方法，是分析該學科的教材內容與教學目標，是否均衡的呈現在學科成就測驗的題目上；如是，則代表該成就測驗具有理想的內容效度，反之則否。每年大學與高中聯考後，

各新聞媒體都會分析各科目的命題性質（如思考題多或記憶題多）及命題範圍（第一册出多少題，第二册又出多少題），即在評估其內容效度。

有些測驗並無固定的命題範圍，也缺乏教材內容或學習目標可供分析，此時就可使用效標關聯效度或建構效度來代表之。前者是使用統計學的方法，探討測驗分數與某一效標之間的相關程度，相關程度高者，表示有高的效度。所謂效標，是指某測驗所要測量的行爲特質或量數。例如，我們不知甲生是好或壞，但假如發現甲生所交的朋友都是好的，則我們可以說甲生也是好的。同理，爲了探討甲測驗的效度，我們可求取甲測驗與具有相同測量特質之乙測驗之間的相關程度（乙測驗是公認的具有高效度的測驗）。如甲乙兩測驗之間的相關相當高，則我們可推論甲測驗亦有高的效度。上述甲生所交的朋友及乙測驗都是效標。至於建構效度，則是指測驗能夠測量到理論上之特質的程度。譬如，某人格測驗是編製者依據五種心理特質來編製，現在將一百人在該測驗上的得分拿來做**因素分析**（factor analysis），結果發現恰可得到五個因素，則可說該測驗具有高的（建構）效度。就測驗實務而言，最常用的效度是效標關聯效度。效度的進一步涵義及其他評估方法，詳見本書第三章。

三、常模

　　測驗結果要加以解釋，測驗的使用才有意義，解釋測驗結果，就要藉助於常模才能達成任務。所謂**常模**（norm），最簡易且最基本的界說，是指某特定團體在某一測驗上之得分的平均數。換言之，根據標準化樣本施測結果，將所有受試者的分數，經統計分析，整理出一個系統性分數分配表，按高低排列，所得平均數，就稱之為常模（張春興，民80，第406頁）。

　　個人在測驗上所得的分數稱為**原始分數**（raw score），因為一般人並不知道測驗的計分方法與標準，所以嚴格上來講，它是不具意義的。經由常模的對照，將原始分數轉化成**衍生分數**（derived score）才具意義。所以，目前所稱的常模已非僅是一個平均數，而是一組相互對照的分數表。因此，常模的主要用途是在測驗分數的解釋上，具體言之，它有兩個功能：第一是了解個人之分數在團體中的地位，第二是比較個人多個特質所代表的意義。比方說，我們都知道托福的成績要超過五百分，才能取得留學生的簽證，這是因為托福測驗的平均數（常模）是五百分，得分大於五百分代表英語能力是中等水準以上。再比方說，某生在某智力測驗上的得分為67分，對照常模後得百分等級75，則可知某生的智力在團體中，可高過或優於百分之七十五的人。再假設，某生在性向測驗上，其原始分數為文書性向41分、機械性向

29分、數理性向53分，僅從這些分數觀之，我們無從知曉某生之多個性向中何者爲優、何者較差（因不知各種性向的測驗題數及其計分方式）；但如將這些分數經由常模轉化成衍生分數，則得百分等級分別爲72、80與57，此時就可知道某生的機械性向最好，其次爲文書性向、再其次爲數理性向。

綜合上述，測驗如沒有建立常模，使用測驗的人將無法解釋測驗的結果。建立常模的方法及其應用原則，請參閱本書第四章。

四、可使用性

測驗除了具備上述三個要素外，還要可使用及易於使用，才是一份好的測驗。可使用性包括易於取得所需的測驗、施測的方便性、及易於計分與解釋。

當我們須要運用到測驗時，首先面臨的問題是如何取得所需的測驗，當然便捷的方式是就施測單位已有的測驗中去選取，第二是向發行測驗的機構去購買，第三是自行編製。自行編製測驗涉及專業的知識，並非每位運用的人都可勝任，而且編製測驗曠日費時，對於運用測驗可說是緩不濟急，所以在運用測驗時，一般而言都是以前二種方式來取得測驗。就中第二種方式，除可從有經驗的人員中得到相關測驗的訊息外，還可從測驗彙編或評論的專文中獲取之，例如，由簡茂發於民國八十一年接受教育部訓

育委員會委託所主編的「我國心理與教育測驗彙編」，及陳明終、吳清山、許勝哲、林天佑編著（民78）的「我國心理與教育測驗彙編」，與「測驗與輔導雙月刊」、「測驗年刊」兩種期刊都是我們選擇測驗的重要參考資料。當然，如是購置測驗來使用，還必須考慮到價格的因素，定價太高的測驗，其可使用性也就相對的減低。

其次，在實際的施測過程裏，亦要容易實施，才算是一份可使用性高的測驗。容易實施的範圍包括容易安排測驗情境、指導語易說易懂、施測人員易於安排、及施測時間不宜太長。最後，測驗的結果要容易計分及解釋，才是一份可使用性高的測驗。不過目前發行測驗的機構，也有協助施測單位來處理計分與解釋結果，這對於沒有專業測驗人員編制的企業機構，是有很大的助益。

第五節　測驗的統計方法

統計學在測驗的主要目的，是在以有效及有用的方法來描述並扼要說明測驗資料（分數），其主要的描述性統計方法有分數分配、及集中趨勢量數、變異量數與相關，非描述性統計方法則包括迴歸分析（預測行為及表現）、因素分析（探究一組變項所隱含的因素或層面）。

一、描述分數分配

當我們蒐集到一組測驗的原始分數，如不經過描述性統計來處理，將很難了解到這些資料所代表的意義與特性。描述分數（原始資料）分配最簡易的方式是次數分配，所謂次數分配，是指將一組原始分數依其數值大小排序並分組，再計算每一組內原始分數的次數（個數）。描述次數分配的方法主要有兩種，其一是次數分配表，另一是次數分配圖，後者又包括直方圖與多邊圖。假如，下面這一組50個人的數學成就測驗原始分數，不經處理，這一組分數將不具可理解性，但當我們使用次數分配後，將具可理解性。

21 95 73 68 54 87 26　9 17 58

46 72 31 94 33 64 51 58 23 55

62 42 47 74 52 41 35 88 65 15

32 53 25 69 48 76 54 27 13　6

43 39 67 44 37 83 49 78 56 18

首先，我們將這些資料依序加以分組，接著再加以劃記，並製成次數分配表及次數分配圖，如表1-1及圖1-1與圖1-2所示（引自Walsh and Betz, 1990）。

表1-1　數學成就測驗原始分數的次數分配表

分數組別	劃記	次數	累積次數
1- 10	//	2	50
11- 20	////	4	48
21- 30	正	5	44
31- 40	/ 正	6	39
41- 50	/// 正	8	33
51- 60	//// 正	9	25
61- 70	/ 正	6	16
71- 80	正	5	10
81- 90	///	3	5
91-100	//	2	2

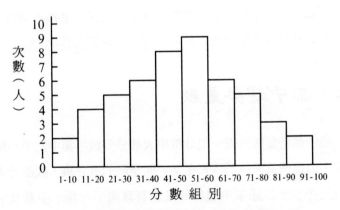

圖1-1　數學成就測驗原始分數分配直方圖

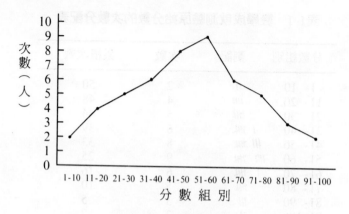

圖1-2　數學成就測驗原始分數分配多邊圖

　　從表1-1、圖1-1及圖1-2所呈現的資料，將可很清晰的了解到上述那五十個人之數學成就測驗之得分的分配情形及大略的趨勢，例如，得分在11至20之間的人有四位，在61至70之間的人有六位，而且得分在中間的人最多，愈往兩端的人愈少。

二、集中趨勢量數

　　集中趨勢量數代表一組分數中大部分分數所集中的中心位置而言，由這個量數將可得知在某一個測驗的得分裏，大部分人的得分是多少。描述集中趨勢的量數有算術平均數、中數及衆數等，但其中又以算術平均數（簡稱平均數）為最穩定及最具代表性的集中趨勢量數，所以一般都以平均數，來代表一組分數的集

中趨勢量數。平均數的算法是將每一個人之分數總和除以總人數，所得的商即是。

三、變異量數

從次數分配，可以了解一組分數的大略分佈情形，從集中趨勢量數，則可以了解一組分數的集中情形；此外，還可以用變異量數來代表一組分數離開中心位置（平均數）的情形，亦即從變異量數的大小，可以看出一組分數分散或參差不齊的情形。變異量數愈大，代表一組分數的分佈愈是分散或參差不齊。請看下面這兩組分數：

A組：21　19　15　17　16　16　18

B組：20　 8　 9　13　10　 4　37

很明顯的上述兩組分數中，A組的分佈情形較集中，B組則相當分散且差異大。再以甲、乙兩班的英文成就測驗為例，M甲、M乙分別代表該兩班的得分之集中趨勢量數（平均數），S甲、S乙則代表變異量數，而且M甲顯著的大於M乙，S甲顯著的大於S乙；那麼我們可以說，甲班的英語科成績顯著的優於乙班，但是甲班學生英語科成績的個別差異或分數分散的情形，要比乙班來得大。換言之，乙班的英語程度較整齊，甲班則較參差

不齊,僅管甲班的平均英語程度要比乙班來得好。

描述一組分數分散或參差不齊的變異量數,在統計學上常用的有全距、平均差、四分差、變異數和標準差,其中又以**標準差**(standard deviation, SD)最為穩定與最具代表性。在一般的行為或社會科學的量化研究報告中,都會呈現平均數和標準差這兩個量數,以期讀者能從中了解研究樣本之原始分數的基本分配(佈)情形。標準差(SD)的公式如下:

$$SD = \sqrt{\frac{\Sigma(x-\bar{x})^2}{N}} = \sqrt{\frac{\Sigma x^2 - \frac{(\Sigma x)^2}{N}}{N}}$$

X:原始分數 　　$\bar{X}$:一組原始分數之平均數

N:總人數 　　Σ:總和

上式的左邊部分是標準差的定義公式,右邊部分是運算公式。從定義公式中,可為標準差下一個定義:一組分數之離均(平均數)差平方和除以總人(次)數後開平方根的值。

四、常態分配

宇宙間凡是能以量化數值出現的事物,其次數分配大都呈**常態分配**(normal distribution),有許多心理特質的分配亦接近常態分配。所謂常態分配,是指**母群體**(population)之原始分

數，大部分分佈（集中）在平均數附近，愈是高分或低分的次數
分配將愈少，其常態分配特性所繪成的曲線圖稱爲常態曲線，如
圖1-3所示。

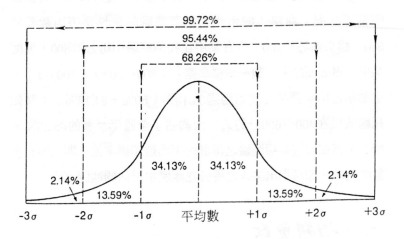

圖1-3　常態曲線圖

　　圖中實線內的百分率是指平均數至某一點的曲線面積，虛線
內的百分率則是指以平均數爲中心之兩點間所涵蓋的曲線面積。
例如，平均數至平均數之上（下）一個標準差的面積，佔整個常
態曲線面積的百分之34.13；平均數上下二個標準差所佔的面
積，爲整個常態曲線面積的百分之95.44。換言之，有34.13%的
原始分數落於平均數至平均數之上（下）一個標準差之內，有
95.44%的原始分數落於平均數上下二個標準差之內。直言之，

常態曲線有三個特性：第一是原始分數大部分集中在平均數附近，而且曲線以平均數為中心呈左右對稱；第二是曲線離平均數愈遠，其高度愈降，曲線愈趨近於橫軸，但卻永不與橫線相交；第三是曲線僅有一個高點，即次數分配最多之處。現舉一實例說明常態分配（曲線）的用法。托福測驗的常模是平均數等於500，標準差等於100，今有某甲在托福測驗中得分為600，那麼某甲的得分高於平均數一個標準差 [（600－500）÷100＝1]，這顯示他的英語能力將可勝過84.13%（50%＋34.13%）；又如托福成績在400至600分的人，大約佔了全體受試者的68.26%。總之，假如知道某項測驗之母群的平均數和標準差，則只要利用常態曲線，即可指出某人之得分在團體中所佔的地位。

五、相關量數

　　解釋測驗分數的最后一種有用的描述統計方法是相關量數。相關是在處理雙變項資料（兩種測驗分數）的問題，前文所述的平均數與標準差，則僅能處理單一變項（一種測驗分數）的統計問題。所謂相關是指兩組成對量數之間，變動一致程度的指標。在測驗的領域中，相關量數的主要用途是在研究信度與效度的問題上。相關的統計方法有許多種，然最常用的是由皮爾森（K. Pearson）所發展出來的積差相關統計法，其定義公式及運算公式詳如下述：

㈠定義公式

$$r = \frac{\Sigma Z_x Z_y}{N}$$

$Z_x = X$ 變項的 z 分數

$Z_y = Y$ 變項的 z 分數

$r = X$ 變項與 Y 變項的相關係數

㈡運算公式

$$r = \frac{\Sigma xy - \dfrac{\Sigma x \Sigma y}{N}}{\sqrt{\Sigma x^2 - \dfrac{(\Sigma x)^2}{N}} \sqrt{\Sigma y^2 - \dfrac{(\Sigma y)^2}{N}}}$$

　　代表相關程度的量數稱為相關係數（r），其值介於1與－1之間，得正值者代表正相關，得負值者代表負相關。相關係數之絕對值愈大，代表兩變項間的相關愈高；當其等於零或接近零時，則表示兩變項間彼此沒有關係存在。一般而言，r值等於±0.50時，代表中度相關；r＝±1.0時，則代表完全相關。正相關代表著兩組變項間，呈現正向或直接的關係，即當一組變項增大時，另一組亦隨之增大；負相關則代表著兩組變間，呈現負向或反向的關係，即當一組變項增大時，另一組變項卻隨之減小。上述兩種相關情形詳圖1-4所示。

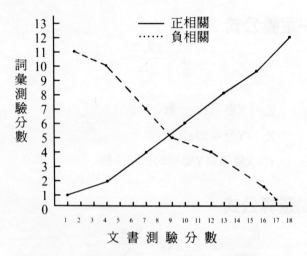

圖1-4　兩組測驗分數的可能相關圖示

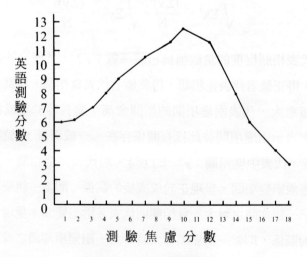

圖1-5　曲線相關圖示

　　上述的r相關，僅描述兩組變項的直線關係，但在某些情境下可能會出現曲線關係，例如，測驗焦慮和英語成就就存在著此種關係。當測驗焦慮適中時，英語測驗分數會呈現最佳的狀況，然當焦慮極高或完全沒有焦慮時，英語測驗分數會表現的較差；此種變項間的相關稱為曲線相關，如圖1-5所示。

六、迴歸分析

　　迴歸分析主要是用在預測時，例如，我們可以用學生的化學測驗分數來預測其物理成績，也可以用高中生的國文、英文、數學成績來預測其在大學聯考的總得分。當我們做上述分析時，即稱為迴歸分析，以一個變項預測一個變項的分析稱為直線（簡單）迴歸分析（如前述用化學成績預測物理成績），用多個變項預測一個變項的分析，則稱為多元迴歸分析（如前述用國文、英文及數學成績預測大學聯考總分）；前述的化學、國文、英文及數學得分稱為預測變項，物理及大學聯考得分則稱為是效標變項。簡言之，迴歸分析，即在探討預測變項與效標變項間的關係，並以迴歸方程式來描述此種關係。迴歸方程式的通式如下：

㈠直線迴歸方程式

$$\hat{Y} = bx + a$$

㈡多元迴歸方程式

$$\hat{Y} = b_1X_1 + b_2X_2 + \cdots + b_nX_n + a$$

上二式中的$\hat{Y}$為被預測的變項（效標變項），X為預測變項，迴歸分析的主要統計處理，即在求出b（b1, b2....bn）與a的數值，再據以做預測。迴歸分析及下述的因素分析的統計方法都相當複雜，本書不宜贅述，有興趣的讀者可參閱相關的統計學專書。

七、因素分析

當我們要探討一組變項的主要或基本層面，或要減少一組變項的變項數時，這時就可使用因素分析的統計方法。比方，有一家公司使用二十種測驗來甄選應徵者，經因素分析顯示，這二十種測驗可歸納出五種層面來；因此，只要使用涵蓋這五種層面的測驗來評估應徵者，其甄選的正確性及有效性與二十種測驗的測量結果是一樣的。

因素分析的結果以**因素矩陣**（factor matrix）來呈現（如表1-2所示），它可顯示主要的因素，及每個原始變項在因素上的

負荷量（loading）或加權值（weight）。因素負荷量就像相關係數，數值愈大（不論是正值或負值），代表該變項與因素的關係愈密切；此外，因素負荷量的平方，代表變項與因素之間的共同變異量。表1-2是九種不同測驗得分的因素分析結果，從表1-2可知，該九種測驗可分析出三個因素，就中因素一裏較重要的變項（負荷量大於0.40者）有字彙、語文類推及閱讀理解等三個測驗，因素二有加法、乘法及除法等三個測驗，因素三則有擲遠、臂力及舉重等三個測驗；依因素內的重要變項，可進一步將那九種測驗所測量的能力，歸納成三種並可命名爲：語文能力（因素一）、運算能力（因素二）及運動能力（因素三）。

表1-2　九種測驗的因素分析結果

測　　驗	因素一	因素二	因素三
字　　彙	0.90	0.40	-0.05
語文類推	0.80	0.30	0.12
閱讀理解	0.75	0.35	-0.08
加　　法	0.30	0.80	-0.13
乘　　法	0.35	0.85	0.17
除　　法	0.33	0.70	0.03
擲　　遠	0.04	0.13	0.75
臂　　力	-0.08	0.05	0.85
舉　　重	0.10	-0.10	0.92

註：因素負荷量大於0.40者置於長方形內
（引自 Walsh and Betz, 1990, P.40）

參考書目

周文欽（民82）：測驗在輔導上的應用。載於賴保禎、周文欽、
　　張德聰合著：**輔導原理與實務**。台北：國立空中大學。

林幸台編譯（民75）：**心理測量導論**。台北：五南。

郭生玉（民74）：**心理與教育測驗**。台北：精華。

陳明終、吳清山、許勝哲、林天佑（民78）：**我國心理與教育測
　　驗彙編**。高雄：復文。

張春興（民78）：**張氏心理學辭典**。台北：東華。

張春興（民80）：**現代心理學**。台北：東華。

Anastasi, A.（1990）. Psychological testing （6th ed.）.
　　New York: Macmillan.

Aiken, L. R.（1991）. Psychological testing and assessment
　　（7th ed.）. Boston: Allyn and Bacon.

Cronbach, L. J.（1984）. Essentials of psychological testing
　　（4th ed.）. New York :Harper and Row.

Cronbach, L. J.（1990）. Essentials of psychological testing
　　（5th ed.）. New York : Harper Collins.

Glasser, R.（1963）. Instructional technology and the

measurement of learning outcomes: Some questions. American Psychologist, 18, 519–521.

Murphy, K. R., and Davidshofer, C. O. （1994）. Psychological testing: Principles and applications（3rd ed.）. Englewood Cliffs, N. J.: Prentice–Hall.

Popham, W. J.（1981）. Modern educational measurement. Englewood Cliffs, N. J.: Prentice–Hall.

Walsh, W. B., and Betz, N. E.（1990）. Tests and assessment（2nd ed.）. Englewood Cliffs, N. J.: Prentice–Hall.

measurement of learning outcomes. Some questions. American Psychologist, 18, 519-521.

Sharpay, K. R. and Davidshofer, C. O. (1988). Psychological testing: Principles and applications. 2nd (ed.). Englewood Cliffs, N.J.: Prentice-Hall.

Popham, W. J. (1981). Modern educational measurement. Englewood Cliffs, N. J.: Prentice-Hall.

Walsh, W. B. and Betz, N. B. (1990). Tests and assessment. (2nd ed.). Englewood Cliffs, N. J.: Prentice-Hall.

第二篇

測驗的原理

第二章

信 度

本章及下一章將介紹**信度**（ reliability ）和**效度**（ validity ）這兩個測量上的重要概念。由於測驗是測量人的心理特質的主要工具，所以我們也常用這兩個概念來檢視心理測驗的性能。簡而言之，所謂信度是指測量結果的可靠性，一般而言，若測得的量數愈接近真正的量數，則其**測量誤差**（ error of measurement ）就愈小，其信度也就愈高。而所謂效度則是指測量結果能夠符合測量目的的程度，一般而言，在自然科學中所測量的大多屬於物理屬性，如重量、長度、面積、時間等，測量結果較不易滲入其他因素；但是教育與心理方面的測量，因為在測驗工具的設計上，很難只測到單純的心理特質，通常會參雜其他的心理特質，所以有關效度問題就特別受到重視。

第一節　信度與效度的關連性

　　信度與效度並非是兩個彼此獨立的概念，所以本節先用一個比喻來釐清兩者的關係。比如，如果當我們在一個沒有實施頻道管制的國家中收聽無線電廣播，我們收聽到的聲音可能如下圖所示（見圖2-1），整個方框代表收音機的總音量，其中最右邊的部分代表無意義的雜音（相當於測量誤差）。中間部分代表來自另一電台的聲音，但是卻非我們所想要收聽的，只是它們恰好使用同一頻道上，所以也收聽到了。最左邊的部分才是我們所真正

要聽的那座電台的聲音。

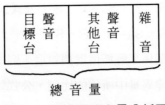

圖2-1　無線電總音量分析圖

　　若把此圖應用到測量結果變異量的分析上，即成為圖2-2。此時無意義的雜音即代表測量誤差；其他台聲音代表**無關變異量**（irrelevant variance），即不是該測驗所要測的，但是卻順便測進來了；而目標台聲音才是代表**有效的或相關的變異量**（valid or relevant variance）。

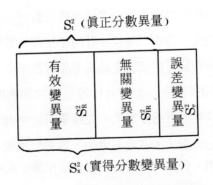

圖2-2　測量結果變異量分析圖

由圖2-2可以得出下列公式表示各種變異量之間的關係。

實得分數變異量：$S_x^2 = S_R^2 + S_{IR}^2 + S_e^2 = S_t^2 + S_e^2$（公式2-1）

眞正分數變異量：$S_t^2 = S_R^2 + S_{IR}^2 = S_x^2 - S_e^2$（公式2-2）

有效變異量：$S_R^2 = S_t^2 - S_{IR}^2 = S_x^2 - S_e^2 - S_{IR}^2$（公式2-3）

　　若由變異量的關係來解釋信度與效度，則信度就是眞正分數變異量在實得分數變異量中所佔的比例，公式如下：

$$信度 = \frac{S_t^2}{S_x^2} 或 \quad 信度 = 1 - \frac{S_e^2}{S_x^2}（公式2-4）$$

而效度就是有效變異量在實得分數變異量中所佔的比例，其公式如下：

$$效度 = \frac{S_R^2}{S_x^2} 或 \quad 效度 = 1 - \frac{S_t^2 - S_{IR}^2}{S_x^2}（公式2-5）$$

　　在實際的心理測驗中，受測者的實得分數可能包含誤差變異量（因爲情緒變化、猜答、筆誤。計時不正確。意外事件等而增減的分數），與測驗目的無關變異量（如考數學卻用文言文或英文來命題、或因受測者對題型及作答方式的熟悉度而增減的分數）以及與測驗目的有關變異量（如數學測驗中因受測者數學能力高低而增減的分數）。在此三者中，誤差變異量（S_e^2）是由隨機因素所造成的，對誰有利對誰不利無法預測；而無關變異量（S_R2）雖然與測驗目的無關，但也是來自受測者，是受測者的另一些心理特質，它也反映出受測者間的個別差異，所以也屬於眞正分數變異量（S_t^2）；至於有效變異量（S_R^2）才是該測驗所眞正

要測的部分，也只有它才能夠顯現各受測者在所欲測的心理特質上的差異。

　　若一個測驗的誤差變異量（S_e^2）太大，即信度偏低，就無法確定測驗結果能否反映個別差異，更無法判斷它能否正確地測到我們所要測的特質了。然而另一方面，即使一測驗具有很高的信度，仍然不足以斷言它必定具有高效度，因為很可能它所測到的部分都不是我們真正所要測的特質，由此可知，信度是效度的必要條件，但卻非充分的條件。

第二節　信度的涵義與原理

　　若對同一學童每年測量一次體重，結果每年增加約一公斤，我們不會覺得詫異，因為體重隨著年齡增長乃是大家共知的事實，但如果在同一天內對同一學童測量多次體重，結果各次之間約有一公斤左右的變動，我們就會懷疑是否磅秤出了差錯，因為照理說，一個人的體重不可能在一天之內有那麼大的變化。由此可知，當我們在測量一個固定不變的特質時，測量的結果也應該具**一致性**（consistency）和**穩定性**（stability），否則測量結果便不可信賴，亦即缺乏信度。

　　任何測量都會因測量工具的限制及測量過程意外因素的干擾，而無法達到百分之百的精確。因此，有測量必有誤差的存

在，有誤差必得去探查其對測量結果影響的大小以了解此一測量程序的信度。心理行為方面的測量若與物質生理方面的測量相較，其誤差產生的原因就更多了，這些誤差包括來自受測者個人的（如身體不適、粗心大意、猜答運氣、作答動機等）、測驗本身的（試題難度、指導語的清晰、題意明確程度等）、施測情境的（意外事件、程序和計時的精確度、光線、溫度等），以及計分上的（主觀計分、登錄錯誤等）。心理測驗的實施要求遵守嚴格的標準化施測程序就是要排除這些誤差來源，以提高測驗結果的信度。

一、分數的構成

受測者在測量時所得到的分數通稱為**實得分數**（obtained score），實得分數可以是原始分數，也可以是轉換後分數。但無論其形式如何，這些分數本身皆含有誤差成分在內，這些誤差是隨機的，有時使實得分數變高，有時使實得分數變小，若將此誤差量化，則稱之為**誤差分數**（error score）。如果由實得分數中減去誤差分數，則產生一個**真正分數**（true score）。真正分數是一個理論上的數值，代表受測者真正的心理能力。此三種分數的關係可由下列公式表明：

$$X = T + E \qquad 或是 \qquad （公式2-6）$$

實得分數＝真正分數＋誤差分數

　　眞正分數是我們在測驗時最想得到的資料，但由於任何測量工具都有其誤差存在，它實際上是一未知數，我們僅能由該工具的測量誤差的大小加以估計。理論上，眞正分數可以被視爲無限次施測後實得分數的平均數。換句話說，受測者如果可以無限次的接受同一測驗的施測，並且不會產生「練習效應」或「疲倦效應」，那麼由於實得分數中的誤差分數會相互抵銷，所以實得分數的平均數將是眞正分數的最佳估計值。

　　表2-1　是同一位受測者在十次測驗上的實得分數，眞正分數和誤差分數

　　由於誤差分數是屬於隨機誤差，當施測次數愈多時，愈可能相互抵銷，所以施測次數（或評分者）愈多，則實得分數的平均數愈趨近眞正分數。而三者變異量的關係亦符合前一節公式2-1的關係：

$$S_x^2 = S_t^2 + S_e^2$$

唯上列是假定同一受測者施測多次，且其特質不受多次施測所產生的練習效應或疲勞效應的影響（如測一本書的重量），但在心理測驗並不可能如此。在心理測驗我們是對一個團體施測一次，因此眞正分數變異量由於個別差異的關係，它不再是0，而且通常會高於誤差分數變異量，實得分數部分也因個別差異使得分數有更顯著的起伏，而造而實得分數變異量的擴大，然而三者之關係仍保持上列公式2-1的關係。

表2-1　同一受測者測量十次其分數之分佈其分數之構成

次數	實得分數	=	眞正分數	+	誤差分數
1	32		30		+2
2	31		30		+1
3	33		30		+3
4	28		30		-2
5	27		30		-3
6	30		30		-0
7	29		30		-1
8	26		30		-4
9	32		30		+2
10	32		30		+2
總和	300		300		0
平均數 M	30		30		0
變異量數 S	5.778		0		5.778
標準差 SD	2.404		0		2.404

二、信度的界定

　　信度是指同一群受測者在不同情境下，分數仍保持一致的程度；而這不同情境可能是測驗版本的差異、受測時間的差異、評分者的差異等。心理測驗上信度的界定是建立於分數變異量的解析上，它先把實得分數的變異量（S_x^2）解析成代表個別差異的眞正分數變異量（S_t^2）和代表情境變化造成的誤差分數變異量

（S_e^2）；而信度就是真正分數變異量在實得分數變異量中所佔的
比例：

$$r_{rx} = \frac{S_t^2}{S_x^2} \qquad （同公式2–4）$$

由於真正分數在實際測驗情況中是一未知數，所以計算時常用下
列公式：

$$r_{rx} = 1 - \frac{S_e^2}{S_x^2} \qquad （同公式2–4）$$

　　信度係數的可能數值恆介於0.00和1.00之間，數值愈大，表
示信度愈高，同時也表示其測量誤差愈小。若信度是以兩次測驗
結果的一致性來表示時，通常會以皮爾遜積差相關作為信度係
數，兩者唯一的不同是信度係數沒有負值，而統計上的積差相關
可能求出負值。

第三節　估計信度的方法

　　估計信度的方法很多，若從測驗的版本及施測的次數來看，
表2–2可顯示出四類估計法及其所求係數的名稱：

表2-2　估計信度方法與測驗版本及施測次數的關係

		測　　驗　　版　　本	
		一　　　種	二　　　種
施測次數	一次	折半法 庫李法或α 係數 （內部一致性係數）	複本法（立即） （等值係數）
	二次	重測法 （穩定係數）	複本重測法（延宕） （穩定等值係數）

表2-3　各種信度估計法的誤差變異量來源

信度估計法	誤差變異量來源
1.折半法	試題內容的取樣
2.複本法（立即）	試題內容的取樣
3.重測法	時間上的取樣
4.複本重測法（延宕）	時間取樣＋內容取樣
5.庫李法和α 係數	試題內容取樣和內容同質性
6.多人主觀評分法	評分者之間的差異

　　表2-3則顯示在不同估計信度的方法中，造成誤差變異量的主要來源，由該表可以看出「重測法」和「複本重測法，都受到重測間隔時間長短的影響，間隔時間愈長則信度愈低。在相同時

間間隔下，「複本重測法」又比「重測法」估得的信度低，因為前者比後者多了內容取樣上所造成的誤差變異量。在相同的複本情況下，「複本重測法」比「複本法」估得的信度低，因為前者比後者多了時間取樣上的誤差變異量。

一、折半信度

　　折半信度（split-half reliability）和庫李信度及α係數都是在考驗測驗內部一致性的方法。當測驗只有一個版本且只施測一次時，研究者可以將所有的試題以各種合理的方法折成對等的兩半，但通常是依題號的單數或偶數來劃分，這時每一受測者在每一半上可得到一個分數，然後以皮爾遜積差相關來求出這兩組分數的相關係數。實際上折半法是將一個測驗折成兩個較短的「複本」，因此所求得的相關係數相當於半個測驗的信度，並不能代表完整測驗的信度。基於測驗題數愈多、信度係數愈高的原理，需要對以折半法求得的相關係數加以校正。以下即為用以估計增減題數後信度會有何變化的**史比公式**（Spearman-Brown formula）：

$$r_{nn} = \frac{nr_{tt}}{1+(n-1)r_{tt}} \qquad （公式2-7）$$

上式中，r_{nn}代表重新估計的信度係數，r_{tt}代表原先的信度係數，

而n代表試題增減的倍數。例如，題數由25題增加到100題，則n為4；若由50題減25題，則n為0.5。在折半法中，半個測驗的信度要校正回整個測驗的信度，所以題數應加倍，所以其校正公式應為：

$$r_{tt} = \frac{2r_{hh}}{1 + r_{hh}}$$ （公式2-8）

此式中，r_{hh}是半個測驗的信度係數，也就是那兩半測驗的相關係數，而r_{tt}才是校正後整個測驗的信度係數。

另一種計算折半信度的方法則不需要校正，它是直接由信度的定義公式（公式2-4）轉換出來的，那就是盧龍公式（Rulon, 1939）：

$$r_{tt} = 1 - \frac{S_z^2}{S_x^2}$$ （公式2-9）

此式中，S_z^2是指每一受測者在兩半測驗上分數的差異的變異量，S_x^2是指每一受測者在全套測驗上總分的變異量。前者相當於信度定義公式中的誤差變異量(S_e^2)，後者相當於實得分數變異量(S_x^2)。

嚴格說來，折半法並不是很理想的信度估計法，比如說，速度測驗的試題難度通常偏低，題目只要有作答通常都答對，因此折半後兩半上的分數必然相等或近乎相等，而所求得的相關係數

也必然非常高，此時應該改用重測法才能估計其眞正的信度。此外，折半法只考慮到試題間內容取樣上的一致性，並不適合內容取樣較廣又得兼顧代表性的成就測驗，或多種特質併在一起施測的人格量表。

二、庫李信度和α係數

　　庫李信度（Kuder–Richardson reliability）和α係數（coeffcient α）也同樣具有檢驗內部一致性的功能。由於前述折半法在不同的折半方法（前後折半、奇偶折半）下會算出不同的相關係數，所以極少人使用，大多採用直接測定整個測驗所有試題一致性的庫李信度和α係數。

　　庫李信度和α係數都建立在變異數分析的基礎上，但庫李信度發展較早（Kuder & Richardson, 1937），且僅適用於試題答案是以二分計分（對錯計分）的測驗；而α係數出現較晚（Cronbach, 1951），它不只可用於二分計分法，也可用於多重評分法，例如：個別智力測驗上的加權計分、行爲評定量表、能度量表等。因此，庫李信度可視爲α係數的一個特例，當試題是二分法計分時，兩種公式所求得的信度係數完全相同。

　　庫李信度的計算公式爲：

$$KR_{20} = \frac{K}{K-1}(1 - \frac{\Sigma pq}{SD^2}) \qquad （公式2-10）$$

公式中K代表該測驗試題總數，SD^2為整個測驗總分的變異數，P代表某試題的答對百分比（通過率），q代表該試題答錯百分比（即$q=1-P$），而Σpq則為整個測驗中，每一題答對與答錯百分比乘積的累加和。

Cronbach α係數與庫李信度極為類似，其公式如下：

$$\alpha=\frac{k}{k-1}(1-\frac{\Sigma(SD_i)^2}{SD^2}) \qquad （公式2-11）$$

將此公式與公式2–10相比較，兩者之差異在於單一試題上變異數的求法。在此pq代表採二分計分法時，單一試題變異數的求法，而SD_i^2代表採多重計分法時，單一試題的變異數。

折半信度、庫李信度和α係數都是考驗測驗中各試題間同質性的方法，同質性愈高表示不同的試題都在測量同一種心理特質。而且此三者都僅適於難度測驗而不適於速度測驗。如想要檢驗速度測驗的內部一致性時，亦當以反應速度，而非以答案對錯為計分單位來求其信度，同時並應求其複本信度或重測信度作為補充性參考資料。

三、重測信度

重測信度（test-retest reliability）是最常用也最容易理解的信度求法，它是指將同一個測驗在不同時間上重複施測於同一樣本，並求二次測驗之間的相關係數，以證明其分數的穩定性。因此，重測信度又稱為**穩定係數**（coefficient of stability）。

一般而言，兩次施測間隔時間愈短，重測信度便愈高，時間間隔愈久，隨機誤差來源便愈多，信度也就愈低。重測信度的誤差來源包括下列數種：一、受測者個人在兩次測驗之間的變化，如動機、健康、學習、練習等因素。二、兩次施測情境間的變化，如溫度、光線、計時或計分上的錯誤、意外的干擾等因素。至於內容或試題取樣的誤差，由於前後兩次測驗題目完全一致，所以不構成誤差來源。

在測驗指導手冊上，凡報導重測信度，一定要說明樣本的性質、大小及間隔時間。若能同時報導在幾個不同時間間隔下的重測信度，則更能幫助使用者了解時間的變化對分數穩定性的影響。至於間隔時間要多久才恰當，並無一定的規則可循。原則上，年紀愈小的受測樣本，其身心變化愈快，間隔時間就該愈短；所測心理特質愈容易易變化的測驗，如學習動機；或所測的是正在學習中的能力，如國小數學，其間隔時間也應該較短。一般而言，可以短至兩週，長至六個月。若超過六個月，甚至到十

年的，那就不稱爲信度研究，而叫做預測研究了。相反地，若間
隔時間太短，受測者會依據對前次測驗的記憶作答，因此，兩次
測驗結果並非相互獨立，其相關係數會明顯偏高。

在前測與後測之間，測驗分數常有提高的現象，這些增加的
表現是來自於「練習效應」和「累積性的成長」。有些測驗需用
到推理和想像技巧，一但受測者掌握解題的原則，則不但在重測
時解題速度加快，在其他類似題型上的解題速度也會變快。除了
一些感覺辨別（sensory discrimination）和動作（motor）測
驗外，大部分的心理測驗都難脫這兩種因素的影響。

四、複本信度和複本重測信度

當同一個測驗有兩種或以上的版本時，我們可將兩複本分別
實施在同一群受測者，然後求兩次測驗分數的積差相關，此相關
即爲**複本信度**（alternate form reliability）係數，或稱爲**等值係
數**（coefficient of equivalence）。

複本信度實際上包含兩種信度概念，一是在時間上的穩定
性，另一是在不同試題樣本（測驗版本）上反應的一致性。如果
兩次測驗是緊接著施測，則時間間隔所造成的誤差變異量極小，
可以不考慮，只考慮試題內容取樣所造成誤差變異量；但如果兩
次測驗間隔較長，像重測法那樣，那所求的信度係數會比立即施
的複本法或重測法還低，這時該係數又叫**穩定等值係數**

（coefficient of stability and equivance）。複本重測法同時兼顧時間間隔及試題內容取樣上的誤差，是檢驗一個測驗的真正信度的最有用、最嚴格的方法。

所謂的複本，是指在不同的題本上，雖然試題內容在取樣上不一樣，但在內容取樣範圍、題目型式、試題數、編製過程、施測程序、評分方法上都一致。當在驗證測驗複本的相等性時，不僅要證明兩複本的分數之間有高相關，還應檢查各複本分數的平均數、標準差和次數分配是否相同。

許多經常被使用的標準化團體測驗都編有複本。使用複本的好處是它能減少使用相同版本測驗重複施測所造成的記憶及厭煩的影響，所以更適合作追踪研究或探討實驗處理的效果。另外，它也能減少受測者作弊的可能性及練習測驗（模擬考）的效果。

使用複本時也常遇到一些限制，例如：1.使用複本雖可減少練習效應，但並未完全消除；2.某些測驗一旦掌握解題原則後，學習遷移效果很大，即使用複本也不能消除這種影響；3.複本的編製較困難，並非所有的測驗都有複本。

五、評分者信度

為了大量施測和機械計分而設計的團體測驗通常具有高度標準化的施測及計分程序，所以主試者或計分者所造成的誤差變異少得可以忽略不計。但是有一些測驗，例如作文、音樂或美術作

品、舞蹈或體操表演、申論題、人格投射測驗、創造力測驗、情境測驗等，因缺乏客觀的評分標準，在計分時容易受到評分者個人主觀及價值判斷的影響。因此，這類測驗的測驗指導手冊應報告其**評分者信度**（scorer reliability），以供使用者參考。

　　所謂評分者信度是指不同評分者之間，對於同一組試卷（作品）所評結果的一致性。在求算此種信度時，可依評分者人數及評分方式而採取不同的統計方法，選擇時可參見表2-4。

表2-4　求評分者信度可用的統計方法

評分者人數

評分方式		二名	二名以上	
	名次法	斯皮爾曼等級相關係數	肯德爾和諧係數	（等級資料）
	分數法	皮爾遜積差相關係數	變異數分析（Hoyt 法）	（等距資料）

　　所謂「名次法」是評分者將所有的作品依據優劣順序一路排下來，然後賦予名次，因此在統計上只能使用適於等級資料的統計方法。所謂「分數法」則是設定一分數範圍（即配分），再由評分者依作品優劣賦予高低不同的分數，因所得資料爲等距資料，

所以可使用適於等距資料的統計方法，但研究者也可以把分數轉換成名次，改用等級資料的統計法。實際的計算公式及程序請參見教育統計學書籍，本章不再贅述。

名次法的評分方式只適用於樣本較小，具作品可重複檢視或排列的情境；對於數十人以上或作品不適宜重複檢視的（如舞蹈、音樂等）則不能直接用名次法，因此在實際運用上仍以分數法居多。

以分數法評分時，研究者可以採取下列措施以提高評分者間的一致性。

1.提供計分說明，指明計分的項目和要點。

2.提供已賦予分數的範例作為給分的參考。

3.各評分者先試評數份，並相互討論以取得共識。

4.提醒評分者要排除可能干擾評分的因素（如申論題的書法、音樂比賽的服裝等）。

六、概推度理論

概推度理論（generalizability theory）是以變異數分析（ANOVA）的原理來將總變異量劃分成幾個變異成分，再用這些變異成分來估計在某種情況下，此測驗分數可概推的程度（相當於信度）如何。

以變異數分析法求信度係數是Hoyt（1941）最先提出，但

後來Cronbach, Gleser, Nanda, & Rajaratnam（1972）把它擴展成以複雜的研究設計來探討測驗分數的各種變異成分，在此一架構下，前述的各種信度的求法都成了此一架構下的特例。在概推度理論的應用中，前半段是找出各種變異成分（來自試題版本、評分者、受測者、評分方式等）的大小，又稱為G研究；後半段是利用已知的各種變異成分找出能使概推係數變大，而施測成本變低的測量設計，又稱為D研究。

　　G研究和傳統的ANOVA有二點不同，一是傳統的ANOVA目的在於考驗自變項各組間是否有顯著差異，所以要以組間變異的均方（MSb）和組內變異的均方（MSw）相比較，作F考驗；而G研究是要探究各種變異來源的大小，只求其均方不需要作F考驗。第二點是傳統的ANOVA設計是把受測樣本的個別差異當作隨機誤差來處理，作為考驗自變項各組間差異的基礎；而G研究中，受測者被當成自變項處理，它本身就是一個主要變異來源，因此，在傳統二因子的研究設計中，在G研究中就變成三因子的研究設計，且每一細格只有一個分數。

　　表2-5為一個三個刻面（facet）的G研究設計，在此設計中可以看出評分者（3人）、學生作品種類（2種）、及受測者（5人）三因素下所形成的測驗分數（以0至10評分）矩陣。此表中，評分者可以替換成重測間隔時間（如一個月、二個月…），作品種類可以替換成測驗版本，這樣就可以同時估計其穩定係數、等值係數、及穩定等值係數了。至於實際計算方法可

參閱Crobach等人（1972）的專書。

表2-5　3×2×5**的G研究設計**

評　分　者		評分者 甲		評分者 乙		評分者 丙	
作　　　品		A	B	A	B	A	B
受測者	甲	2	3	2	3	3	2
	乙	5	4	3	5	4	3
	丙	7	8	6	7	8	7
	丁	5	3	4	5	5	4
	戊	8	6	7	7	8	7

註：作品中A為水彩畫，B為油畫

　　當各刻面的變異成分估計出來以後，研究者可以推算出當作品數為兩種時，評分者為一人時，其概推度係數為多少？若評分者增加為三人或五人時，其概推度係數又各增加為多少？相同地，若評分者固定為兩人時，作品數為一時，其概推度係數多少？若增加作品數為二、三、四時，其概推度係數又各為多少？如此反複想找出一個施測成本較低而其概推度係數較高的測量設計，即為D研究。

七、效標參照測驗的信度估計法

效標參測驗和常模參照測驗無論在理論上或實際運用上都有明顯不同。常模參照測驗重視試題的鑑別度，希望使分數的變異量儘量擴大；效標參照測驗重視試題的代表性、重要性、分數的變異量通常較小，若經過教學訓練後，變異量會更小甚至近乎零。由於積差相關的大小深受樣本變異量大小的影響，所以效標參照測驗並不適宜用積差相關法信度。此外，效標參照測驗主要是用以判斷是否精熟某種知識或技能，是要作二分的判斷而非報導程度上的不同，所以應該改以判斷的前後一致性作為信度的指標。

表2-6　效標參照測驗兩次測量的結果

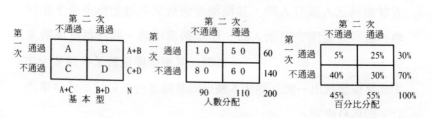

驗證效標參照測驗的統計方法有多種，如**一致性百分比法**（percent agreement, PA），**卡方考驗**（chi square, x^2），

Phi **係數（** φ **）， 及** Kappa **一 致 性 係 數（** K coefficien of agreement **）。**

　　若以表2–6的資料為例，各種指數的計算方法如下：

就一致性百分比而言，其公式如下：

$$PA = P_B + P_c \qquad （公式2-12）$$

公式中 P_B 代表在兩次測驗上分數都達到精熟標準的人數的百分比， P_c 代表在兩次測驗上都未達精熟標準的人數的百分比。因此，其二次測驗結果一致性百分比為：

$$PA = 25\% + 40\% = .65$$

不過此數值對測驗的信度有高估的現象，因為它包含因機遇而產生的一致性（chance agreement）。有些學者主張以Kappa一致性係數來排除此種機遇因素，以便更精確地估計測驗的信度，Kappa係數的計算公式如下：

$$K = \frac{PA - PE}{1 - PE} \qquad （公式2-13）$$

公式中，PA代表二次測驗結果一致的百分比，本例中為.65，而PE代表由於機遇之故，理論上可能出現一致的百分比，其公式如下：

$$PE = (P_A + P_B)(P_B + P_D) + (P_A + P_C)(P_C + P_D) （公式2-14）$$

在本例中，PE計算結果如下：

$$PE = (.30)(.55) + (.45)(.70) = 0.48$$

若代入公式2–13中得Kappa一致性係數爲：

$$K = \frac{.65 - .48}{1 - .48} = .327$$

另一個更容易算Kappa一致性係數的公式是：

$$K = \frac{2(BC - AD)}{(A+B)(A+C)+(B+D)(C+D)} \quad （公式2–15）$$

計算結果爲

$$K = \frac{2(4000 - 600)}{(60)(90)+(110)(140)} = \frac{6800}{20800} = 0.327$$

若要計算兩次測驗的φ相關，其公式爲：

$$\phi = \frac{BC - AD}{\sqrt{(A+C)(B+D)(A+B)(C+D)}} \quad （公式2–16）$$

實際計算結果爲：

$$\phi = \frac{BC - AD}{\sqrt{90 \times 110 \times 60 \times 140}} = \frac{3400}{9119} = 0.37$$

若要考驗φ相關是否達到顯著，只要利用φ與χ^2的關係，將φ依公式2–16換算成 χ^2：

$$\chi^2 = N\phi^2 \qquad （公式2-17）$$

然後再看自由度df＝1時，此一 χ^2 值是否達到顯著水準即可。

第四節　影響信度的因素

當我們想要公平地比較幾個測驗的信度係數時，應先考慮下列四個因素：

一、樣本的同質性（團體分數的變異程度）

當我們以重測法或複本法求信度係數時，我們求的是兩次測量結果的相關係數，而相關係數的大小是反映所有受測者在兩次測量結果上相對地位變動的程度。當樣本之間的能力非常相近（具同質）時，測驗分數的稍微變動就會使相對位置產生很大的變化，致使信度係數變低。

同樣的測驗若取兩班分別進行信度研究，其中一班是常態編班，另一班是能力分班，則常態編班的樣本因異質性大，所求得的信度係數會較高。若某測驗使用於四、五、六年級時的信度係數分別為0.76，0.82，0.80，但若把這三個年級樣本資料合併起來，重新求信度係數，則此信度係數必然遠高於0.82。因此，在比較兩個信度係數之前，應先查明樣本的組成方式，若組成方式

差別太大，則這種比較既不公平也無意義。

團體分數的變異程度與信度的關係可以由三個角度加以解釋。

㈠由信度定義公式來解釋

信度的定義公式為

$$r_{xx} = 1 - \frac{S_e^2}{S_x^2}$$

S_e^2　為誤差分數變異量

S_x^2　為實得分數變異量

由公式中可知，若誤差分數變異量保持不變，實得分數的變異量愈大，則測驗信度愈高。實得分數變異量愈大，表示團體成員間的個別差異也愈大，亦即成員間的異質愈大、則測驗結果的信度也就愈高。

㈡由成員間相對名次變動來解釋

當團體成員間能力很接近，測驗分數的散佈範圍很小時，同分數者必然增多；因此，在第二次測量時，少量分數的增減，都會使成員的相對名次產生很大的變動，致使兩次測量的相關係數偏，信度也因此偏低。反之，若成員間能力相差大，分數間隔大，同分者少，則第二次測量時少許分數的變動並不會造成相對地位的變化，因此相關係數較高，信度也就較高。

㈢由相關係數散佈圖來解釋

兩變項間相關係數的大小和兩變項分數散佈的型態有密切關連，茲以圖2-3來說明，

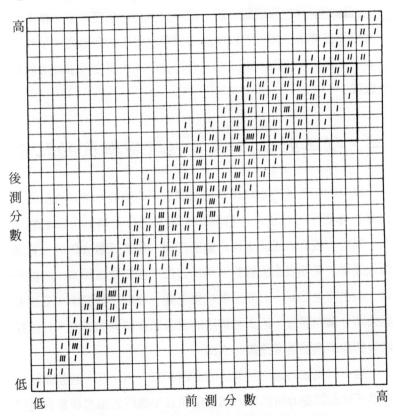

圖2-3　分數變異程度對相關係數的影響

由圖2-3可以看出，若以全部樣本來求算相關係數，其前

測、後測的分數散佈範圍大，其相關係數也高（散佈點趨近一直線）；若從中抽取能力相近的部分樣本，如圖右上角四方形所示，則分數散佈範圍明顯縮小，而散佈點亦不再集中在一直線上。相關係數也就變低。

　　測驗的信度也像相關係數一樣，受到估計信度時所用樣本的能力變異程度所影響。所以用能力偏高且集中的明星高中學生為樣本所求得信度係數一定比用一般常態的高中學生所求得的信度係數低。

二、樣本的能力水準與試題難度的配合

　　樣本的平均能力水準和測驗試題的平均難度水準是否配合，也會影響測量的精確性。若試題太難，則盲目猜測現象必然增多，對能力較低的受測者缺乏鑑別作用，信度係數會降低，若試題太簡單，受測者都能答對，則相當於測驗題數被縮減，所得分數全矩也隨之縮減，信度係數也會下降。在精熟測驗中，受測者絕大部分偏向高分，因此其信度的求法應作特別的考慮，只能採取效標參照測驗信度係數的求法。

　　若一個測驗的適用對象為國小四、五、六年級，且該測驗曾經過正確的試題分析程序，則它用在五年級時的信度係數會高過四和六年級。若該測驗只適用於一個年級，則在中等能力者的測量標準誤會比在高能力或低能力者的測量標準誤來得小。

三、試題題數（測驗的長度）

在討論折半信度係數時，我們曾說過測驗信度會隨試題題數增加而提高。若我們假定測驗的品質、試題所測量的特質、及受測者的性質都保持一樣，則試題題數與信度的關係可用下列公式來表示：

$$r_{kk} = \frac{Kr_{tt}}{1 + (K-1)r_{tt}}$$ （公式2-18）

此式中 r_{tt} 表題數為原測驗K倍的測驗的信度係數

r_{kk} 表原測驗的信度係數

K 表新測驗為原測驗的幾倍

若有一20題的測驗，其信度係數為0.60，若把試題增加成100題（為原來的5倍），則其信度係數便提高為：

$$r_{kk} = \frac{5(0.60)}{1 + (5-1)(0.60)} = 0.88$$

倒過來，若有一個100題的測驗，信度係數為0.90，若想隨機抽取60題構成一較短的測驗，則其信度將降為：

$$r_{kk} = \frac{0.6(0.90)}{1+(0.6-1)(0.90)} = \frac{0.54}{0.64} = 0.84$$

　　雖然增加題數可以提高信度係數，但隨著題數的增加，所需施測時間也增加，受測者疲勞和厭煩的程度也會增加，所以過多的試題可能會得不償失。此外，我們也許無法擬出那麼多同樣高品質的試題。

　　由計算公式2–18中可以看出以增加題數的方式提高信度有它的限制，亦即它符合經濟學上的報酬遞減律，亦即若我們以每次加10題的方式一直累加上去，並看每次重算過的信度係數，將會發現每次增加的題數相同，但增加的效度係數卻愈來愈少，因此在增加題數之前應考慮它的成本與效益。

　　這一公式也可用在作文、音樂、舞蹈、體操、美術等的評定上，我們可以用它推估當評分者增加為幾人，或個人作品數增加為幾件時，其信度係數增加成多少。若兩評分者之間的相關係數平均為0.50，則由三位評分者分別評分，取其平均值作為個人得分，則這種評分方式的信度係數將為：

$$r_{kk} = \frac{3(0.50)}{1+(3-1)(0.50)} = 0.75$$

四、估計信度係數的方法

　　求測驗內部一致性的方法有折半法、庫李法和α係數，但由於電腦使用方便，現在大多採用α係數。以α係數作為信度指數，通常會偏高，因為只要在試題的預試與分析的過程中，準備較多的題目，並把與總分相關偏低的試題淘汰掉即可提高試題間的一致性。

　　至於重測法、複本法、及複本重測法三種信度估計之間，以複本重測法所求得的係數最低，因為它同時含有時間間隔造成的誤差變異量和試題內容取樣造成的誤差變異量，而前二者分別只包含一種誤差變異量。

　　基本上，用不同方法所估計出來的信度係數因為所含的誤差變異量來源不同，所以不能相互比較；即使用相同方法估計出來的信度係數，也可能因為間隔時間不同，或試題取樣範圍不同而難以比較。

第五節　信度係數的解釋與應用

　　信度為一測量工具在某一情況下的可信賴性的統計指標，不同的信度求法可以估計出不同的誤差變異量的大小（如內容取

樣、時間間隔、評分者間差異等），但唯有概推度理論才能同時
估計出多種誤差變異量，可惜概推度理論和傳統的信度求法相
較，可謂工程浩大，不是一般測驗研究者所願輕易嘗試。

　　信度係數既然為判斷測驗好壞的依據，那信度應該有多高才
是個好測驗？這問題本身沒有一個明確答案，不過一般而言，能
力測驗要求的標準比人格測驗高；適用於成人或青少年的測驗比
適用於幼童的測驗要求標準高；用於作重大行政決定的（如篩
選、安置、診斷等）測驗比用於幫助自我了解的測驗要求標準
高。若從理論上的觀點來看同一測驗以不同信度求法所求得信度
係數的高低，則評分者信度係數應為其他信度的上限（客觀計分
時其信度上限為1.00），內容一致性信度較複本信度為高，而複
本再測信度通常是最低的。

一、個人分數的解釋

　　測驗的信度係數可以用來判斷一個測驗對某一團體的測量結
果的可靠性。但在解釋個人測驗分數的可靠性時，便不能用信度
係數，而要用由信度係數衍生出來的統計數值，稱之為**測量標準
誤**（standard error of measurement）或**分數標準誤**（standard
error of a score）。其計算公式如下：

$$\sigma_{meas} = SD_x \sqrt{1 - r_{xx}} \qquad （公式2-19）$$

σ_{meas}＝測量標準誤　　r_{xx}＝該測驗信度係數

SD_x＝測驗分數的標準差

由此公式可知，測量標準誤的大小受此測驗信度係數及測驗分數標準差的影響。當信度係數不變時，測驗分數標準差愈大，則測量標準誤便愈大，另方面，當測驗標準差固定時，信度係數愈高，測量標準誤便愈小。

當我們在解釋個人的測驗分數，我們實際上是以單單一次測驗的「實得分數」去推估代表這個人真正能力的「真正分數」。而這真正分數是無限次測量的平均值，並非我們能直接求到的，只能推估它可能所在的範圍。

若我們能對受測者施測多次，每次的實得分數和真正分數都會有一差距，我們稱之為「誤差分數」。這一系列的誤差分數具有下列三種特性：(1)誤差分數的平均數為0，(2)誤差分數由於受隨機因素的影響，呈常態曲線分配，(3)誤差分數的標準差即為測量標準誤。基於常態分配的特性，約有68％的誤差分數介於±1.0個標準誤之間，約有95％的誤差分數介於±2.0個標準誤之間，約有99.7的誤差分數介於±3.0個標準誤之間。

由於測驗都有誤差存在，如果在報告個人測驗結果時，若只呈現實得分數，會讓人誤以為實得分數即為真正分數，且實得分數是一成不變、絕對可靠的。較理想的做法是同時使用實得分數和測量標準誤來共同估計個人的真正分數，換句話說，是使用統

計學上估計值的**信賴區間**（confidence interval）的方法來說明
個人眞正分數的可能落點，及其出現機率。

比如說，某甲在智力測驗的實得分數爲105，該測驗的標準
差爲15，信度係數爲0.85。依公式2– 可求出其測驗標準誤爲：

$$\sigma_{meas} = 15\sqrt{1-0.85} = 5.8$$

再利用實得智商和此測量標準誤可建立某甲眞正智商的信賴區間
如下：

  68%信賴區間＝105±5.8＝99～111

  95%信賴區間＝105±1.96（5.8）＝94～116

  99%信賴區間＝105±2.58（5.8）＝90～120

在解釋這些信賴區間時，我們可以說，某甲的眞正智商介於99到
111的可能性有68%，介於94到116的可能性有95%，而介於90到
120的可能性有99%。

許多標準化測驗的常模表中都含有標準誤的資料，使用時只
要決定受測者的年齡組及要多大的信賴區間即可查到要加減多少
分數，不必從頭一一計算。

二、分數差異的解釋

在測驗的運用過程中，常有必要去比較分數的大小或異同，

而且常要決定這兩個分數要差異多大，才可說是有顯著差異？這
種兩個分數的比較可以出現在下列三種情況：(1)同一人在前、後
兩次測驗上的比較，(2)同一人在同一測驗組合的不同分測驗上的
比較（側面圖分析），(3)不同的人在同一測驗上的比較。

　　要判斷兩個測驗分數的差異是已達到統計顯著水準，能夠代
表心理特質的眞正差別，抑或僅爲測量誤差的結果時，就需要用
到**分數差異的標準誤**（ standard error of the difference
between the two scores ），其計算公式如下：

$$\sigma_{\text{diff}} = \sqrt{\sigma^2_{\text{meas·x}} + \sigma^2_{\text{meas·y}}} \quad （公式2\text{-}20）$$

公式中，σ_{diff}是分數差異的標準誤，$\sigma^2_{\text{meas·x}}$和$\sigma^2_{\text{meas·y}}$分別爲X測驗和
Y測驗的測量標準誤的平方。若把測量標準誤的公式$\text{SD}\sqrt{1-r_{xx}}$
代入$\sigma^2_{\text{meas·x}}$，$\text{SD}\sqrt{1-r_{yy}}$代入$\sigma^2_{\text{meas·y}}$，則可由信度係數直接求出分
數差異的標準誤：

$$\sigma_{\text{diff}} = \text{SD}\sqrt{2-r_{xx}-r_{yy}} \quad （公式2\text{-}21）$$

由於X和Y是屬同一種量尺（Z分數、T分數、離差智商等）上的
分數，所以有相同的平均數和標準差，利用SD，r_{xx}和r_{yy}即可算
出此一分數差異的標準誤。

　　例如，魏氏智力測驗的平均數爲100，標準差爲15，若在某

年齡組上，語文量表和作業量表的信度係數分別爲0.92和0.89，則其二分數差異的標準誤應爲：

$$\sigma_{\text{diff}} = 15 \sqrt{2\text{-}0.92\text{-}0.89} = 6.54$$

此時，若要證明語文智商和作業智商之間有顯著的差異，且此差異來自機遇的可能性低於0.05，則分數差異要大於13（1.96×6.54＝12.82）；若更嚴格地要求此差異來自機遇的可能性要低於0.01，則分數差異要大於17（2.58×6.54＝16.87）。

三、側面圖分析

分數**側面圖**（score profile）是指個人在接受一測驗組合之後，將個人在數個分測驗上的衍生分數以圖示的方式同時並列，以便相互比較，進而判斷個人的優劣點。

圖2-4是K-ABC測驗的側面圖，原測驗共有16個分測驗，但在最後的側面圖分析中，已把它們組合成系列處理（sequential processing）、同時處理（simultaneous processing）、心理處理合計（mental processing composite）及成就（achievement）四項分數，其平均數爲100，標準差爲15。在每項分數上，上端較長的黑線代表實得的標準分數，下端較短的黑線代表在90%的信賴區間的前題下，該分數應加減的分數，亦

即**誤差帶**（band of error），在圖的最下方是相對應的百分等級
和Z分數，以方便使用者方便地換算。

側面圖除了用以比較不同分數的差異外，還可從三方面加以
分析，一是「一般水準」，它是指各項分數的平均值是偏高或偏
低；第二是「變異性」，它是指各項分數是彼此差異不大或是彼
此參差不齊；第三是「分數組型」，它是指分數高低所構成的型
態，常可作為診斷之用。

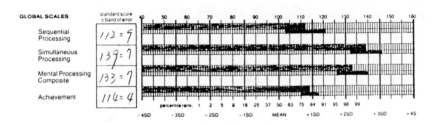

圖2-4　K-ABC測驗的側面圖分析

在解釋側面圖時，若兩個誤差帶沒有重疊，我們才可說兩者
有顯著的差異，例如圖2-4中的系列處理與同時處理兩個分數；
若完全重疊或重疊二分之一以上時，則可以肯定說兩者沒有顯著
差異，例如系列處理和成就兩個分數，以及同時處理和心理處理
合計兩個分數。

第三章

效 度

在測驗所應具備的各種要件當中，效度應該是最重要的，它代表該測驗能否名實相符地測量到它所宣稱要測量的心理特質。換句話，一個機械性向測驗的分數應該能正確且有效率地區辨受測團體成員在機械性向上的能力差異，而不受其數學、閱讀能力的影響。

在前一章中已討論過信度與效度的關係，在這一章中，除了深入探討效度的涵義與原理，還進一步介紹驗證效度的方法、影響效度的因素、及效度的應用。

第一節　效度的涵義與原理

所謂「效度」是指一測量工具是否能真實又正確地測量到它所宣稱要測量的特質。在物理世界裏，物理特質（如重量、長度、時間等）是外顯且相互獨立的，所以很容易進行直接的測量；但在心理及行為的領域中，各項特質是內隱且常是相互依賴的，所以要提供刺激以引發某種心理特質的表現，而在提供刺激的同時，常也引發了相關連的心理特質，例如在數學成就測驗上，常也同時引發了成就動機、數學焦慮及閱讀能力等。

測驗並非只有一個效度來代表整個測驗結果的真確性。事實上，我們可以從不同的角度和層次來探討一個測驗的各種效度，例如，我們可以從所提供的刺激的適當性和代表性來確定所測特

質的純正程度（內容效度）；也可以從當我們以測驗分數作預測和決斷時的正確程度來判斷此測驗在某種用途上的有效性（效標關聯效度）；另外，依照心理學理論所編製出來的測驗應該驗證該測驗所引發的各種結果是否與該理論所衍生的各種假設相一致（建構效度）；最後，還可以看看該測驗的遣詞用字、印刷設計等外型因素能否使人相信它是有效的測驗（表面效度）。

　　依據「教育與心理測驗標準」（AERA–APA–NCME, 1985）的說明，效度是指「依據測驗分數作特定的推論時，此一推論的適當性、意義性及有用性」，而效度驗證是指「蒐集、累積各證據以支持此種推論的歷程」。由上述的定義，我們可知效度並不是一個有或無的問題，而是程度高低的問題；而測驗者要以該測驗作幾種推論，就應該有幾種效度研究，沒有效度研究證據支持的推論，純屬個人主觀臆測。

　　效度的構成原理可以從對測驗分數的變異量分析加以說明。由前一章信度的公式中，我們已知實得分數的總變異量等於眞正分數變異量和誤差分數變異量之和。此公式重列如下：

$$S_x^2 = S_t^2 + S_e^2 \qquad （公式3-1）$$

　　若進一步將眞正分數變異量（S_t^2）加以分析，可得到**有效或相關變異量**（valid or relevant variance）和**無關變異量**（irrelevant variance）兩個成分：

$$S_t^2 = S_r^2 + S_{ir}^2$$

此式中，S_r^2代表有效的變異量，是該測驗所眞正要測的部分；而

S_{ir}^2代表無關的變異量,它雖屬於眞正變異量,也是來自個別差異,但卻不是該測驗所要測的,它是因爲測驗編製技術上的困難而無法排除掉的部分。若將上列兩公式合併,則得到:

$$S_x^2 = S_r^2 + S_{ir}^2 + S_e^2 \qquad (公式3-2)$$

效度就是有效變異量(S_r^2)在實得分數變異量中(S_x^2)所佔的百分比,此關係可由下式表示:

$$效度 = \frac{S_r^2}{S_x^2} = 1 - \frac{S_e^2}{S_x^2} - \frac{S_{ir}^2}{S_x^2} \qquad (公式3-3)$$

第二節　驗證效度的方法

　　美國心理學會於1985年出版的《心理與教育測驗的標準》一書中,將效度分成三大類,即:與內容有關的效度(content-related validity)、與外在效標有關的效度(criterion-related validity)和與理論建構有關的效度(construction-related validity),以及一個不具技術性意義的**表面效度**(face validity),以下各節將依驗證各類效度的時機及方法依序介紹。

一、內容效度

內容效度（content validity）是指某測驗的試題能否適切地測到此測驗編製目的上所要測的內容或行為領域（content or behavior domain）。它又被稱為**取樣效度**（sampling validity）**或邏輯效度**（logical validity），前者表示它可以被視為檢查測驗內容取樣的代表性的方法，後者表示這類效度多出於邏輯判斷，而非源自實證的統計數據。

理論上，只要所要測量的特質能夠明確界定其內容範圍或成分，都可以驗證該測驗的內容效度。但在實際上，此類效度以應用在教育界的成就測驗、診斷測驗及效標參照測驗上居多。至於用在人格和性向等測驗上，則因為此類測驗所欲測的特質較抽象、範圍不易明確界定，所以較不適用；但如果是用於員工的甄選與分類上的職業測驗，由於它是針對特定的職業進行**工作分析**（job analysis）以確定該職業所需的基本知能，所以同樣具有明確的內容範圍，亦應驗證其內容效度。

㈠驗證內容效度程序

以成就測驗為例，一般驗證內容效度的程序大約如下：

表3-1　國小二年級上學期自然科成就測驗

命 題 雙 向 細 目 表

教學目標 單元名稱	認識基本 詞彙	了解原理 和觀念	原理的 應用	合 計
1.噴水遊戲	1	3	2	6
2.小動物	2	3	1	6
3.植物的身體	2	2	1	5
4.竿影和滴漏	1	3	2	6
5.鏡子	2	1	2	5
6.小話筒	1	2	2	5
7.常見的動物	3	3	0	6
8.玩磁鐵	2	2	1	5
9.方糖和冰糖	2	3	1	6
合　　　計	16	22	12	50

1.確定所要測量的範圍，並就此範圍廣泛蒐集教材、教學目標、作業等，再進行系統性的分析。

2.對學科的內容和學習過程作詳細的分析，將原界定的範圍分成不同的單元或主題，若有必要則進一步作單元之內的分類，並確定各單元或主題在整個範圍中所應佔的比重，此一比重應依據內容重要性及概念多寡而定；然後建立**雙向細目表**（two-way specificationtable）作爲試題編寫和取樣的藍圖。

3.邀請數位學科專家就此雙向細目表進行評鑑，並統合其意見進行修改，以確定此表的適切性。

4.依雙向細目表的分類進行試題編擬工作，亦即建立**試題母群**

（unirerse of possible items），然後才進行試題取樣工作；取樣時，通常先決定測驗所需之總題數，再依各單元比重來分配每單元應佔之題數。例如表3–1即是教育與心理測驗一科中有關信度、效度部分的雙向細目表，表中數字代表該內容類別在全測驗中所佔的題數。

5.就每一細格，在其相對應的試題母群中隨機取樣；可是亦應同時考慮到平均的難度分配、所需作答時間等問題。

6.在編輯完後，進行標準化之前，應再邀請學科專家針對各個試題及整個測驗的適切性加以評鑑，並作必要之修改，直到各專家都趨近滿意為止。

　　測驗編製者若能在測驗技術手冊或編製報告中提供下列資料，將有助於測驗使用者對其內容效度的了解。

1.參與評鑑之學科專家的人數及其資格。

2.課程綱要及教材來源。

3.雙向細目表。

4.評鑑方式及次數。

5.評鑑結果一致性的描述及重大修正意見。

㈡內容效度的客觀化

　　由於內容效度取決於專家對於試題取樣的適切程度的判斷，這類判斷雖屬專業性質，但難免滲入主觀成分。為了補救邏輯判斷法的缺失，測驗編製者除了提高學科專家的人數及資格限制

外，還可以採取某些實證的方法作爲檢驗內容效度的輔助，例如：

1.量表評定法

測驗編製者可以設計一評定量表，由數位專家分別獨立地對雙向細目表和試題的適切性加以評定，然後再以統計方法分析評定的結果。例如先計算評定者間的一致性百分比，以便代表此量表內容的評定者間信度；再以評量實得的結果代表該測驗的內容效度。

2.平行本相關法

以同一內容範圍爲基礎，由兩組不同的測驗編製人員獨立作業，編製出同一測驗的兩個平行版本，然後施測於同一組樣本，並計算二者各單元分數及總分的相關，若都有高相關，則可以證實此測驗內容的界定明確，且試題取樣具有代表性。

3.不同層次的內部一致性法

由雙向細目表的結構可以看出，同一細格內的試題應具高度的同質性，所以試題間的相關應該最高，而位於同一單元內容但不同行爲目標的試題，應具有次高的相關；至於不同單元也不同行爲目標的試題間，其相關應較低，但仍不可能成爲零相關或負相關。若統計分析結果，試題間的內部一致性具有隨著範圍擴大

而逐漸降低的特性，則可證明各單元間內容劃分明確，且各單元內所選試題很具有代表性。

4.前後測的實驗設計

此一設計可以用來求證測驗內容是否與教學或訓練內容密切配合。研究者先對一組人員實施前測，接著進行一段時間的教學或訓練，然後再以同測驗進行後測，如果後測結果顯著高於前測結果，則表示該測驗內容與教材密切配合；若兩者無顯著差異，則表示若非教學或訓練方法失敗，就是教材與測驗內容無關。

二、效標關聯效度

效標關聯效度（criterion-related validity）是指用一測驗在一特定情境下預測某一個體行為的有效程度。為了證明這個有效程度，研究者常把這測驗的分數和外在**效標**（criterion）求其相關程度。所謂的效標是指對測驗所欲測的特質的一種直接且獨立的測量，足以用來考驗測驗結果真確性的外在標準。因此，對一個機械性向測驗而言，它最理想的外在效標應是這群受測者成為機械師後的實際工作表現；對一學術性向測驗而言，最理想的效標是大學的學業平均成績。

效標關聯效度又稱為**實證效度**（empirical validity），意指這類效度的驗證是依據實證資料進行的。在教育、臨床、工商企

業、政府機構、和軍隊中，測驗常被用來作為了解或預測一個人的實際能力或心理狀況的主要參考資料，並據以作成各種重要決策，因此，更需要有良好的、實證的效度研究結果來支持這些決策。

(一)同時效度和預測效度

效標關連效度可以分成**同時效度**（ concurrent validity ）和**預測效度**（ predictive validity ）兩大類。兩者皆可表示測驗結果與外在效標的關係，且其係數的求法，如測驗的施測、計分、效標量數的蒐集、求算兩種分數間的相關等都相同。它們之間主要的區別在於「測驗的目的」和「效標的蒐集時間」，就測驗目的來說，如果測驗的目的是以一種較經濟、省力的方法來診斷現存狀況，則應驗證其同時效度。這時測驗編製者的目標在於發展一種新測量工具，以較簡易、較快速、較經濟的方式來取代原來較耗時、耗力、昂貴但較精確的測量程序。若新測驗經驗與原來測量程序（外在效標）有高相關，則表示新測驗具有足夠高的同時效度，足以取代原測量程序，並達到了解、診斷現存狀況的功能。另方面，如果測驗目的在於預測個體在另一時空下某種行為表現，則應該驗證其作各種預測的預測驗證效度。例如，以接受職業訓練前的機械性向測驗分數預測二年後汽車修護課程結束時的學科、術科成績，或預測其就業後在汽車修護廠的實際工作表現。

就效標的蒐集時間來說，同時效度是要以新測驗取代現有外在效標的測量方式，所以外在效標的蒐集可以是同時或極接近的時間。但預測效度是要預測個體在另外一時空下的行爲表現，所以外在效標的蒐集通常要有一段很長的時間間隔。

(二)效標的種類及其使用

效標既然用來作爲衡量測驗效度的標準，它本身當然要符合周延、精確、穩定、客觀等特性。在選擇測量效標或將效標量化的方法時，要對其方法的信度、效度加以愼重考慮，否則效標本身即無法代表所欲測量的特質，那依據它所求得的效標關連效度便更無意義；而當所求得的效度偏低時，我們亦無從判斷是由於效標不夠理想或是測驗本身的設計不良。

效度驗證時常用的效標形式很多，選用時常依測驗性質及使用目的而定，其中最常用的有下列數種：

1.學業成就

智力測驗和成就測驗最常以學業成就作爲外在效標，智力測驗是因爲其所測量的常偏重學術性向（scholastic aptitude），而成就測驗是因爲測驗取材內容大部分與學校教學內容重疊，所以它就成了最佳且現成的效標。學業成就不只是指每年的平均學業成績，也包括升留級記錄、得獎記錄、教師的評分等……。

至於已經離開學校的成人因爲已沒有學業成績，所以常以其

受正式教育的年數代表其學業成就。這種效標是基於下列假定：
即教育階梯代表一種漸進式的篩選歷程，唯有學習成就較高的人
才能繼續上一級的教育。這種假定在初等教育及中等教育階段大
致沒錯；然而到高等教育階段就很有問題了，因爲這時經濟、社
會、動機及其他非智力上的因素都會影響到個人是否繼續接受高
等教育。因此若只取高中以上的樣本來求算學術性向測驗與受教
育年數的相關，則其相關將非常低。

2.特殊訓練上的表現

特殊性向測驗或針對某一職業特別設計的測驗最適宜採用這
種效標。例如，音樂系和美術系的術科成績可以用來驗證音樂性
向測驗或美術性向測驗的效度；某一職業的新進人員篩選測驗可
利用此類人員的職前訓練成績來驗證其效度。

效標可以分作中途效標和終點效標，特殊訓練上的表現只能
算作中途效標，而實際從事該職業後的表現才是終點效標。然
而，蒐集終點效標需要更長的時間，也更容易參雜難以控制的因
素，致使終點效標無實際應用價值。例如空軍飛行員的篩選測
驗，其中途效標是受訓時的表現，終點效標是戰爭時的戰果，若
未實際發生戰爭，就無法取得終點效標資料。又如醫學性向測驗
的中途效標是駐院實習的表現，終點效標是獨立執業後的表現，
然而獨立執業後，其所執業的科別、執業地區也會影響其表現，
因此，各人的執業表現難以比較。因爲這些原因，在訓練階段的

累積表現記錄就成了最常用的外在效標了。

3.實際工作表現

大部分的特殊性向測驗及少數的一般智力測驗和人格測驗可用實際工作表現作爲效標，它尤其適合針對某一職業而設計的篩選測驗。

蒐集實際工作表現的資料常有很多的困難，第一是它要長期的追踪，所以不但耗時，且樣本會愈來愈少。第二是某些職業從業人員工作地點非常分散，無法把相同職業人員放在同一工作條件下作比較，例如各機構的會計、出納人員。第三是某些職業沒有上級督導人員，研究者也無法到其工作處所作長期觀察記錄，因此無法對其工作表現加以評量。第四是在同一職業名稱之下，因所屬機構不同而有不同的工作要求，因此各人的工作表現之間常無法作公平地比較，例如，同是汽車修護工，在小修車廠工作可能要包辦全部的工作，而在大修車廠則可能只負責修煞車及換輪胎。

4.先前可用的測驗

若一新編測驗是某一現行測驗的濃縮或簡化的版本，則可以用現行測驗作爲效標，並以高的效度係數證明新測驗可以取代現行測驗。因此，紙筆測驗可以用較精確但較耗時的作業表現測驗爲外在效標；團體測驗可以用知名的個別測驗作外在效標。這時

所求得的效度又稱爲同時效度。

　　使用現成測驗作效標時，應注意二點，一是現成測驗本身應已被證實具有良好效度；二是新編測驗的目的是要取代現行測驗或是作爲現行測驗的複本。

5.心理治療上的診斷

　　在編製某些人格測驗時，心理治療上的診斷可以同時作爲篩選題目及驗證效度時的依據。這些診斷通常是依據美國精神醫學會（1994）出版的心理異常之診斷及統計手册第四版（Diagnostic and Statistical Manual of Mental Disoders-Ⅳ）所作的分類。

　　心理治療上的診斷之所以能成爲令人滿意的效標是因爲它是基於長期的觀察和詳細的個案史；若只是依據一次的面談或檢查，那它本身的可靠性並不比測驗分數好，這種初步的粗略診斷本身就應該先驗證其效度，不能作爲測驗的效標。

6.相關人員所作的評定

　　評定法（rating）可以應用在每種類型測驗的效標蒐集上，但在人格測驗上，尤其是在測量社會特質的測驗上用處更大。因爲人格特質本身難以找到客觀的效標，所以受測者周圍相關人員對受測者行爲的長期觀察便成了最主要的效標資料來源。

　　雖然在蒐集學業成就、特殊訓練表現及實際工作表現等外在

效標時，也可由教師、訓練師或工作督導者以評定法評定其表現，但它只被視為輔助蒐集資料的一種方法。但在人格測驗上，它常會成為唯一的方法，例如在測量親和性、領導慾、自發性等人格特質時，由相關人員依據其對受測者行為的觀察，評定他具有此種特質程度的資料便成了唯一可行的效標資料蒐集法。

雖然評定法常會有判斷上的誤差，但透過評定人員的講習訓練、評定量表的精心設計及增加評定人員人數等方法都可減少誤差，確保效標的品質。

7.逐步篩選所形成的對照組

某些群體當初組成時並未針對該群體工作所需能力作篩選，但隨著學習、訓練的過程逐漸淘汰不適任者，最後存留下來者都是具有執業所需的知識和能力，且和一般人有明顯的差異。

使用這種效標時，研究者把經長期訓練、淘汰的人員當作在所欲測量特質上表現優秀的組別，而一般未經選擇的同年齡者是在所欲測量特質上表現平均的組別。然後把這二分的變項和測驗分數求點二系列相關，或是比較這二組在測驗分數的平均數，看是否有顯著差異。舉例來說，高職美工科在入學時並未以美術性向測驗或術科考試來篩選，但在三年的學習過程中，那些未具備美術性向者不是留級就是自動轉科、轉學，若再由三年級學生中選出成績中等以上者，即可代表具有高度美術性向的群體。若此群體在新編美術性向測驗的平均分數顯著高於建立常模樣本（一

般人）的平均數，則表示此新測驗能有效測出學習美術所需的能力。

㈢效度概化

效度概化（validity generalization）是探討在某一樣本所作的效度研究能否類推到其他樣本的問題。由於效標關連效度要以實證資料爲基礎，所以其取樣常是區域性、局部性的，而這局部性樣本所作出的效度研究能否推論到全體樣本或其他局部樣本是測驗使用者所應注意的。

工商企業界的效度研究中顯示，在不同的機構中，對相同職業名稱的人員分別進行標準化性向測驗與工作表現的效標關連效度研究，結果發現各機構所得的係數彼此間有很大差異；這結果使得測驗使用者對測驗效度係數的可類推性感到悲觀，因爲這意味著這些測驗只要運用到不同機構、不同群體上時，都得重新做一次效度研究。造成效度係數變化程度大的原因很多，例如：樣本數太少、效標資料不可靠、樣本已事先篩選過、同質性較高、工作條件或要求不同，都使得效標難以公平比較。

Schmidt 和 Hunter 及其同僚已發展出**後設分析**（meta-analysis）的統計方法，把已有的、相關的效度研究資料再加以統整分析，他們發現語文、數字及推理性向可以概化到各種職業上。很明顯地，在各種職業上工作表現上的差異主要是來自一些主要認知技巧上的差異，而傳統的智力測驗和學術性向測驗大都

包含了這些技巧。

效度概念促使研究者把所需知識、能力相近的職業合併在一起，而形成了所謂「職群」的概念，這概念亦影響到職業學校的課程設計。在未來快速變遷的科技社會中，很少人會終身從事一種職業，而一種職業的工作要求也很少不產生變化，所以在學校的課程設計上要強調該職群的核心認知技巧和知識，而在人員篩選的測驗上也同樣強調各職群所共同需要的能力和知識，這樣篩選出來的人才能適應工作性質的變化，維持良好的工作表現。

三、建構效度

所謂**建構**（construct）是指一種理論性的架構，用以說明某種具有持續性的心理特質或屬性，例如智力、性向、人格、精神疾病等。由於心理學家可以由各種角度來觀察某一複雜的心理特質，因此，對同一類的心理特質可能提不同的理論來闡述這些心理現象。心理測驗上的建構效度就是指該測驗的測量結果是否符合由該理論所衍生出來的假設。建構效度的高低直接影響到測驗分數的正確性及其意義的解釋；如果一個測驗具有良好的建構效度，它所測得的分數便可真實地反映出該測驗所指稱的心理特質，而測驗者也可以依據該心理建構的理論來詮釋測驗結果。

建構效度對於測量工具的改進或心理建構的理論的發展都深具重要性，因為建構效度偏低，可能是測驗本身設計不良，也可

能是該心理建構需要再重新界定或其理論需要再改進。

　　在檢驗一個測驗的建構效度時，必須先對所要測量的心理建構及其理論有所認識，它通常包括該心理建構的明確定義、發展過程、外在行為表現、與他種心理或環境變項的相關等等。研究者得從此一基本認識上衍生出多種推論性的假設，然後再由多種資料來源和不同的實驗設計與統計方法加以考驗。譬如說，在青年期以前，智力行為表現應隨年齡增長而增加，所以研究者可用統計學上的趨向分析來考驗各年齡層的智力測驗原始分數的平均數是否隨著年齡遞增？而智力與學業成就有相關，而與身高、體重無關，所以研究者可用積差相關來考驗同年齡的受測者中，智力測驗分數是否與學業成就有高正相關，而與身高、體重呈現零相關？

　　建構效度的檢驗應由不同的觀點以不同的方法進行，因此無法以單一的統計數據來代表整個測驗的建構效度，相反地，我們要以累積的實證資料對測驗各層面的建構效度作整體的研判。檢驗建構效度的方法簡介如下：

(一)內部同質性檢驗

　　此法主要在檢驗試題的**內部一致性**（internal consistency），內部一致性較高的測驗表示它只測量單一的心理特質，沒有無關的題目參雜進去。此法主要是以測驗總分為效標，求各試題與總分的相關；此外，也可依總分把受試者劃分為

高分組和低分組，然後逐題比較他們的表現，看是否有顯著差異，呈現顯著差異的比未呈現顯著差異的試題有較高的效度。這些方法即是測驗編製過程中試題分析的方法，一方面要求試題與其他試題一致，都是測量同一種心理特質；一方面要求試題具有鑑別度能夠明確區分此種特質的高低。

此法也可應用於分測驗和總分之間，例如，魏氏智力測驗的語文智商與實作智商各分別由五個分測驗的分數所構成，所以在同一量表下的各分測驗彼此之間要有高相關，且與該測量總分也要有高相關。

內部同質性檢驗法雖然可以保證所測心理特質的單一性，但由於未能顯示與外在變項的相關，所以仍沒辦法說明它所測到的究竟是什麼樣的特質。

(二)發展上的改變

心理學上有些心理特質的發展與生理年齡有密切關係，譬如，智力、學習成就、學前兒童的動作發展等，因此在檢驗這些測驗的效度時，便可比較不同年齡（年級）層的受試者的平均表現是否隨著年齡（年級）遞增而增加，果若如此，則該測驗效度即獲得肯定。

(三)對實驗處理效果的敏感性

有些實驗處理是針對所要測的心理特質進行操縱，因此若前

測、後測的分數有顯著差異，便可說明此測驗能有效地測到實驗
處理所針對的變項。舉個例說，要檢驗用於教學研究上的效標參
照測驗的效度，則下列二圖中顯示甲測驗有較高的效度，乙測驗
則否。

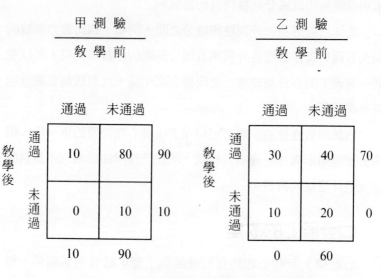

圖3–1　二個效標參照測驗的前後測結果

另外，如果有一測量「考試焦慮」的人格量表，將它於大學
聯考之前對一群高三學生施測，然後在大學聯考之後進行後測，
則前後測之間必然會有顯著差異，否則該測驗便難以證明它所測
的是考試焦慮。

㈣與外在效標的相關

此法在技術上與效標關連效度完全相同，但其目的不在證明它作推論或預測時的有效性，而是證明它與其他測量方法或測量工具的關係。例如，有一新編的測驗以一個經證實有高效度的知名測驗為外在效標，然後計算兩者之相關，此一相關又可稱為**符合效度**（congruent validity），若此相關很高，表示兩者皆測量同一種心理特質，兩者可以彼此替換。

除此之外，此法亦包括以對照組（contrasted groups）為外在效標的檢驗方法，例如，在編好篩選憂鬱症病人的量表之後，可請一群精神科醫生共同選出二組樣本，一組為患有憂鬱症者，一組為正常人，然後將量表施測於這二組樣本並比較其結果，若結果有顯著差異，便能證明說此一量表能夠有效地取代專業醫生的判斷。

㈤因素分析

因素分析（factor analysis）是一種多變項統計方法，它是依據各變項間的交互相關係數矩陣，找出各變項的共同性，把大量的變項（試題或分測驗）化約成少數幾個因素，以便於解釋；它也是驗證建構效度時最常用的方法，尤其在人格量表上更是使用頻繁。

因素分析涉及高深的統計技術，因此在此只介紹大概步驟：

1.計算單位變項（如試題、分測驗、測驗）之間的交互相關矩陣。

2.估計各變項的共同性（communality）

　　共同性是指幾個因素所造成的變異量的和。共同性若高估，則所得到的因素負荷量及因素數目將過多；反之，則過少。

3.抽取共同因素

　　若所測量的心理特質其建構不明確或其理論尚未建立，則可採探索性因素分析的重心因素抽取法（the centriod method factoring），與主軸法（the method of principal axes）。若其理論架構已很完備，則可採驗證性因素分析的驗證最大可能性法（comfirmatory maximum likehood factor analysis）。

4.進行因素轉軸

　　因素轉軸的方法有兩類，一類是假定各因素間無相關，稱為直交轉軸；另一類假定各因素間有相關，稱為斜交轉軸。轉軸後的因素矩陣若能達到簡單結構的標準，將使因素的意義更加明確。

5.檢查個別變項與各共同因素之間的相關

　　此相關稱為因素負荷量，它可顯示每一變項在各因素上的貢

獻，並作為因素命名和解釋的依據。

6.因素的命名及解釋

　　研究者可依據心理建構的理論，並參酌因素負荷量所顯示的結果為各因素取一適當名稱，並對此因素名稱作一較週延、明確的定義。如此，才能作為日後解釋測驗分數的基礎。

　　由於標準化心理測驗所測量的大都為已有明確理論基礎的心理特質，所以大部分採用驗證性因素分析來驗證實際測量結果是否有顯著的共同因素，及其因素結構是否符合理論所推演出來的假設。

㈥聚斂效度與區辨效度

　　在一個完整的建構效度分析中，研究者不只要證明測驗結果要與理論上有關的變項上有高相關外，還要證明它顯然與其他無關的變項沒有相關。前者稱為**聚斂效度**（convergent validity），後者稱為**區辨效度**（discriminant validity）。舉例來說，一個數學推理測驗若與學校的數學科學業成績有高相關，即是有聚斂效度；若是與閱讀理解測驗相關非常低，表示有區辨效度。區辨效度在人格測驗上特別重要，因為有很多無關的變項會以各種方式影響測驗分數，例如，社會期望、反應心向、自我防衛等。

　　Campbell & Fiske (1959)提出一系統化的實驗設計，可以

同時檢驗聚斂效度和區辨效度,它被稱為**多重特質——多重方法矩陣**(multitrait–multimethod matrix)。此一設計基本上乃是認為同一種心理特質可以用多種不同方法加以測量,而同一種測量方法也可以測量多種不同的心理特質。測驗的結果會受到其所欲測的心理特質、所用測量方法,或兩者兼有的共同影響。因此,如果想將心理特質和測量方法兩種因素的影響加以區分,便應同時以數種方法來測量數種心理特質,然後將所有結果作系統化的比較。基於此一邏輯,測驗結果之間的關係應該符合下列四項推論:

A.兩測驗若是以相同的方法測量相同的特質時,其相關應是最高的(相當於重測信度)。

B.兩測驗若是以不同的方法測量相同的特質時,其相關應是次高。

C.兩測驗若是以相同的方法測量不同的特質時,其相關應是較低。

D.兩測驗若是以不同的方法測量不同的特質時,其相關應是最低。

上列第二項的相關即是聚斂效度,第三、四項即是區辨效度。範例參見表3–2。

表3-2　2×2的多重特質──多重方法矩陣

		國　　語		數　　學	
		客觀測驗	作業評等	客觀測驗	作業評等
國	客觀測驗	A	B	C	D
語	作業評等	B	A	D	C
數	客觀測驗	C	D	A	B
學	作業評等	D	C	B	A

A＝　重測信度（相關最高）

B＝　聚歛效度（相關次高）

C，D＝　區辨效度（相關低或無相關）

㈦認知心理學在建構效度上的貢獻

在1950年代，認知心理學家開始以訊息處理（information processing）的概念來研究人類解決問題的歷程。有些研究者設計電腦程式來模擬人類解決問題時的思考歷程，這些程式可以模擬出不同思考技巧層次的人的表現，因此這些程式可以預測不同層次的人答錯的試題數及答錯試題種類以及答題所需時間。為了設計這種程式，研究者要對解題歷程做工作分析（task analysis），他所用的方法包括：找出各種可能的解題方法、要求受測者邊想邊說，說出他整個思考過程、或利用其他更精細的觀察技巧。

　　經由工作分析所找出來的變項包括「歷程」和「知識」兩大類。而認知模式強調的是處理這工作時的智慧歷程，它包括各步驟間的順序及關係，那一步驟需要用到那種相關知識，這些知識在記憶中以何種型式來表徵及在需要時如何被擷取出來。另外所謂的「執行歷程」（executive process）或「後設認知」（metacognition）也漸受重視，它是指個人在進行問題解決歷程時，他如何監控自己的思考歷程，例如，如何選擇解題策略，如何選用知識表徵及如何安排程序等。

　　在1970年代，有些心理學家開始以「訊息處理」和「電腦模擬」技術來探討智力測驗所測量到的究竟是什麼？有些學者把受試者的智力測驗分數和他在實驗室中做訊息處理工作時的各種表現結果求相關。有些學者則以智力測驗中常見的題型，例如：數字系列完成測驗（number series completion）、瑞文氏漸進矩陣測驗（Paven's Progressive Matrics）作為材料，進行電腦程式設計，模擬人類如何在系列的變化中尋找其變化規則的歷程。

　　以認知心理學角度來探討智力測驗的研究中，應推Sternberg(1977, 1979)的成份分析（componential analysis）最具規模且最有系統。這種成份分析是針對複雜的智力測驗材料，而不是針對一般簡化的且有些人工化的實驗室作業。Sternberg所用的材料是智力測驗中常見的類推（analogies）、分類（classifications）、系列完成（series

completions)、和三段論法（ syllogisms ）。他的實驗設計是
有系統的操弄或取替試題的變項和受測者的變項。例如在操弄類
推測驗的試題變項上，他可以在題幹上呈現三個詞，在各選項上
只呈現一個詞，比如：

輪船之於海就如同火車之於＿＿＿＿
(A)河流　(B)鐵軌　(C)公路　(D)乘客

他也可以逐步減少題幹上的詞到只剩一個，而各選項卻呈現三個
詞，比如：

＿＿＿＿之於海就如同＿＿＿＿之於＿＿＿＿
(A)公路，火車，輪船　(B)輪船，火車，鐵軌
(C)火車，輪船，河流　(D)汽車，火車，鐵軌

至於在操弄受測者變項上，他可以測量不同年齡者在同一試題上
的答對比率及錯誤的類型，或是具有某種知識或學過某種思考技
巧者其答對率或錯誤類型。

　　現在要評論認知心理學對建構效度的貢獻仍嫌太早，但認知
心理所強調的是解題的認知歷程，而傳統計量研究所重視解題的
最後結果，這種以基本認知歷程來分析測驗表現將有助於了解測
驗所測量的究竟是什麼。它不僅有助於心理學家重新建構一個周

延、精確的智力理論，也更能夠具體指出受測者的優點和弱點，進而增加測驗在診斷上的用途。

四、表面效度

表面效度（ face validity ）很容易和內容效度混淆，但它不是內容效度，而且也不能替代其他種類的效度。它雖不是眞正的效度，但它卻是任何心理與教育測驗應具備的一種重要特質。表面效度是指受測者、測驗結果的使用者及一般大衆對於該測驗的試題和形式等所作的主觀判斷，判斷此一測驗能否達成其所宣稱的目的。一個具有高表面效度的測驗比低表面效度的測驗更能贏得受測者的合作及提高作答意願，並使得分低者減少對測驗公平性的抱怨，也更能使得一些決策者、僱主或行政首長信服，而願意採用該測驗。

㈠表面效度的評定

表面效度是來自與測驗的實施、應用過程有關的非專業人員的主觀判斷，所以它可以用評定法加以量化。Nevo（ 1985 ）曾提出表面效度的操作定義，此定義爲：

$$表面效度是由\begin{Bmatrix}實際受測者\\應用測驗結果的人員\\一般大衆\end{Bmatrix}採用\begin{bmatrix}相對\\絕對\end{bmatrix}的評$$

定方法就 $\left\{\begin{array}{c}內容適切性\\結構形式\end{array}\right\}$ 來評定某 $\left[\begin{array}{c}試題\\測驗\\測驗組合\end{array}\right]$ 與其所要達

成的目的相配合的程度。

　　在這評定過程中，評定人員是由(1)實際受測者（如職位應徵者、實驗對象、學校學生等），(2)應用測驗結果的人員（如僱主、人事主管、輔導人員、學校行政人員等），一般大衆（如受測者家長、新聞記者、議員、法官、教育政策主管人員等）來擔任，其中並不包含心理計量學家或學科專家。在評定方法上可以採「絕對法」，亦即用 Likert 的五點量表法來評定該測驗是否適用於某一測驗目的上，以5代表「非常適合」、4代表「適合」、3代表「無意見、無法判斷」、2代表「不適合」、1代表「非常不適合或完全無關」；另外，也可用「相對法」評定，亦即由評定者將幾種測驗，比較其適合測驗使用目的的程度，然後排列等級。至於評定時評定者應考慮的向度除了測驗內容的適切性外，還應考慮測驗的結構與型式（如指導語和試題的遣詞用字及其可讀性、測驗的版面編排及印刷、答案紙的設計等）。在評定的對象上，除了少數情況下是以試題爲單位（如申論題、口試試題、體操比賽的指定動作等）來進行評定外，大多是以一個測驗或一套測驗組合作爲評定的對象。

　　以多人同時獨立評定方式所求得表面效度的數據，可以藉著

考驗「評定者間的一致性」及「先後重複評定的一致性」來確定評定結果的信度；也可以比較幾種不同的測驗在同一測驗目的上是否得到不同的平均數，從而確定此評定結果的區辨效度。

(二)表面效度的改進

改進表面效度的方法可從兩方面著手，一是依據特定的測驗目的，修改測驗名稱、重新安排試題的用詞用字，使它顯得更切題、合理；另方面則是從改進版面設計、印刷、裝訂、紙質著手，使得整個測驗看上去是經過精心設計的，進而贏得使用者的重視。

表面效度可以在整個測驗編製過程中因不斷地修改而提升。但我們不能夠假設只要改善了測驗的表面效度就可以提高真正的效度；也不能夠假設為了增加表面效度而去修改測驗的文字或外形後，其真正效度仍然不受影響。我們還是應該直接檢驗一個測驗修改到最後型式的真正效度。

第三節　影響效度的因素

效度的種類很多，影響各種效度的因素也隨之不同，就內容效度而言，致使內容效度降低的因素有：1.缺乏學科專家或資深教師的參與擬題；2.雙向細目表設計不良；3.預試的題數不多且

品質不良，經試題分析淘汰部分試題後難以達到雙向細目表上的要求。就建構效度來說，致使建構效度偏低的原因有：1.該心理學的理論建構尚不完備，有待加強或修改；2.題目設計不良，與原理論脫節；3.所提出待考驗的假設不當。在表面效度方面，最常降低表面效度的原因是：1.版面設計與印刷的品質不良；2.遣詞用字不能配合受測者的程度與背景；3.指導手冊或技術手冊內容不夠完備，未能作充分的溝通。

　　至於最常用的效標關連效度，由於它是測驗分數與外在效標的相關係數，所以有很多因素會影響此係數的高低。這些因素包括：

一、樣本的性質

　　就像信度的研究一樣，在報導效度係數時也要同時說明所用樣本的性質。因為同一個測驗用在不同年齡、性別、教育水準、職業或任何以有關特徵區分的組別時，可能具有不同的測量功能，因而有不同的效度。例如說，用英語命題的數學推理測驗對於以英語為母語的群體來說，可能是和數學成績有高相關，而和英語成績沒有相關；但對於不是以英語為母語的群體來說，可能該測驗分數和英語的相關高於和數學的相關。

　　測驗編製者在驗證效度時應檢查在不同性質的樣上是否效度係數有顯著差異，若是，則應分別報導其樣本特徵及效度係數。

二、事先篩選與樣本同質性

在驗證效標關連效度時，最常遇到的困難是所能取得的樣本常是經過**事先篩選**（preselection）的，所以樣本的同質性很高；換句話說，樣本在作為篩選依據的幾種主要心理特質上，分數的變異很小。就如前章所提之「相關削弱現象」，當樣本的變異受到侷限時，其所求得的相關係數會變低。

在高等教育或工商企業界中，其成員絕大部分是經過事先篩選的，所以效度係數不可能很高。測驗使用者在依效度係數作判斷時，應把此一事先篩選的比率考慮進去，若錄取的比率很小（樣本同質性很高）時，即使效度係數偏低，也不能說此測驗不能用。

測驗編製者在以相關法驗證測驗的信度或效度時，應隨時檢查其樣本的變異程度是否和母群體一致，若有顯著差異，應檢查樣本的代表性，考慮重新取樣或以統計方法將求得的相關係數加以校正。

三、相關的型式

在計算皮爾遜積差相關時，該公式是假定測驗分數與效標間的關係從頭到尾都是直線關係。而在實際的研究中也確實證明了

大部分的測驗分數與工作表現的相關都是直線相關，然而我們不能忽略，仍然有些例外。例如，倉庫管理人員，他需要閱讀能力，但他只需要能夠閱讀報表和貨品標籤，再高的閱讀能力和他的工作表現無關，因此，閱讀能力只是他勝任該工作的必要條件，但非充分條件。如果用二變項相關散佈圖來看此職業的工作表現與閱讀能力的相關，則可看到在低分部分是接近成直線，但到了某一程度以上，點的散佈就分開了，顯示較高的閱讀能力並不能保證有較好的工作表現。

上述非直線相關的情形常見於學業成績與智力（或學術性向）的相關。因為低智商者學業成績當然不好，但高智商者成績不一定好，因為學生很可能因為動機、興趣、價值觀等因素致使成績低落。

四、測驗的區辨力──效度

所謂測驗的**區辨力**（discriminatory power）是指該測驗能夠精密區辨受試者的心理特質，並將所有的受試者平均地指派到所有的分數等級上，使同分者減到最少的程度。

一個測驗的區辨力受到試題題數及試題難易度的影響，當題數愈多，且難易度愈能配合受試者能力水準時，則區辨力愈大。一個具有完美區辨力的測驗可以使團體中沒有任何人的分數是同分的；而一個完全沒有區辨力的測驗則讓所有的人都得到相同的

分數。區辨力愈大則團體分數的散佈範圍愈大，變異量愈大，測驗結果的信度也就愈高，並進而影響到其效度。

當測驗是用於篩選、安置等重大決定時，同分者人數若很多必定造成判斷上的困擾；所以當受試者人數愈多時，或以分數所作的決定愈重要時，就愈需要有高區辨力的測驗，這樣才能作出較正確的決斷。

在估計一測驗的區辨力時，常以Ferguson(1949)的 δ（delta）值作為指標，其計算公式如下：

$$\delta = \frac{(n+1)(N^2 - \Sigma f_i^2)}{nN^2} \qquad \text{（公式3-4）}$$

公式中，n代表試題題數，N代表受試者人數，f_i 代表在每一分數上的人數，依照此一公式來看，若每一分數上的人數分配都相等（即等於 $N/(n+1)$ ）時，其區辨力最大（恰好等於1），而此時團體分數的次數分配為長方形。若所有人的分數都集中在同一個分數上即分數沒有變化，則區辨力變成最小（恰等於0）。

區辨力對於測驗和效標具有同等的重要性，區辨力愈高表示測量方法愈精細，分數的變異愈大，所求得的相關也就愈能夠反映真正的關係。至於提高測驗的區辨力的方法除了在試題分析時挑選鑑別力較高的題目外，增加難易適中的試題數（或公正的評

分人員），或在統計時儘量使用原始分數，不要化約成更粗略的
分數（如標準九）也是可行的辦法。

第四節　效度的應用

　　內容效度、建構效度及表面效度都只能證明測驗的可用性而
已，若要將測驗結果實際運用到預測、篩選、分類上時，只有效
標關連效度才有助於作這類決策。本節的重點在於如何利效標關
連效度係數將測驗分數作最有效率的應用，因此將從效度係數的
評鑑及其用途談起，再談切截分數與預期表，繼之討論使用多種
測驗時以多元迴歸法或多重切截分數法作篩選的利弊，最後討論
測驗在分類與安置上的應用。

一、效度係數的評鑑及用途

　　在評鑑效度高低時，例如效度係數的大小，對照組平均數的
差異等，要考慮兩個因素：一為該統計量的**統計顯著水準**
（statistical significance），另一為該統計量的大小。統計顯著
水準是以該統計量「來自隨機因素的概率」（P）來表示，若P
〈0.05則表示該統計量是由隨機因素所造成的可能性在百分之五
以下，換句話說，該統計量百分之九十五是可信的。傳統上，我

們都以P〈0.05爲可接受的統計顯著水準，更嚴格的標準可將水準提升到P〈0.01或更高。

樣本大小與統計顯著水準有密切關係，當統計量一定時，樣本數愈多愈能夠達到所定的統計顯著水準，換句話說，樣本愈大則隨機因素的影響愈小，該統計量就愈可相信。另方面，統計量大小與統計顯著水準有關，當樣本大小相同時，統計量愈大則該統計量來自隨機因素的可能性就愈小，也就是愈易達到所定的統計顯著水準。

因此，在判斷效度係數大小時，應先檢查是否已達到預定的統計顯著水準，若未達到，則該係數毫無意義，不能拿它作任何的應用；但若達到顯著水準，但係數偏低，則表示該測驗不適宜用來預測效標上的表現，應另尋其他測驗來替代或配合使用。

效度係數的值介於0.00和＋1.00之間，數值愈大表示測驗分數愈能有效預測效標上表現。若我們將效度係數予以平方，便可得到「決定係數」，它代表測驗與效標的**共享變異量（shared variance）**的百分比，此百分比即爲可以利用測驗分數變異量來解釋效標變異量的部分。

效標關連係數是測驗分數（X）與效標（Y）之間的相關係數，基於統計學上**直線迴歸（linear regression）**的原理，任何兩變項之間如果具有相當的相關，便可從一變項上去預測另一變項，因此，在實際應用上，我們常以具有良好效度的測驗分數去預測受試者在效標上的表現。此預測公式如下：

$$Y^1 = a + b_{yx}X \qquad （公式3-5）$$

$Y^1 =$ 效標的預測值　　　　$a =$ 截距（intercept）

$X =$ 測驗分數　　　　　　　$b_{yx} =$ 斜率（slope）

公式中，a為截距，代表測驗分數為0時，效標應有的數值；b_{xy} 為斜率，亦即迴歸係數，代表測驗增加1單位時，效標增加的比例。

　　至於斜率的來源，可由效度係數和二個變項的標準差求出，如下列公式：

$$b_{xy} = r_{xy}(\frac{SD_y}{SD_x}) \qquad （公式3-6）$$

$b_{xy} =$ 以測驗預測效標時的斜率

$SD_y =$ 效標的標準差

$r_{xy} =$ 測驗效度係數

$SD_x =$ 測驗的標準差

　　而截距的來源，可由測驗與效標的平均數及斜率求出，公式如下：

$$a = M_y - b_{xy} M_x \qquad （公式3-7）$$

$a =$ 以測驗預測效標時的截距

$M_y =$ 效標的平均數

$b_{xy} =$ 以測驗預測效標時的斜率

M_x＝測驗的平均數

由於效度係數極少達到＋1.00，因此預測時一定會產生誤差，效度愈低，誤差愈大。為了要了解此誤差的大小，我們可以求其**估計標準誤**（standard error of estimate），求法如下：

$$\sigma_{est.} = SD_y \sqrt{1 - r_{xy}^2}$$ （公式3-8）

$\sigma_{est.}$＝以測驗預測效標時的估計標準誤

SD_y＝效標的標準差

r_{xy}^2＝測驗效度係數的平方

估計標準誤可以視為以測驗分數預測效標表現時，估計誤差的分佈的標準差，其意義與常態分配的標準差相同。換句話說，真正效標分數落於估計的效標分數±$1\sigma_{est.}$範圍內的概率是68%，落於估計效標分數±$2\sigma_{est.}$範圍內的概率是95%。基於此一特性，我們可以為求得的效標預測值建立一信賴區間，並以它來說明此預測之可靠性。

二、切截分數與預期表

測驗分數的最簡單、最基本的應用法是以單一分數設立切截點作二分法的判斷，例如合格和不合格，錄取或拒絕，成功或失

敗等。然而以測驗分數所作的二分判斷和以效標所作的二分判斷是否一致才是測驗使用者所關心的。現以圖3-2來顯示同時以測驗和效標作二分分類時，可能產生的四種結果。

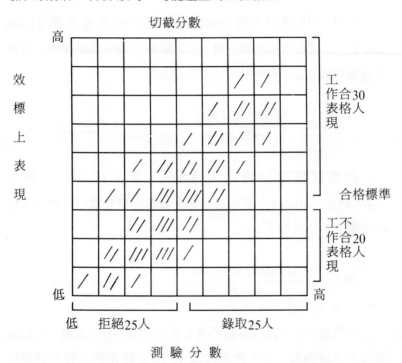

圖3-2　50位受測者在測驗分數及效標表現上之關係及在二分判斷後之結果

在此圖中，水平粗線代表在效標表現上的合格標準，垂直粗線代表在測驗上決定錄取與否的切截分數。方格內的小斜線代表

50位受測者在測驗和效標上所佔的位置，若以相關法求算二者的相關程為0.80，顯示測驗分數可以解釋效標分數變異量的百分之六十四。

在水平粗線以上者佔60%，此部分稱為**基本率**（base rate），它代表未用測驗篩選，全部錄取或採隨機抽樣時，這些人在效標表現上合格的比率。其公式如下：

$$基本率 = \frac{效標上合格人數}{總人數} \qquad （公式3-9）$$

在垂直粗線右邊的人佔50%，此部分稱為錄取率（selection ratio），它代表測驗分數在切截分數以上的人所佔的比率，其公式如下：

$$錄取率 = \frac{以測驗錄取的人數}{總人數} \qquad （公式3-10）$$

再看由水平粗線和垂直粗線所產生的四個不同象限，它們分別為「正確錄取」、「錯誤錄取」、「正確拒絕」和「錯誤拒絕」（見圖3-3）。在篩選工作上最重要的象限是「正確錄取」，亦即以測驗分數高而被錄取，而且後來在實際工作表現（效標）上也被判為合格的那群人；這群人在總人數中所佔的比率即稱為**命中率**（hit rate），公式如下：

$$合中率 = \frac{正確錄取人數}{總人數} \qquad （公式3-11）$$

　　我們若進一步把命中率和基本率加以比較，二者的差異即爲**增進效度**（incremental validity），即表示使用測驗作篩選比未使用測驗作篩選所增加的效度，其公式如下：

$$增進效度 = 命中率 - 基本率（公式3-12）$$

依上式，可算出本例中增進效度爲0.88－0.60＝0.28。

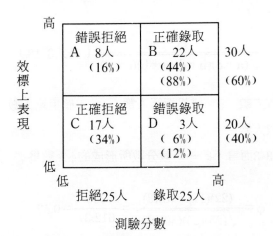

圖3-3　以50位受測者之測驗分數及效標表現作二分判斷後所產生之四個象限

　　由以上說明可以看出，當切截分數定得較高時，錄取率會減低而相對地提高命中率和增進效度；相反的，如切截分數降低時，則錄取率增加，但命中率及增進效度也減低。理論上，如果欲提高命中率便應提高切截分數，但當此分數訂得過高時，錄取人數便受到限制，且增加了「錯誤拒絕」的比率，造成遺珠之憾。如果沒有錄取名額的限制，且欲增加測驗應用上的效果，便應找出最適宜的切截分數，使得「正確錄取」和「正確拒絕」的比率達到最大，而「錯誤錄取」和「錯誤拒絕」的比率達到最小。實際應用時可以比較各種切截分數下所算出來的φ係數（讀作Phi），φ係數最高者即是最適宜的切截分數。計算公式如下：

$$\phi = \frac{bc - ad}{\sqrt{(a+c)(b+d)(a+b)(c+d)}} \quad （公式3-13）$$

b＝正確錄取人數　　a＝錯誤拒絕人數　　c＝正確拒絕人數
d＝錯誤錄取人數

就本例的圖3-3而言，此一切截分數所形成的φ係數為：

$$\phi = \frac{(22)(17) - (8)(3)}{\sqrt{(25)(25)(30)(20)}} = \frac{350}{612.37} = 0.57$$

　　有些研究者為了使用方便，已製作多種統計表，顯示在不同的基本率、錄取率及效度係數之下，篩選命中率（正確錄取比

率）的變化。此種統計表以泰、羅二氏預期表（Taylor&
Russell, 1939）最爲常用，表3-3爲基本率爲0.60之泰羅二氏預
期表，上端爲從.05到.95的錄取率，左端直行爲從0.00到1.00的
效度係數，表內的數據則是在此三條件下篩選的命中率。由此表
可以看出篩選時的命中率是同時受三個條件的影響，其中基本率
是固定的，不是測驗使用者所能操縱的；效度係數是在選用測驗
時所應考慮的，雖然可以選擇的測驗可能不多，但使用者仍應就
測驗目的選擇效度係數較高者，才能提高篩選命中率；至於錄取
率才是使用者可以自由操縱的，然而卻常受限於用人機構或教育
訓練機構的容量，而有錄取名額的上下限的限制。因此之故，要
提高命中率，最好是選擇或編製效度較高的測驗、增加受測總人
數、寧缺勿濫地減少錄取名額，三管並下才能收效。

表3-3　基本率爲.60時，不同錄取率及不同效度係數下，錄取著命中的比率

	.05	.10	.20	.30	.40	.50	.60	.70	.80	.90	.95
.00	.60	.60	.60	.60	.60	.60	.60	.60	.60	.60	.60
.05	.64	.63	.63	.62	.62	.62	.61	.61	.61	.60	.60
.10	.68	.67	.65	.64	.64	.63	.63	.62	.61	.61	.60
.15	.71	.70	.68	.67	.66	.65	.64	.63	.62	.61	.60
.20	.75	.73	.71	.69	.67	.66	.65	.64	.63	.62	.61
.25	.78	.76	.73	.71	.69	.68	.66	.65	.63	.62	.61
.30	.82	.79	.76	.73	.71	.69	.68	.66	.64	.62	.61
.35	.85	.82	.78	.75	.73	.71	.69	.67	.65	.63	.61
.40	.88	.85	.81	.78	.75	.73	.70	.68	.66	.63	.62
.45	.90	.87	.83	.80	.77	.74	.72	.69	.66	.64	.62
.50	.93	.90	.86	.82	.79	.76	.73	.70	.67	.64	.62
.55	.95	.92	.88	.84	.81	.78	.75	.70	.67	.64	.62
.60	.96	.94	.90	.87	.83	.80	.76	.71	.68	.64	.62
.65	.98	.96	.92	.89	.85	.82	.78	.73	.69	.65	.63
.70	.99	.97	.94	.91	.87	.84	.80	.74	.70	.65	.63
.75	.99	.99	.96	.93	.90	.86	.81	.75	.71	.66	.63
.80	1.00	.99	.98	.95	.92	.88	.83	.77	.71	.66	.63
.85	1.00	1.00	.99	.97	.95	.91	.86	.78	.72	.66	.63
.90	1.00	1.00	1.00	.99	.97	.94	.88	.80	.73	.66	.63
.95	1.00	1.00	1.00	1.00	.99	.97	.92	.82	.74	.67	.63
1.00	1.00	1.00	1.00	1.00	1.00	1.00	1.00	.86	.75	.67	.63

（引自Taylor & russell, 1939, P.576.）

三、以多種測驗進行篩選

在實際的應用上，我們常以多種測驗的分數來預測未來在效標上的表現。由於大部分的效標都是複雜的，含有多種不同的特質，若要編製一測驗專門來測量這麼多特質，其內容將會是高度異質性的，而且也限制了這個測驗的用途。在有關信度那一章，我們曾提到以大量同質性的試題來測量單一特質，其分數意義較明確，誤差也較小；因此，運用多個同質性的測驗，每一測驗涵蓋效標的不同部分，將這些分數組合起來預測效標，這要比使用混雜多種不同類的試題的單一測驗作預測要有效多了。

那些被挑選出來一起用於預測效標的測驗又稱為**測驗組合**（test battery）。大多數的多元性向測驗實際上就是作為測驗組合之用的，例如：通用性向測驗（General Aptitude Test Battery, GATB）、區分性向測驗（Differential Aptitude Test, DAT）等。使用測驗組合最主要的兩個問題是：一、要選擇那些測驗來預測效標最恰當？二、這些分數在統計上要如何合併使用？為了解決這些問題，測驗學家依測驗與效標資料的性質採取了兩種解決策略，一個是**多元迴歸公式法**（multiple regression equation），另一個是**多重切截分數法**（multiple cut off scores）。

㈠多元迴歸公式法

　　簡單迴歸是以一測驗分數去預估效標上的表現，多元迴歸則是擴展成以多個測驗分數去預估效標上的表現。使用多元迴歸公式法最適當的時機是當測驗分數與效標表現有顯著的直線相關（效標關連係數高），且各個測驗之間的相關係數低（各測驗內容不重疊）時最合適。

　　多元迴歸的公式如下：

$$Y^1 = a + b_1 x_1 + b_2 x_2 + b_3 x_3 + \cdots\cdots b_k x_k \quad （公式3-14）$$

Y^1＝預估的效標表現分數

a＝截距

$x_1, x_2, x_3 \cdots\cdots$＝各測驗的分數

$b_1, b_2, b_3 \cdots\cdots$＝各測驗的迴歸係數（斜率）

原則上，如果一測驗與效標表現有高相關，而與其他測驗沒有相關，則它的加權量（迴歸係數）必然較大；若與其他測驗有高相關，則表示它所測的與其他測驗重疊大，對於提高預測的正確性並無幫助，只是浪費施測時間而已。至於整個迴歸的求法，請參閱高等統計學的教科書，在實際應用時則大多以統計電腦程式求得。

　　若要了解整個測驗組合的預測效度，可以計算所有測驗與效標的複相關（R），這複相關代表當此測驗組合中的每一測驗都賦予一最佳的加權量時，整個測驗組合的預測正確程度。

(二)多重切截分數法

　　多重切截分數法就是在各個測驗上訂定最低錄取分數，受測者只要在任一測驗上未超過此一分數就被淘汰。多重切截分數法不像多元迴歸公式法可以優劣互補，也不像多元迴歸法那樣可以用預測的效標分數來排名次。

　　多重切截法特別適合下列兩種場合，一是當測驗分數與效標表現不是直線相關，而是曲線相關時；換句話說，當該測驗所測特質是勝任該工作的必要條件而非充分條件時。這時若以二變項相關散佈圖來看，可能像土堆形狀，中間高，兩邊低；例如，推銷成功案數與推銷人員的權威性格，權威性格太高或太低都會使成功案數降低。散佈圖形狀也可能像噴水，只有左下角部分趨近一直線，愈往右其效標表現變化就愈大；例如，超市收費員的工作表現與其數學能力，數學能力太低者不能勝任該工作，但能力高者的工作表現並不一定相對提高。

　　另一個適用多重切截法的場合是當該職業從業人員樣本太小，且在主要特質上的同質性偏高，致使各種測驗與效標的相關都難以達到顯著水準，但依據工作分析或資深從業人員的經驗來判斷，這些測驗所測的又與效標表現息息相關，在此情況下，最

好改用多重切截法。

在訂定切截分數時，並非每個測驗都要訂出切截分數；首先我們要判斷那些測驗才是關鍵性測驗，即會真正影響到工作表現的測驗。在判斷關鍵性測驗時常依下列幾個步驟進行：

1. 對該職業進行工作分析（job analysis），或透過對該職業的督導人員或資深從業人員的訪談，判斷各種特質（測驗）在該職業工作表現上的重要程度。

2. 以整個測驗組合（例如GATB的12個分測驗）施測於該職業樣本，並將各測驗分數與工作表現（效標）求相關，並考驗其顯著水準。

3. 從整個職業樣本中選出在效標表現上合格人員（由督導人員判斷或選較高的三分之二），再求這些人員在各測驗上的平均數、標準差。

4. 將第3步驟求得的各測驗平均數、標準差與測驗標準化母群體的平均數、標準差相比較，找出平均數明顯偏高，以及標準差明顯較小的測驗。

5. 合併第1、2、4步驟的資料，作成表格，橫軸顯示各測驗名稱，縱軸顯示四個判斷規準：「經工作分析所判定的必要性」、「與效標有達到顯著水準的相關係數」、「平均數相對偏高」和「標準差相對偏低」（見表3-4）。

6. 檢視各個測驗在四個判斷規準上的表現，若能符合二個或兩個以上的規準，則納入關鍵性測驗中，並只就這些個測驗設定切

截分數。

表3-4　大學機械工程系關鍵性測驗判斷摘要表

測驗名稱 判斷規準	國文	英文	數學	三民主義	中外歷史	中外地理	物理	化學	生物	地球科學
工作分析時認為重要		✓	✓				✓			
平均數相對較高	✓		✓				✓	✓		
標準差相對較低						✓				✓
與效標有顯著相關		✓	✓		✓		✓		✓	
應納入關鍵性測驗		✓	✓				✓			

* 以上係假設性資料

　　至於這些關鍵性測驗的切截分數要如何設定則是一些繁複的統計程序，原則上仍是計算在各種切截分數組合下所算出來的ϕ係數，取ϕ係數最高者為正式的切截分數。其計算步驟如下：

1.先決定各測驗切截分數的最低調整單位，此單位最好是整數，且約在母群體標準差的四分之一或五分之一。例如，標準差為20時，宜以5為調整單位；標準差為10時，宜以2為調整單位。

2.以該職業樣本在各關鍵性測驗上的平均數（取整數）為起始點，選擇其中一測驗作上下調整，其他關鍵測驗則暫不納入考

慮。然後計算不同切截分數之下所錄取人員與效標表現上的一致性（即φ係數），以φ係數最高者作為該一測驗的最佳切截點。依此方式找出其他關鍵測驗的最佳切截分數。

3.將數個單獨關鍵測驗的最佳切截分數合併運用，計算此一組合的φ係數，作為此一測驗組合預測效率之證明。

㈢兩種方法的合併運用

設定切截分數的目的在於使「正確錄取」和「正確拒絕」所佔的比例達到最大，所以並不受行政上固定錄取名額的限制；但若要滿足行政上依能力高低錄取到足額的規定，則可以先用切截分數淘汰一部分人，再用多元迴歸公式預估未淘汰者的效標表現，並將之依大小排序，由最高錄取到足額為止。

國內大學聯合招生時，決定錄取科系所用的程序也類似多重切截分數法和多元迴歸公式法的並用，他們先在某此科目設定最低錄取標準（切截分數），淘汰一些顯然不合適該科系的考生，然後在於某些科目上設定加權計分比例（迴歸係數）並依此比例計算總分，最後依總分高低，由最高錄取到足額為止。不過國內聯合招生委員會所決定的切截分數及迴歸係數是依各校各系主管人員的經驗作主觀決定，並沒有實證研究作為依據。

四、以測驗進行安置或分類

測驗可以用來篩選、安置和分類。其中篩選的功能最爲常用，例如各級學校的入學考試、應徵某一職位、公務人員及專門技術人員的考試、技能檢定與證照的發給等，這時受測者要被判定爲合格與不合格或錄取與淘汰。當這個挑選程序是多層次的，那較早階段的就稱爲「**初選**」（screening），而篩選這一詞就保留到最後階段。英文中的 screening 這一詞有時是指快速、粗略的挑選程序，並不一定接著進一步的篩選程序。

安置與分類之不同於篩選，是此二者沒有人被判爲不合格或淘汰，每個受測者都會被指派到不同的團體中。在安置方面，這種指派是依據單一效標，而被指派進入的團體也只有等級上的不同。例如，學校裏的能力分班。

至於分類，永遠包含有兩個或以上的效標。換句話說，使用測驗的目的不在把不適任的人淘汰，而是在數種不同性質的團體中，找出最適宜受測者的團體，使之人盡其才，才盡其用。比如說，新兵在基礎訓練完後應分派到那一軍那一兵科？學校諮商員如何輔導大學生轉系、轉科？醫生如何診斷病人以決定使用那種治療方式？

雖然有時候我們可用多個測驗預測一效標表現的方式進行安置，但在分類時則必須要用到多種測驗預測多個不同團體上的效

標表現。因此，一個分類用的測驗組合，在預測每一種職業表現（或系科學業成績）時，都會有一個迴歸公式。從這些迴歸公式中，我們可看出某些測驗在預測某種職業表現上有很高的迴歸係數，但在預測另一種職業表現時，迴歸係數卻接近0；這種現象我們稱之為**差別效度**（differential validity）。一個良好的分類用測驗組合應該具有很高的差別效度，而不能像一般智力測驗那般，不管在預測什麼職業表現上，效度係數都差不多。

　　分類可以用多元迴歸的方式來進行，這時測驗使用者只要把所有的變項標準化之後，套入預測不同職業表現的迴歸公式中，計算各個預測值，即可以比較出此一受測者在各個職業上的成功機率。但是如果無法取得效標資料且只能辨別樣本所屬職業時，或者是當效標與測驗分數的相關不是直線相關時，由於無法使用多元迴歸法，就得改用更複雜的統計方法──**多元區辨函數**（multiple discriminat function）來進行分類。

　　多元區辨函數法主要是比較受測者在各測驗上的表現最近似於那一種職業樣本在各測驗上的表現，然後加以歸類。它用不到效標資料，在使用上更方便，尤其有許多人格特質變項與效標表現常呈現曲線相關，更適合用多元區辨函數法來分類。至於其計算方法請參閱高等統計學教科書。

第四章

測驗結果的解釋
與常模

任何心理測驗在計分完後所得到的初步數據就是**原始分數**（*raw score*）。原始分數是最基本、最常見的分數，但如果未附有其他解釋性的資料或未曾經過任何轉化（*transformation*）程序的處理，它不能提供任何有用的訊息。就像一個小學生的數學考90分，若不知其他同學的平均分數如何，我們怎能知道他他在班上是屬於中等或中上、中下？由此可知，原始分數的解釋有賴於參照標準（*reference standord*）的提供，若沒有適當的參照標準，測驗原始分數是不具有任何意義的。

解釋測驗用的參照標準有兩類，一類是以試題取樣的內容作為參照標準，又稱為**內容參照**（*content reference*）或**效標參照**（*criterion–reference*）法，另一類則是以受測者團體的平均表現作為參照標準，又稱為常模標準，又稱為**常模參照**（*norm–reference*）法。

使用內容參照法的先決條件是測驗題來源的內容領域要有一明確的界定，而且試題取樣要能夠充分代表該內容領域才可以。因此，除了若干教育成就測驗外，其他心理測驗很少使用內容參照法，大部份都使用常模參照法。

使用常模參照法時，我們常以一個能代表團體平均表現的分數（通常是指平均數）作為參照點，並利用平均數、標準差等統計概念，進一步判斷受測者個人的分數在團體分數分佈中所佔的位置；並且可以進一步將此一分數位置加以轉化成較容易記憶或說明的數值。換言之，將個人分數依平均數和標準差加以轉化成

一種較易於說明此人在團體中的相對位置的數值，*此種數值就稱為**轉換後或衍生分數**（ converted or derived scores ）。*

*　　心理測驗上常見的轉化後分數有成長分數、百分等級、標準分數、和常態化標準分數幾大類別。使用這些分數來說明測驗結果的先決條件是，受測者本身的基本身分特徵相符合，否則轉化後分數的代表性和它解釋上的正確性便會減低。*

第一節　發展性常模

　　當我們把個人分數和團體平均表現去比較時，有兩種不同的型式，一種是把個人表現和好些個不同發展層次（年齡、年級等）的平均表現去比較，然後說明此人相當於那一層次者的表現；另一種是把個人表現和與他相同身分特徵的人相比較，然後說明此人在此團體中所佔的相對位置。前者稱之為**發展性常模**（ developmental norm ），後者稱為**組內常模**（ within-group norm ），本節將先介紹常見的四種發展性常模——年齡當量、年級當量、順序量表和成長商數。

一、年齡當量（ age equivalent ）

　　年齡當量是指在不同年齡階層上，各階層原始分數的平均

數。例如，有一個七歲兒童在某測驗上的原始分數爲32，經對照各年齡組的原始分數平均數，發現此兒童的表現相當於九歲兒童的平均表現，因此，我們可以說此兒童在此測驗上的年齡當量爲九歲。

年齡當量用在不同的測驗上會有不同的名稱，例如在智力測驗上稱爲**心理年齡**（mental age），用在教育成就測驗上稱爲**教育年齡**（educational age），在社會成熟量表上稱爲**社會年齡**（social age）。其中以心理年齡這一概念使用最廣，歷史也最久，早在一九〇八年的比西量表修訂版上就已經使用過。

二、年級當量（grade eguivalent）

年級當量的原理及使用方法和年齡當量相近，只是它用在教育成就測驗上。只有那些需要連續學習好幾年的科目，如語文、數學等科目，才適合建立**年級常模**（grade norm）。計算年級常模只要將每個年級所得到的原始分數的平均數算出即可，若要更精確，可將每一學年分成九月、十二月、三月及六月四個時段，並在每一時段上分別建立常模。

年級當量雖然通俗易懂，但仍有其缺點，致使心理測驗學界已經很少用它。第一個缺點是它只適用於少數連續好幾年授課的學科中，而在高中以上學校，這種學科非常少見；此外，同一學科中各年級的教學重點和難度都不一樣。第二個缺點是若使用者

不熟悉這種常模的由來，常會造成誤用和誤解。例如一個三年級的學生在算術測驗上得到年級當量為5.5，這並不表示他已學會四年級所有的數學教材，而可以跳升五年級了，實際上它只能說該學生的數學能力優於同年級學生許多，得到的分數和大部分的五年級學生相當。

三、順序量表（ordinal scale）

順序量表很接近年齡量表，但它是專門用來檢查嬰幼兒行為發展是否正常而設計的，所以它沒有測驗分數的平均數，而是以各種代表性行為（如抬頭、爬行、站立、發牙等）的出現時間來代替。

此種量表的型式如圖4-1，縱軸標示著各種特定的行為，橫軸標示的是出生之後的月份，圖中黑線段表示某特定行為最常出現的時段。閩南語諺語「七坐、八爬、九發牙」似可在此圖中得到驗證。

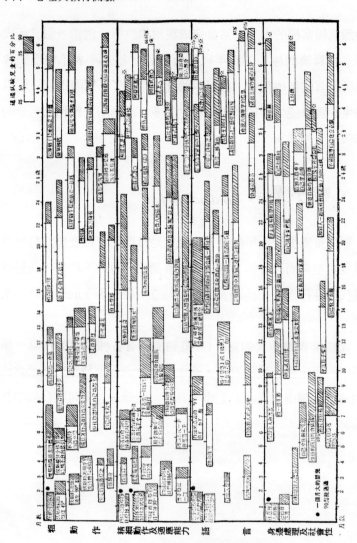

圖4-1 嬰幼兒發展順序量表

四、發展商數(developmental quotient)

　　發展商數是由前述的發展分數衍生而來的，例如，若知道一個人的心理年齡（MA）之後，可將它與此人的實足年齡（CA）相比，即得到一數值，再將它乘以100以消除小數點，（見公式4-1）即成為**智力商數**（intelligent quotient; IQ），簡稱「**智商**」。

$$IQ = \frac{MA}{CA} \times 100 \qquad （公式4-1）$$

　　依此公式所求的智商又稱為比率智商（ratio IQ），因為它是來自心理年齡與實足年齡的比值。這種智商曾由比西量表率先使用，但現今通行的測驗早已不再使用，而多改用**離差智商**（deviation IQ）。

　　比率智商有一個很大的缺點，那就是實足年齡是以等速增加，但心理年齡並非以等速增加，一般而言，一個人的心理能力在25歲左右便達到顛峰，此後若不是保持高原狀態便是逐漸走下坡。因此若以比率智商的公式計算，過了25歲以後，很可能出現年齡愈大智商愈低的現象。

第二節　組內常模

　　現有的標準化測驗幾乎都提供某種型式的組內常模。依據這些常模，受測者的分數得以和他幾乎有相同背景的標準化群體的表現作比較，進而得知他在這種群體中的相對地位。組內常模具有清楚定義的量化意義，依此類常模轉化出來的分數常可以進一步作統計分析。

一、百分等級 (*percentile rank*)

　　百分等級是指在一常模樣本中位於某一原始分數以下的人數的百分比。在任何次數分配中，可以將團體的原始分數依高低次序加以排列，並將總人數加以一百等分，在這一百等分上共有九十九個等分點，稱為百分點。這些百分點若以測驗分數來加以界定時，則稱為「百分位數」；若以該分數以下包含人數的百分比來界定時，則稱為「百分等級」。例如，我們可以說「在此常模中，第70百分位數的原始分數為48，或原始分數48的百分等級為70。」二者意義相同。

　　百分等級的計算公式如下，若原始資料是名次，則可以用公式4-2，若原始資料仍是原始分數，則可用公式4-3。

$$PR = 100 - \frac{100}{N}(R - 0.5) \text{（公式4-2）}$$

上式中，PR表百分等級，N代表全部人數，R代表某人的名次。

$$PR = F + (\frac{1}{2})(f\%) \text{（公式4-3）}$$

此式中，F代表任何原始分數X之下所包含的累積次數百分比，f%代表原始分數X所佔次數的百分比，PR則為原始分數X的百分等級。

如果我們取一常模樣本，並將其中每一原始分數依公式4-3算出其百分等級，將兩者由高至低並列使成一換算表的型式，此表便成為「百分等級常模」。任何受測者的原始分數只要對照此一常模便可知道他在團體中可贏過百分之多少的人。

百分等級絕對不可以和「百分比分數」混為一談，百分比分數是一種原始分數，它以答對題數佔總題數的百分比來表示；而百分等級則是一種導來分數，是用以表示得某原始分數的人可以贏過多少百分比的人。

百分等級因為容易計算，容易解釋，即使沒有統計學概念的人也容易理解，它又適於任何年齡，所以早被廣泛使用。然而它也有些缺點，第一個缺點是它已變成等級資料，只適於用來解釋個人分數，不能拿它作進一步的統計分析。第二個缺點是百分位

數上百分點的距離和原始分數間的距離並無固定的關係，例如，在常態分配中，位於分配中央的人多，所以一兩分之差，其百分等級就差異很大；而在分配的兩端，因為人數較少，所以即使有十幾分之差，百分等級卻沒有多大的變化。圖4-2將有助於了解這種現象。

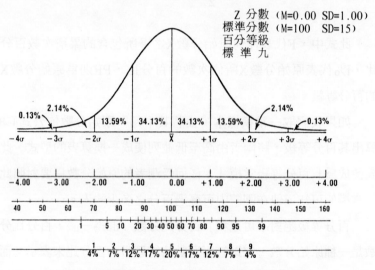

圖4-2常態曲線下各百分位數所在的位置

二、標準分數（standard score）

標準分數也是一種相對地位量數，它是以分數分配的標準差來表達個人分數與團體平均數的差距。它是比較理想的轉換後分

數，所以有許多測驗採用此種分數來解釋測驗結果。

標準分數可以由原始分數經過**直線轉換**（linear transformatioun）或**非直線轉換**（nonlinear transformation）而來。在直線轉換中，原始分數可以加減一常數或乘除一常數，經轉換後，分數的分配形態與原始分數的分配形態保持相同，並且原來分配中的所有特性都完整地複製於新的標準分數中，所以在原始分數中可以進行的任何運算，在標準分數中皆可複製不會被扭曲。

若以座標圖來顯示分數轉換過程，以橫座標代表原始分數，以縱座標代表標準分數（見圖4-3），則圖中兩種分數的交點形成一直線，所以稱為直線轉換。在轉換過程中，加減一常數會使該直線的截距產生變化，乘除一常數會使該直線的斜率產生變化，然而它仍永遠保持一直線的形態。

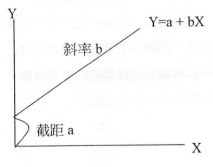

圖 4-3

㈠Z分數（Z score）

Z分數是最基本的標準分數，其他型式的標準分數都是依據Z分數再作一次直線轉換而來的。Z分數的計算公式如下：

$$Z = \frac{X - M}{SD} \quad (\text{公式}4\text{-}4)$$

上式中，X代表個人原始分數，M代表團體分數的平均數，SD則為團體分數的標準差。由此公式可知，Z分數是以標準差為單位來衡量一原始分數與團體平均數之間的差距。

若將團體中所有的原始分數都轉換為Z分數，則這些Z分數的平均數為0，標準差為1。它在統計上是屬於等距尺度。Z分數的計算雖然簡便，但在解釋分數上仍然有其不便之處，第一，在團體中有一半（低於平均數以下者）的人的分數要以負數來表示，這對於沒有統計概念的一般人常會造成困惑；第二，在絕大多數情況下，分數的全距常不會超過平均數上下三個標準差，為了保持精確性，Z分數就得求到小數點後二位到三位。為了消除Z分數的負數和小數所造成的不便，測驗編製者在建立常模時，常將Z分數再次以直線轉換的方式轉換成他種型式的標準分數，如T分數、ETS分數、離差智商等，以下將逐一介紹。

㈡T分數（T score）

T分數是把Z分數的標準差由1擴大成10，平均數由0移到

50，其計算公式爲：

$$T = 10（Z）+ 50 \qquad （公式4-5）$$

經此直線轉換，所有的T分數其平均數成爲50，標準差成爲10。沒有了負數，且其平均數位於0至100的中間，正合乎一般人的思考習慣，所以T分數很容易爲人所接受。

㈢ETS分數

ETS分數是美國教育測驗服務社（Educational Testing Service）廣泛使用在各種教育成就測驗上的一種以500爲平均數，以100爲標準差的標準分數，它原來是美國大學入學考試委員會（College Eeterance Examination Board, CEEB）所用，所以又稱CEEB分數。現在ETS所辦理的TOEFL,GRE, SAT等大型測驗都是採用這種標準分數來報告測驗結果。其換算公式爲：

$$ETS = 100（Z）+ 500 \qquad （公式4-6）$$

㈣離差智商（deviation IQ, DIQ）

以比率智商來表示個人的智力，雖然各年齡的平均數都是100，但是標準差卻不相同，因此，可能不同年齡者得到相同的智商，但它所代表的意義卻不相同，換句話說，不同年齡者求得的智商是無法相互比較的。

測驗編製者爲了解決此一缺點，乃改採用離差智商。所謂的

離差智商亦是以Z分數轉換而來的，它的平均數爲100，標準差為15（魏氏智力量表用）或16（斯比智力量表用）。許多智力測驗之所以採取15或16爲標準差，乃是因爲許多施測者或臨床使用者都已習慣了斯比量表比率智商的解釋方式，而該比率智商的年齡層的標準差雖不全然相同，但大多在16附近波動。藉著相同的平均數和標準差，新、舊的智力量表便可以相互對照使用。

三、常態化標準分數（normalized standard score）

以直線轉換求得的標準分數，若在同一常模內相互比較當然沒有問題，但是若是來自不同年級的標準分數常模而要相互比較時，就得考慮這兩個常模樣本的分數分配形態了。例如二年級的分數分配形態是常態分配，而三年級的分配形態卻偏斜的很嚴重，因此，二人的Z分數同樣爲＋1.0時，二年級的人其能力超過84%的同學，而三年級的人可能只超過60%的同學。

爲了讓不同分配形態的分數也能相互比較，我們可以使用非線性轉換將原始分數轉換成任何形態的分配，然而在實際應用上，我們大都將它轉換成常態分配的形態。我們之所以選擇常態分配的主要原因是：一、在心理及社會科學中，大部分原始分數的分配都較接近常態分配，尤其是樣本愈大時愈會接近常態分配，二、常態分配曲線擁有許多數量上的特徵，對於分數的解釋和進一步的數學演算有很大的助益。

(一)常態分配（ normal distribution ）

所謂常態分配乃是指分數的次數分配是中間的次數最多，而愈向左右兩端則次數愈少的鐘形對稱分配（見圖1-3）。

常態分配是統計學及心理計量學上的重要概念，絕大多數有關測驗評分、分數解釋和統計分析的方法都建立在此一次數分配模式上。由圖4-3可以看到，若由曲線圖中央切成左右對稱的兩半，則、左右各佔50%，若再以標準差為單位，將此曲線下的面積分割成等間隔的數段，則每段都會佔有固定的次數分配比例，且與對稱的那段所佔的比例是一樣的。

圖4-3可以看到，由平均數到＋1SD之間所佔的比例為34.13%，而＋1SD到＋2DS之間佔了13.59%，再依次為2.15%和0.12%。由於常態曲線是左右對稱的，所以平均數以下也各佔相同的比例。基於此特性，我們可以算出任何兩個標準分數之間所佔次數分配的比例，例如，＋1SD到－1SD之間所佔比例為68.26%；也藉著這個特性，我們可以很容易算出任一標準分數在常態分配中所佔的等級地位，也就是說，標準分數和百分等級之間可以輕易的相互轉換。

(二)常態化轉換

前面曾談到分數的轉換有直線轉換和非直線轉換，而常態化轉換是非直線轉換的一種，它可以把原來不是常態分配的分數，

經過轉換後變成是常態分配的。

常態化轉換的運算過程如下：

1.由小而大，計算每個原始分數的出現次數，及其在總樣本數中所佔的百分比。

2.仿照百分位數的計算方法，求每一原始分數之下所包含累積次數百分比。

3.把累積次數百分比視爲常態分配下的概率（所佔面積），利用統計學上的常態曲線概率表，即可查出各概率所對應的Z分數。

4.利用此一Z分數再進行直線轉換，即得到所謂的常態化標準分數。例如常態化T分數、常態化離差智商等。

一般標準化測驗在建立常模時，若發現原始分數的分配不是常態時，通常會作常態化轉換再轉換成標準分數，否則它就很難用常態曲線的特性來解釋分數，也很難與其他測驗的分數作比較了。

㈢標準九 (stanine)

標準九是由美國空軍所發展出來的，他們爲了資料處理的方便，便想把原始分數簡化成一位數，如此在打卡輸入電腦處理時，便只需佔一個位置。標準九把所有的分數依高低簡化成九個等級，每一個等級所佔的人數比例是依照常態分配的原理來指派的（參見表4-1），轉換後的分數是以5爲平均數，約以2爲標準差。

表4-1　標準九各分數相對應的常態曲線百分比及百分等級

標 準 九	1	2	3	4	5	6	7	8	9
所佔百分比	4%	7%	12%	17%	20%	17%	12%	7%	4%
百分等級	1-4	5-11	12-23	24-40	41-60	61-77	78-89	90-96	97-100

　　標準九基本上是把較精細的分數粗略化了，因此不適合作進一步的統計分析，但它具有簡單及合乎常態分配的特性，使得它在團體成就測驗及諮商上仍常被使用。

第三節　常模的建立與使用

　　常模是一個樣本團體在某一測驗上的平均表現。也就是說，將一測驗實施於一具有代表性的樣本團體，並將所有的原始分數經統計方法加以系統整理，並就各種原始分數算出其對應的轉換後分數（百分等級或標準分數），然後以分數換算表的型式呈現出來。

　　常模是標準化測驗所必具備的要件之一。它通常被整理成換算表的型式，稱之為**常模表**（norm table），放在測驗指導手冊之末。測驗使用者可以用它將原始分數換算為轉換後分數，進而判斷受測者在此測驗上表現之優劣。

常模是解釋測驗分數的依據，所以它的品質對測驗的可用性具有很大的影響，在建立及使用常模時要考慮四個要素，才能確保常模的品質。

在建立常模時，由於不可能對整個**母群體**（population）施測，所以必須以取樣方式以部分的人構成**常模樣本**（norm sample）或稱**標準化樣本**（standardization sample）。取樣時應考慮樣本的代表性和樣本的大小。

一、常模樣本的代表性

所謂的代表性是指所選取的常模樣本的人口學上的特徵（如年齡、性別、地區、種族、社經地位、文化水準等）必須與母群體的特徵相吻合。完全的代表性只是一種理想，除非採取普查的方式，否則不可能達到，尤其是考慮到的特徵愈多時，這種代表性就愈難達到。

測驗編製者在實務上，大多依據測驗所測的心理特質，決定那些人口特徵會影響到此心理特徵的表現，然後再設計取樣的程序。例如，依據以前的研究，我們已知道區域、性別、社經水準和智力有密切關係，而身高、體重、宗教和智力無關，因此在取樣時只要考慮所取樣本在區域、性別和社經水準上是否具有代表性即可，不必管身高、體重和宗教的代表性。

二、常模樣本的大小

所謂的大小是指常模樣本中所包含人數的多寡。依據統計取樣的原理，樣本愈大則所求得的統計量（如平均數、標準差等）誤差愈小，愈接近母群體的統計量。然而，樣本不能只考慮其大小，而是要在能維持其代表性的前提下，樣本才是愈大愈好，因此，取樣時應設法了解母群體在各種人口特徵上的人口比例，並依此比例取樣。

樣本雖然愈大愈好，然而實際的大小常取決於常模細分的程度及施測成本的高低。例如，若要每一年齡組，每種性別，分別建立常模，則所需的取樣人數一定要比只建一個混合的常模多上許多。又若測驗是團體測驗，因施測成本（人力、時間）較低，所取樣本數自然會比個別測驗來得多。

在使用常模時，除了要檢查當初建立常模時，常模樣本的代表性及大小外，還要考慮到常模樣本的「適合度」和「新近性」。

三、常模的適合度

使用常模時，測驗使用者應依據受試者的特徵及測驗的目的來選用適合的常模。在某些情況下，使用者可能要選用全國性常

模，在另外的情況下，可能要改用地區性常模；有時爲了特殊目
的，也可能用到特殊常模。全國性常模的含蓋面廣大，大多數的
標準測驗都有這種常模，而地區常模（單一縣市、單一學校或工
廠常模）也有它不同的用途，而特殊性常模（盲、啞學生、特定
職業等）更有其必要性、使用常模時，也要考慮到測驗的目的，
例如實施多因素的職業性向測驗時，若只是想知道受試者在各種
性向上的優劣時，就要用全國常模；若是想要進一步預測受試者
在某一特定職業上成功的機率如何，就應該和特殊職業常模相比
較。

四、常模的新近性

所謂新近性是指建立常模的年代距離使用常模的時間，已經
間隔多少年了。現代的社會在教育、文化、經濟、價值觀方面的
變遷非常迅速，如果所使用的常模是在十幾年前、甚或幾十年前
所建立的，那其價值就令人懷疑。除此之外，若在建立常模之
時，與使用常模之時間隔有重大事故發生，足以改變常模的適合
性，就應放棄原來常模而重新建立常模。例如，民國57年實施九
年國教，那麼民國57年後入學的國中生就不能用民國57年以前所
建立的初中生常模；若將來再實施十二年國民教育，那現有的高
中生常模也將失去效用。

第四節　測驗分數的比較

前一節提到使用常模時應考慮到常模樣本的代表性、大小及常模的適合度、新近性等，這是將個人分數與團體表現相比較，但若是要比較個人在兩個測驗上的分數，或是要比較兩個人的測驗分數，那要考慮的因素可就更多了。

一、個體內的比較

造成測驗分數差異的主要來源有四個：1.不同人之間能力的差異，2.測驗間內容的差異，3.量表單位的差異，4.常模樣本的差異。要比較同一位受試者在不同分測驗上的分數，則要控制上述的第1、3、4項，使其一致，才能作有意義的比較。多因素性向測驗所常用的**側面圖分析**（profile analysis）就是使用相同的量表單位、相同的常模樣本來同時建立幾個分測驗的常模，以便個人在這幾個分測驗上的轉換分數能夠相互比較。

另一種個人內分數的比較是所謂的**自比性分數**（ipsative score）。它是來自強迫選擇式量表的分數，它是經過特殊的設計，使得受試者在完成一量表後可得到多種變項的分數，但個人在所有變項上的總分是固定的，所以它適合作個人內各種變項分

數相對高低的比較，而不可以對照常模去作人際之間的比較。愛德華個人興趣量表（EPPS）和高登人格測驗（GPP–I）皆是強調個人內不同人格特質相對高低比較的自比式測驗。

二、個體間的比較（常模參照法）

不同的人之間的分數要作比較，除了量表單位和常模樣本要一致外，測驗內容也要一致。若我們比較兩人的IQ分數，甲的IQ分數來自魏氏智力量表，乙的IQ分數來自修訂歐迪思智力測驗，雖然它們用的量表單位一致（M＝100，SD＝16），但測驗內容並不同，而且建立常模的樣本也不同，因此這種比較並無意義。另一種較常犯的錯誤是，內容、量表單位都相同，但卻用了不同的常模樣本，例如，某報社甄選新聞記者、實施語文測驗後，甲男原始分數48，對照男生常模後，百分等級為90；乙女原始分數53，對照女生常模後百分等級為85，結果錄取了甲男。這種比較是誤用了常模，當男女生合在一起作比較時，就應針對使用目的，採用男女生合併的常模，這樣才不會發生答對題數多的人反而落選了的笑話。

三、與預設標準的比較（效標參照法）

將學生的表現與預設的標準作比較，這是老早就有的概念，

例如，早期為評量書法、作文、繪圖等作品的品質而建立的量表就是最好例子。它是請一群專家或資深教師經過協商後，訂定一整套已事先賦予各種等級或分數的計分範本，評分時，再將個人的作品與這套計分範本作配對比較，然後依最相近樣本的分數給予分數。

這種概念延伸到一般學科上，就產生了所謂「**標準參照測驗**」（criterion–referenced test），這種測驗最適用於教材高度結構化的教育成就測驗上，尤其適合小學課程的基本學科中（如閱讀、數學）；另外，它也適用於所測量的專業知識與能力都非常具體的專業證照考試。

標準參照測驗與常模參照測驗的主要差別在於它是依據測驗內容來解釋個人在測驗上的表現，重點在依據測驗結果判斷受試者知道些什麼和他能做什麼，而不在於他和別人比較的結果程度如何。因此，其測驗結果的呈現常是受測者是否已通過預設的標準，是屬於二分法的判斷，而不像常模參照測驗有一轉換後分數可作個人間的比較。

使用標準參照測驗時，最特殊的且必要的條件是「試題內容意義的清晰性」和「通過分數的設定」。前者指的是在編製此類測驗之前必須清楚地界定該測驗所欲測量的知識和能力，且所選取的內容必須是眾所公認的重要部分；再將內容細分，並以行為目標方式加以具體描述，最後再為各目標編擬測驗題目；經過這樣的程序，測驗分數的意義才能明確的說明，否則測驗結果很容

易成爲意義不明、不能解釋的大雜燴。第二點「通過分數的設定」，是指受試者要答對多少比例的題目才算精熟了這教材，或才可拿到專業證照？這個問題常要靠這領域的專家或資深教師的主觀判斷和協商來決定，但在判斷、協商時大多會參酌試題的難易和以往受試者表現的資料來作決定。爲了減少在設定通過分數時的主觀性，已有多種統計技術發展出來了，然而因爲太過於技術性，對一般教師而言並無實用價值。

第五節　測驗結果的解釋

測驗結果的解釋包括了對測驗分數及相關的觀察資料及其他測驗分數的綜合分析，確定測驗結果的意義，以及將結論與建議傳達給受試者及轉介機構。

一、測驗分數的綜合分析

在分析測驗之前，分析者要先考慮到測驗情境是否符合標準化的要求及受試者在該情境中的表現是否正常，以便判斷此測驗分數對受試者的代表性。若施測者和分析者不是同一個人，更應與施測者確認並詳讀其施測觀察記錄，然後才能作進一步的分析。

　　測驗結果的分析不能以單一測驗分數為依據，應佐以其他相關資料，如，學業成績、其他測驗分數、與教師或家長的面談記錄等。尤其在不同資料間彼此有相互矛盾現象時，更應透過面談來確定那一資料較為可靠，或進一步實施相關的測驗，作進一步的確認。

　　測驗結果分析的方向應該針對原來轉介的原因，例如，某生的性向較適合就讀那些科系？某公司應該錄取那些人，將來才能勝任其工作？某生學業成績低落的原因何在？如何補救？即使是使用同一測驗，也有其不同的施測目的，因此不能以測驗分數的狹義說明為滿足，還需要蒐集其他面談、觀察的資料，並參考已有的研究報告，針對原初的受測原因作成解釋。

二、測驗結果的傳達

　　測驗者不能將測驗結果束之高閣或只供自己研究之用，他有責任將測驗結果以清晰、適合對方理解水準的方式傳達給受測者與其監護人，或原初轉介來源（學校人員、企業雇主等），以協助其增進自我了解或作成適當的決策。

　　由於受測者和一般人士並未受過心理計量學方面的訓練，所以測驗者在說明測驗結果時應儘量避免專業性術語、或僅作公式化的轉達；他應該以淺顯易懂的方式表達並且隨時回答對方的疑問，以澄清其誤解。如果是在學校實施的大規模的團體測驗，測

驗者若能以書面或團體輔導方式向學生說明一些解釋測驗結果所需用到的術語或基本概念時，將有助於減輕解釋測驗結果所需的人力及時間；但原則上，測驗結果的解釋仍應採個別的方式來進行。在團體中討論個人的測驗分數，不但侵犯了受測者的隱私權，也使受測者沒有充分機會發問而易造成誤解。

在個別測驗或具有多個分測驗的團體測驗上，測驗者除了要作測驗結果的口頭說明外，還得提供一份「心理報告」（psychlogical report），這份報告的內容一般包括：受測者的身分資料、轉介來源、轉介原因、背景資料、觀察和面談經過、測驗內容及程序、測驗結果及解釋、結論與建議、最後是報告撰寫者的身分及簽名。

心理報告完成之後，測驗者應安排與受測者或其轉介來源作一面談，由測驗者交付心理報告並以口頭說明測驗結果及建議，同時並提供雙方共同討論的機會。在面談過程中，測驗者可以先將測驗的目的及測驗內容或其他資料蒐集方法的性質加以簡單的說明，然後再針對受測者的應試行為和測驗結果加以解釋，接著說明依據測驗及其他相關資料所作的推論和所形成的結論，最後再提出針對轉介原因所作的建議；若有必要，也可進一步說明需要做後續測驗（follow-up test）的原因，並安排施測時間。在整個面談中，雙向溝通（mutual communication）是非常重要的，測驗者應隨時鼓勵受測者或監護人或轉介來源代表提出問題及表達意見，以確定對方在認知上是否充分理解，在情感上能否

完全接納。

　　測驗者在測驗結果解釋的面談中，要同時顧及對方的認知層面和情感層面。在認知層面上，測驗者除了要避免使用專業術語外，還要多利用分數的側面圖、常態曲線分配圖作輔助說明，務必使不同教育程度的人都能充分理解測驗結果，並掌握測驗者所提的建議和其價值。在情感層面上，測驗者應協助對方接納並願面對現實，而減少其面對不利的測驗結果時所產生的淡化或否認的反應。有許多時候測驗的結果不能「盡如人意」，例如，當為人父母者被告知其子女是智能不足或有學習障礙時，當受測者被告知其性向、興趣並不適合就讀他原先所想讀的科系時，面對此類資訊，所引發的情緒可能是失望、挫折、焦慮，繼而產生合理化、淡化、否認、投射等防衛反應。此時測驗者應隨時注意此類情緒反應，並運用諮商技巧給予適當的安慰和疏導，因為任何負面情緒都會影響其對測驗結果的接納，使受測者或其監護人無法接受其所應面對的事實，更難要求他對測驗者所提供的建議加以執行，這種情況下，所作的測驗終究未能發揮預期的效果。

三、解釋各種分數應注意事項

　　測驗結果所呈現的，通常不是單一的分數，若不是同一結果的不同轉換後分數，就是多個分測驗的轉換後分數同時並列比較，因此在解釋上就須更加小心，以免產生誤解。

1.解釋智商高低的歸類

測驗指導手冊通常會提供一歸類系統以便將分數作歸類，解釋時要完全依照此手冊的歸類方式，而不要隨意使用其他測驗的歸類方式。

雖然智商的呈現常加上測量誤差，如124±8，但在歸類時，只使用求得的智商124作歸類，不能用132或116作歸類，因此，應該說此受測者的智商應屬於「優秀」，而不可以說此受測者的智商可能屬於「高於平均數」（116）、「優秀」（124）或「非常優秀」（132）。

2.解釋離差智商和量表分數

除非受測者和監護人都學過統計學且記憶仍新，否則不應直接以離差智商和量表分數作解釋，應將它們轉換成百分等級後再作說明。然而應注意的是，當兩個測驗使用不同的標準分數系統時，相同的標準分數會代表不同的百分等級，例如在WISC-R（SD＝15）的全量表IQ為115時，對映的百分等級為84；而在斯比量表(SD＝16)中IQ為115時所對映的百分等級卻是83。

「年齡當量」可以用來補充百分等級的說明，或者當沒有百分等級常模時，也可以單獨使用。

百分等級若落在25以下或75以上時，就相對於同年齡者來說，可以視為弱點或優點。

　　一般人常會把「百分等級」、「答對百分比」和學校考試所常用的「百分計分法」三者混淆在一起。測驗者要特別澄清這百分等級是指「與同年齡者相比較，受測者在某方面的能力贏過百分之多少的人」，而不是指答對多少題目，或得了幾分。

3.解釋各分測驗的分數

　　現代的測驗設計為了顧及施測上的經濟效益及解釋上的周延完備，大多採用一套測驗中具有多個獨立分測驗的型式。因此在解釋一個受測者的各分測驗的分數時，就可以將各個分數並列，構成一個側面圖，進行不同個體間（與常模團體的）比較，或是進行同一個體之內（個人分數組型的）比較。

　　在個別智力測驗的分量表上，常以10為平均數，3為標準差。因此，若分量表分數為13（百分等級84）或以上時，那表示他優於同年齡的受測者；若分量表分數在7（百分等級16）或以下時，那表示他比同年齡的受試者還差；分量表分數介於8（百分等級25）到12（百分等級75）時，才表示受測者能力相當於平均水準。若所有的分量表分數都在8或以上時，表示受測者與同年齡者相比，沒有弱點；若所有的分量表分數都在7或以下時，表示受測者與同年齡者相比，沒有優點。然而，受測者仍可能有些認知能力上的優點或弱點是此一測驗所未能測到的。

　　當分量表的分數相互比較時，若某一分量表分數明顯地高於其他分數，則測驗者可說那是受測者「發展得較好的能力」；若

明顯地低於其他分數，則可說是「發展得較慢的能力」。若受測者的分量表分數都在8或以上時，即使其中有一個和其他比起來較低，也不能說那就是的「弱點」；相反地，若受測者的量表分數都在7或以下時，即使其中有一個和其他比起來較高，也不能因此就說那就是他的「優點」。

總之，量表分數的比較有兩個標準，一個是指同年齡的團體，這時我們可說那種能力是受測者的優點或弱點；另一個是指其他的分量表分數，這時我們只能說那種能力相對於其他能力是發展得較快或較慢。

4.解釋標準分數之間的差異

要解釋兩個標準分數之間的差異，先要符合兩個條件，一個是這個標準分數是採用同一種量尺（平均數、標準差皆相同）；如果這兩個標準分數是來自同一套測驗的不同分測驗，例如：同一套綜合性向測驗中的不同性向的標準分數，同一個別智力測驗中的分量表分數等，則皆能符合這一個條件。但如果兩個標準分數是來自不同的測驗，則應檢查其所使用的量尺是否一致，若不一致，可將其中一個標準分數先恢復成Z分數，再轉換成與另一量尺一致的標準分數。在計算時可採用下列公式換算：

$$新標準分數 = (\frac{Xold - Mold}{SDold})SDnew + Mnew（公式4-7）$$

Xold, Mold, SDold指舊量尺的標準分數、平均數、標準差

Mnew, SDnew指新量尺的平均數、標準差

　　即使已經換成了相同的量尺，也仍然要注意兩者常模取樣是否相當，如同年齡或同年級及性別、地區等的比例是否接近。

　　解釋分數差異的第二個條件是，分數間的差異要達到統計上的顯著水準。分數間的微小差異應視爲測驗工具本身的測量誤差所造成，不能肯定說成能力之間的差異，因此，分數間的差異若未達到統計顯著水準，則不必要也不應該進一步解釋其差異。要計算兩分數要相差多少分才算達到統計上的顯著水準，可採用下列公式計算此差異分數：

$$差異分數 = Z \sqrt{SE_A^2 + SE_B^2} \qquad （公式4-8）$$

Z　指所選信賴區間所對應的Z值，若選95％信賴區間（$\alpha = .05$）

　　則Z＝1.96，若選99％信賴區間（$\alpha = .01$）則　Z＝2.58

SE_A，SE_B指兩個測驗或分測驗的測量誤差

　　大部分設計完善的測驗都會把常用的差異分數列表，以供查對，例如：WAIS、WISC-R中語文智商與作業智商的比較。但在解釋時不能只因差異分數達到顯著水準就例行化的建議作進一步的測驗診斷或作成行政上的決策，應該配合其他資料作整體性

的評估。

5.解釋極端的分數

　　若受測者的原始分數非常高或非常低，以致在分數換算表上找不到適當的轉換後分數（即該原始分數並未出現在常模樣本中），這時可採兩種方式來報導該分數，一是以換算表上的最高分或最低分為基準，然後說明受測者的分數是高於或低於此一分數，例如，可以說「智商高於155」或「智商低於55」。另一種方式是以外推法推估此原始分數應對的轉換後分數，但在敘述時要特別說明是「估計」得來的。

　　如果一團體中有多人得到極端分數，測驗者應立即檢查是否有「測驗適用範圍不符合」、「試題內容外洩」、「受測團體與常模樣本差異太大」等問題存在。

6.解釋各分數所構成組型的差異

　　各分測驗分數所形成的各種分數組型（pattern）可能反映出受試者的認知風格，或與其他因素（如動機、種族文化背景、使用雙語、心理疾病等）有關。舉例來說，腦傷或憂鬱症（depression）可能使所有分測驗，或某類的分測驗的分數降低，腦傷也可能使各分測驗間的分數差異變大。分數間顯著差異所構成的分數組型並不一定有其診斷價值，除非已有實證研究證明某種分數組型和某種心理功能障礙或心理疾病有關，否則不能

憑個人經驗或推測來作主觀的解釋；但即使有實證研究的支持，也要考慮到受測者的背景資料、一般行為觀察及測驗其他表現之後才能作出診斷性的解釋。

參考書目

American Psychiatric Association（1994）. Diagnostic and statistical Manual of Mental Disorders–IV. APA.

Campbell, D.T. & Fiske, D.W.（1959）. Convergent and discriminant validation by the multitrait–multimethod matrix. Pschological Bulletin, 56, 81-105.

Cronbach, L.J.（1951）. Coefficient alpha and the intrnal structure of tests. Psychomrtrika, 16, 297-344.

Cronbach, L.J., Gleser, G.c., Nada, H., & Rajaratnam, N.（1972）, Dependabililty of behavioral measurements: Theory of generalizablity for scores and profiles. New York: John Wiley.

DeVellis, R.F.（1991）. Scale development: Theory and applications. CA: SAGE.

Kuder,G.F., & Richardson, M.W.（1937）. The theory of estimation of test reliadility. Psychometrika, 2, 151-160.

Sattler, J.M.（1992）. Assessment of children. Rev. and updated 3rd ed. Son Diego, CA: J.M.Sattler.

Schmidt, F.L., Hunter, J.E.（1977）. Development of a general solution to the aroblem of validity generalization. Journal of Applied Psychology, 62, 529–540.

Sternberg, R.J.（1977）. Intelligence, information processing, and analogical reasoning: The componential analysis of human ability. Hillsdale, N.J.: Erlbaum.

Sternberg, R.J.（1979）. The nature of mental ability. American Psychologist, 34, 214–230.

Taylor, H.C., & Russell, J.T.（1939）. The relationship of validity coefficients to the practical effectiveness of tests in selection: Discussion and tables. Journal of Applied Psychology, 23,564–578.

第三篇

測驗的編製

第五章

測驗的編製程序

　　雖然測驗的信度及效度都在測驗編製完成後，才加以評估，但是確保測驗良好品質的最佳途徑，則有賴於適切及謹慎的測驗編製方法。假如一開始就很妥善的去編製測驗，那麼這個測驗將會擁有令人滿意的信度及效度。測驗的具體編製方法，儘管會隨測驗種類及目的的不同而有差異，然其編製步驟或程序仍有其共通之處。本章的主要目的，即在討論測驗的一般編製過程，期使在教學或研究情境中的教師或研究人員，能有編製測驗的基本知能。本章先概述編製的基本步驟，接著再詳論測驗編製過程中的重要步驟——確定測量的內容、發展測驗題目、項目分析——的方法。

第一節　編製測驗的基本步驟

　　測驗的編製方法，會因測驗種類的不同而不同，也會隨測驗目的的差異而不同。例如，編製一份學科成就測驗的方法，就與編製一份讀書態度測驗的方法不同；因前者有固定的測量內容可資依循，後者則難有約定俗成的測量範圍。再比方，做為甄選人員之用的測驗其題目難度要高些，但如僅做為了解或診斷個人能力用途的測驗，並不一定要有高難度的題目。再者，客觀測驗的編製方法，也與非客觀測驗的編製方法不同。因此，要歸納出一套適用於各種測驗的編製方法，幾乎是不可能的；然小異中有大

同，一般而言，編製測驗仍有可資遵循的共通步驟如后述。

一、確定測量的內容

　　編製測驗的首要步驟是要清晰的了解所要測量的內容爲何，換言之，即要很明確的界定所要測量之特質或**建構**（或譯構念，construct）。任何人大都知道要用尺來量一塊布的長度，也知道要拿溫度計來量冷氣房中的溫度；但是未必每一個人都知道，要用什麼工具來測量人的焦慮。這是因爲我們知道長度與溫度是什麼，卻不知道焦慮是何物。此外，測驗所要測量的心理特質，是相當抽象難以捉摸的，其所涉及的涵義，可謂言人人殊，難有共通一致的見解。所以測驗編製者在編製測驗之前，就應先分析欲測量之特質的具體涵義和範圍，進而確定所要測量的內容，如此才能依據測量內容的特質來編擬題目，本步驟詳見下一節內容。

二、發展測驗題目

　　即依據測驗所要測量內容的特質，以編擬能夠測量該項特質的題目。編擬測驗題目，須考慮到題數、題型、題幹、選項計分方式（答案紙）及命題的技術等。本步驟詳見本章第三節。

三、請專家審核測驗題目

測驗題目草擬完成後，應請專家來審核，以提升題目的品質。題目的審核可由兩類專家來擔任，其一為內容專家：針對題目的性質是否符合測量的內容進行評估；另一則為測驗專家：評估題目的編製是否符合測驗的編製技術與原理。目前國內的各種升學聯考的製題作業中，都有學科及測驗專家入闈參與製題，其目的即在審核預先（闈外）編擬好的試題，評估其是否符合學科內容的需求與測驗的編製原理，如評估結果是否定的，則須立即進行修改或重新命題。準此，當專家審核測驗題目後，測驗編製者應依審核意見，修正、調整題目或再擬訂新題目加入。

四、將測驗題目施予預試

測驗題目依專家審查意見增刪及修訂潤飾後，即可印製適當的數量（大約是一百五十份左右），對初步的受試樣本（通常稱為**發展樣本**，development sample）進行施測。這些樣本的受試者之特性，必須和測驗將來之施測對象的母群體（population）相同。換言之，假如編製一份測量國中一、二年級學生使用的英語成就測驗，那麼預試的對象就應是國中一、二年級的學生；同理，如編製一份測量成人人格特質的測驗，則

其預試樣本亦應是成人。此外，預試的施測情境，亦要與測驗編製完成後的正式施測情境相符合；預試後的受試反應結果，主要是應用在項目分析中。

五、項目分析

　　項目分析（item analysis）又稱為試題分析，即在分析預試後受試者在試題上的反應，其目的則在刪除不佳的題目，並選取良好的題目，及修正部分題目或撰擬新增題目，以組合成正式施測用的測驗。職是，項目分析具有評估測驗題目品質的功能，以提高測驗的信度及效度。項目分析包括**質的分析**（qualitative analysis）和**量的分析**（quantitative analysis）兩種，所謂質的分析就是本節第三部分所述的請專家來審核題目，所不同的是，此時是審核受試者對題目的反應，其審核重點是題目的內容及形式，是否符合受試者的需求。有關量的分析將在本章第四節中論述。

六、編組正式測驗

　　項目分析完成後，即可依據各試題的量化數據（如難度指數及鑑別度指數）及專家的審核意見選取最適切的題目，以組合成正式測驗。一般而言，認知測驗之題目的選取標準是難易適中且

具有高鑑別度者，情意測驗則是具有高鑑別度者。至於對試題在測驗裏的呈現方式，可歸納成下述幾種：第一種是依試題難度序呈現，即難度低的試題先出現，接著再呈現難度高的試題，亦即試題的排序是由易到難，從簡至繁；第二種是依試題的型態呈現，即相同型態的試題組合在一起呈現，例如，先出現選擇題，其次是是非題，最后則呈現配合題等；第三種是依測量的內容或特質呈現，例如在數學成就測驗中，先出現計算題、再出現應用題，最后則呈現綜合題等；第四種則是情意測驗常用的混合式的呈現試題（前三種呈現方式常用於認知測驗或能力測驗）。爲了避免受試者受到做答心向的影響，情意測驗常將各分測驗的試題分散開來再混合呈現，例如，有一人格測驗涵括A、B、C等三個分測驗，每個分測驗各有十題，那麼該測驗的試題排列方式常是將各類題目的第一、四、七……題出現在 A 分測驗中，第二、五、八……題出現在 B 分測驗中，第三、六、九……題則是呈現在 C 分測驗中。

　　題目組合完竣後，接著就要設計答案紙。就測驗的實務而言，如測驗使用的份數（如僅供一、二個班級使用）不多，那麼就無須另行設計答案紙，只要將答案填寫於測驗卷上即可；若測驗使用的份數很多，或欲重複多次使用同一份測驗的話，那麼就須另行設計答案紙，俾使同一份測驗可使用多次，一者可節省使用（印製）測驗的成本，二者可便於測驗結果的計分。爲便於計分或便於將答案輸入電腦，答案欄與測驗卷同屬一份的話，通常

都將答案欄置於題號的左側，例如：

_____1.下列何者是西班牙的首都？
　　　(A)西貢
　　　(B)巴塞隆納
　　　(C)馬德里
　　　(D)波哥大

常　偶　很　從
　　　　　　來
常　而　少　不
□　□　□　□　　1.感到焦慮不安。

　　測驗如是另行設計答案紙，則其答案紙通常包括三部分，第一部分是受試者的基本資料（如學校、班別、年級、測驗日期及性別等），第二部分是測驗結果的側面圖（profile），這二部分大都印在同一頁。答案紙的另一頁則是第三部分，即是受試者要做答的地方，此部分是答案紙的重點，務必要明確、清晰的呈現作答方式，而且亦要便於計分及分數的呈現（含原始分數與衍生分數），若測驗分成數個分測驗的話，也要有各個分測驗計分的地方。另外有些測驗只呈現一個總分，此時答案紙就不須包括側面圖。一般而言，不包含側面圖的答案紙，通常都將相關資料與答案欄印製在同一頁。答案紙的設計格式，請參閱圖5-1。

國中新生數學能力測驗答案紙

姓 名		性 別	□ 男 □ 女	測驗日期	年 月 日
學 校		年 級		生 日	年 月 日
主試者		座 號		實足年齡	歲 月

總 分	百 分 等 級	T分數	標 準 九 分

測驗一				測驗二		測驗三		測驗四	
題號	答案	題號	答案	題號	答案	題號	答案	題號	答案
	① ② ③ ④		① ② ③ ④		① ② ③ ④		① ② ③ ④		① ② ③ ④
1	□ □ □ □	26	□ □ □ □	1	□ □ □ □	1	□ □ □ □	1	□ □ □ □
2	□ □ □ □	27	□ □ □ □	2	□ □ □ □	2	□ □ □ □	2	□ □ □ □
3	□ □ □ □	28	□ □ □ □	3	□ □ □ □	3	□ □ □ □	3	□ □ □ □
4	□ □ □ □	29	□ □ □ □	4	□ □ □ □	4	□ □ □ □	4	□ □ □ □
5	□ □ □ □	30	□ □ □ □	5	□ □ □ □	5	□ □ □ □	5	□ □ □ □
6	□ □ □ □	聽候指示！		6	□ □ □ □	6	□ □ □ □	6	□ □ □ □
7	□ □ □ □			7	□ □ □ □	7	□ □ □ □	7	□ □ □ □
8	□ □ □ □			8	□ □ □ □	8	□ □ □ □	8	□ □ □ □
9	□ □ □ □			9	□ □ □ □	9	□ □ □ □	9	□ □ □ □
10	□ □ □ □			10	□ □ □ □	10	□ □ □ □	10	□ □ □ □
11	□ □ □ □			11	□ □ □ □	11	□ □ □ □	測驗結束！	
12	□ □ □ □			12	□ □ □ □	12	□ □ □ □		
13	□ □ □ □			13	□ □ □ □	13	□ □ □ □		
14	□ □ □ □			14	□ □ □ □	14	□ □ □ □		
15	□ □ □ □			15	□ □ □ □	15	□ □ □ □		
16	□ □ □ □			16	□ □ □ □	16	□ □ □ □		
17	□ □ □ □			17	□ □ □ □	17	□ □ □ □		
18	□ □ □ □			18	□ □ □ □	18	□ □ □ □		
19	□ □ □ □			19	□ □ □ □	19	□ □ □ □		
20	□ □ □ □			20	□ □ □ □	20	□ □ □ □		
21	□ □ □ □			聽候指示！		聽候指示！			
22	□ □ □ □								
23	□ □ □ □	得 分		得 分		得 分		得 分	
24	□ □ □ □								
25	□ □ □ □								

圖5-1　國中新生數學能力測驗答案紙

（引自周台傑、巫春貴，民83）

　　答案紙設計完成後，接著要撰擬指導語，至此，一份測驗才算編組完成。指導語是引導受試者作答的說明，指導語務必要清楚明確，受試者才能正確無誤的作答。有些測驗的指導語只包括作答方式的說明，如周台傑、巫春貴（民83a）所編之《國中新生數學能力測驗》之指導語：

測驗說明

　　本測驗共80題，每一題後面有四個可能答案，另外有一張答案紙。仔細閱讀每一個題目之後，選出你認為最正確的一個答案，並按照指示方法，在答案紙上作答。

　　請看下面的例題，以瞭解答題的方法：

　　例題：$58-28=$？①20　②30　③40　④50

　　此題正確的答案是②，就在答案紙上該題號正確答案位置塗黑，如右：　　①　　　②　　　③　　　④

　　　　　　　　　　　　　　□　　■　　□　　□

不要在某一個題目上花太多的時間。你要盡力去做，不但要快，更應力求正確。

聽候指示，才可以翻頁！

　　有些測驗的指導語除了有作答方式的說明外，尚包含實施測驗的簡要目的及施測時的注意事項，如賴保禎（民83）所編之

《賴氏人格測驗》之指導語：

作答說明：

1. 你想瞭解你自己的個性嗎？如果你能誠實地回答這本小冊內所問的問題，你就能瞭解你自己的個性。

2. 因爲各人的個性不一樣，所以問題的回答也就沒有「對」與「錯」的分別。請按照你自己的感覺或想法回答。

3. 當你看完一個問題，不要考慮太久，趕快作決定，每題有三種答案，由你任選一種。

第一種：如果你覺得某一問題所說的，和你的情形相同，就在答案紙同題左邊「是」的方格內打「✓」。

是　？　否
☑　□　□

第二種：如果你覺得某一問題所說的，和你的情形不同，就在答案紙同題右邊「否」的方格內打「✓」。

是　？　否
□　□　☑

第三種：如果你覺得某一問題所說的，很難做「是」或「否」的決定時，就在答案紙同題中間「？」的方格內打「✓」；但儘量不要作這種回答。

是　？　否
□　☑　□

例題：你是否常有悶悶不樂的情形？　　　　是　？　否

　　　這表示你常有悶悶不樂的情形。　　　　☑　□　□

注意事項：

1.作答時一定要注意答案紙的號碼要和問題的號碼一致。

2.對於問題的字義，如果有不明白的地方，可以發問。

3.請你儘量避免選第三種的回答，就是儘可能不要在「？」的方格內打「√」。

4.每一題都要回答，作完後請檢查一遍，不要遺漏。

5.請不要在這本小冊上畫任何記號。

　　另外有些測驗包括多個分測驗，而且各個分測驗的作答方式有很大的差異（尤其是紙筆測驗與操作測驗兼而有之時），此時測驗的指導語就不能像前二例，一份測驗只有一個整體的指導語，而是要每個分測驗都有一個指導語。例如，行政院勞工委員會職業訓練局所編製的《通用性向測驗》共有十二個分測驗，其指導語也就有十二個之多（即每個分測驗都有一個指導語）。

七、信度與效度研究

　　測驗編製至上述第六個步驟，可說是已經完成了，接著就是

選取適當的樣本（比預試樣本大）來進行信度與效度分析。信度
與效度如都達理想的要求，則測驗之編製至此才算定案。否則一
份低信度或低效度的測驗，仍稱不上是一份良好的測驗；此時，
就須捨棄原編製的測驗，重新再來過。信度與效度分析請參閱本
書第二章及第三章。

八、正式施測以建立常模

編製測驗的最後一個步驟，是正式施測以建立常模，俾做為
解釋測驗結果的依據。一般研究所需或教學評量所需的測驗，其
編製步驟到信度和效度研究即告完成，很少會去建立常模；然做
大規模施測或商業用途的測驗，就須要建立常模。建立常模的方
法，請參閱本書第四章。

九、撰寫指導手册

標準化的測驗至建立好常模，其編製過程就大功告成了，惟
做公開使用或商業用途的測驗，都會將整個測驗編製的過程與使
用及施測的方法撰寫成報告，這個報告就是測驗的指導手册。指
導手册是測驗使用者的主要參考資料與運用指引。各類型的測驗
的指導手册之內容都相當一致，茲以周台傑、巫春貴（民83b）
之《國中新生數學能力測驗指導手册》所涵蓋的內容為例，說明

指導手册應包含的主要內容：1.前言；2.編製過程——蒐集文獻資料、編製試題、進行預試、項目分析、編製正式題本；3.測驗的內容及實施方法——測驗前的準備、測驗實施說明、測驗的整理與記分、其他注意事項；4.項目分析；5.信度與效度；6.常模；7.測驗結果的解釋與應用；8.本測驗使用的限制。

第二節　確定測量的內容

　　編製測驗的第一個步驟，是要確定該測驗所要測量的內容為何，此處所指的測量內容，是指測量的層面（dimension）或範圍而言。例如，柯永河（民70）所編製用以衡量一個人或一個團體之心理健康狀況的《柯氏性格量表》，就包含了疑心、慮病、離群、信心、自卑、不安、強迫性性格、性壓抑、攻擊性、自我強度及獨立等十一個層面（柯氏稱之為量尺）；行政院勞工委員會職業訓練局（民80）修訂自美國勞工部就業服務處所編製之《General Aptitude Test Battery, GATB》的《通用性向測驗》，則包含校對、計算、空間關係、詞彙、工具辨認、算術推理、圖形配對、畫記、移置、轉動、組合、拆開等十二種測量內容。某個測驗所要測量之內容或層面確定後，編製者就可依測量之內容或層面來發展測驗的題目。確定測驗之測量內容的方法，常會隨測驗之性質或種類的差異而不同。

一般而言，依測驗測量內容的性質來分，可將測驗分成**知識取向測驗**（knowledge-based test）與**個人取向測驗**（person-based test）兩種（Rust and Golombok, 1989）。所謂知識取向測驗是指：確認某特定人是否擁有特殊資訊（information）的測驗，這種測驗主要在測量智力、性向與成就等多項能力。個人取向測驗則是指：測量個人之人格、臨床症狀、氣質、態度與興趣等心理特質的測驗。換言之，知識取向測驗就如第一章中所稱的認知測驗，個人取向測驗則相當於情意測驗。這兩類測驗最大的差異處是，知識取向測驗必須具有階層性（hierarchical）與累積性（cumulative）（Rust and Golombok, 1989），而個人取向測驗並不具有這兩種特性。

知識取向測驗中的智力與性向測驗之編製須要有非常嚴謹的理論基礎，而且現行具有代表性的智力或性向測驗亦不難尋得，再者，成就測驗的編製過程與方法，將在本書的「成就測驗」一章中介紹。職是，本節的內容將以編製個人取向測驗為主，惟其原理原則仍可類推至知識取向測驗。

一、分析測驗的目的

編製測驗之前，首先要了解測驗的目的為何，了解測驗的目的後，才可以進一步確定測驗所要測量的內容。職是，測驗目的是引導測驗編製的具體方針，目的的敘述也就愈具體、明確愈

佳。在條列描述測驗的目的之後，並應以一個最統整且簡易的概念來代表測驗實施的目的。如周文欽（民80）編製的《高中學生處事態度量表》，其目的為：

㈠了解高中學生遇到壓力時，其心理反應為何。

㈡了解高中學生遇到壓力時，其採取的行動為何。

㈢了解高中學生遇到困擾問題時，其心理反應為何。

㈣了解高中學生遇到困擾問題時，其解決問題的方式、行動或策略為何。

　　從上所述，可知該測驗的目的即在，測量高中學生的「因應方式」（coping strategies）。惟在測驗編製的實務上，也常先決定測驗的統整目的，再依序條列描述出具體目的。分析測驗目的，就可從下述兩種方法以確定測驗所要測量的內容。

二、從文獻或現有的測驗分析測量的內容

　　以前述《高中學生處事態度量表》的編製為例，編製者所要測量的心理特質是「因應方式」，因此可從文獻中去分析此一心理特質的涵義，及其所包括的內容或層面。經整理相關的文獻約有下列諸端：

㈠因應是指，個人在行動和內在心理（intrapsychic）上的努力，以處理（如掌握、容忍、降低與減少）環境和內在的需求和衝突；而這些需求和衝突是他們難以負擔，或超出他們個人的資

源（Lazarus and Launier, 1978）。

㈡因應包括了壓力的避免策略與壓力的處理策略（Sethi and Schuler, 1984）。

㈢所謂因應是指，個人在遇到困難或困擾問題，進而產生壓力時，爲了去除或克服壓力以達到心理平衡，所採取的處事態度或方法（周文欽，民80）。

㈣因應的分類、內容或層面的相關文獻如下述。

　　因應依其功能或理論有很多種不同的分類方法，例如，問題導向的因應（problem-focused coping）與情緒導向的因應（emotion-focused coping）（Lazarus and Folkman, 1984）；趨近因應（approach coping）與逃避因應（avoidance coping）（Roth and Cohen, 1986）。馬弟（Maddi, 1981）亦將因應分爲兩類：1.逃避因應，包含悲觀的認知評價及逃避行動；2.轉換因應（transformational coping），包括樂觀的評價及精密的行動，以改變或減少生活事件所引起的壓力。根據畢林斯、摩斯、派特森及馬克昆賓等人（Billings and Moos, 1982; Patterson and McCubbin, 1987）的見解，可以將因應分爲三類，並可藉著分類以說明因應的功能：1.問題導向的因應，採取直接行動以消除或減少需求，並且（或）增進處理需求的資源；2.評價導向的因應（aappraisal-focused coping），直接去重新界定需求，俾使這些需求更易於處理；3.情緒導向的因應，直接去處理體驗需

求後所帶來的緊張狀態。另外，也有從人際關係爲著眼點，將其分爲：1.人際間的因應策略（interpersonal coping strategies），如孤立、抱怨等；及2.團體間的因應策略（intergroup coping strategies），如團體行動、團體支持等（Breakwell, 1986）。

　　也有學者以實徵研究爲基礎，運用因素分析的方法來對因應加以分類，例如巴可和布朗（Parker and Brown, 1982）將因應分爲魯莽（recklessness）、社會化、專心做事、解決問題、被動性（passivity）及自我慰藉（self–consolation）六類；羅德等人（Rohde et al., 1990）則將因應分爲三類：認知的自我控制（cognitive self–control）、及無效率的逃避現實（ineffective escapism）及尋求撫慰（solace seeking）。此外派特森及馬克昆賓（Patterson and McCubbin, 1987）亦用因素分析法，將因應分爲十二類；之後，漢森等人（Hanson et al., 1989）再用因素分析法將派特森及馬克昆賓（Patterson and McCubbin, 1987）的十二類因應加以處理，結果僅抽出兩個因素，分別命名爲1.利用個人及人際間的資源，和2.發洩及逃避。

　　從類似上述的文獻分析，將可歸納出測驗所欲測量的內容。除此之外，測驗編製者也可從現有且具代表性的測驗中，去尋求所欲測量特質的內容。以上述「因應方式」的測量爲例，就可找尋相關的測量工具以爲參考。例如，周文欽（民80）就依據卡佛

等人（ Carver, Scheier, and Weintraub, 1989）所編製的「因應量表」（COPE Scales）的內容來編製《高中學生處事態度量表》。卡佛等人的量表將因應方式共分成十三個層面：

㈠積極因應（active coping）。

㈡計畫行事（planning）。

㈢尋求具體支持（seeking instrumental social support）。

㈣尋求情感支持（seeking emotional social suppport）。

㈤消極因應（supperssion of competing activities）。

㈥宗教（religion）。

㈦積極的再詮釋與成長（positive reinterpretation and growth）。

㈧抑制因應（restraint coping）。

㈨接納事實（acceptance）。

㈩發洩情感（focus on and venting of emotions）。

(十一)否認事實（denial）。

(十二)心理解脫（mental disengagement）。

(十三)逃避問題（behavioral disengagement）。

由於宗教的因應方式，與國內高中生的生活背景並不一致，所以編製者在編製題目時，並沒採用此一測量內容。目前因有著作權的規範，所以在參考現有測驗時，切勿直接將原測驗逐題翻譯使用，應只參酌其測量內容，題目則要重新編擬。再者，在參考國外現有測驗的測量層面時，應注意文化背景的差異，再考量

本國的特殊文化、環境特質，如此所據以編製的測驗，才能適用
於本國的時空脈絡中。

三、諮詢相關人員以確定測量內容

在編製測驗的實務中，有時會發現，基於測驗的特殊目的，
編製者無法從文獻或現有的測驗裏，去尋取測量內容的參考資
料，此時就可以去諮詢相關人員，俾以獲得決定測驗測量內容的
資訊。周文欽（民80）爲了解外來縣市國中畢業生至台北市升學
就讀高中的升學動機，所編製的測量工具《高中學生升學態度量
表》，就是採取這一模式來分析該量表的測量內容。

爲了探討此種不願留在學生戶籍地所在地的考區升學，而離
家遠赴台北市就學的基本原因，在無現成的文獻理論與測驗可資
運用下，該量表編製者首先透過台北市各公立高中輔導教師的安
排，訪問了二十位（男女各半）的外來學生與實際從事「寄宿
生」輔導工作的軍訓教官六位（男女教官各半），歸納出外來學
生至台北市高中升學的主要成因有下述三種：

㈠高中教育機會不均等

亦即外來學生會至台北市來唸高中，是因台北市高中教育的
各項條件與機會，都要比其他縣市來得優越。受訪者普遍認爲，
台北市是全台灣的首善之區，因此教育經費充足，各種教育的

軟、硬體設施都要比其他縣市來得好；再者，台北市因各種條件均極優異，所以能吸引高學歷的教師及各學科的「名師」，在眾多優良教師的主導下，受教育的條件當然要比在戶籍地的高中來得佳。一言以蔽之，受訪者均強調，目前台灣地區高中教育的資源分配十分不均，就中台北市的機會和條件都是獨佔鰲頭，所以高中教育機會不均等，是台北市公立普通高中吸引眾多外來學生的主要成因。

㈡升學主義

亦即外來學生會至台北市來唸高中，是因台北市的公立高中升大學的升學率或錄取率都相當高，來台北市讀高中，升大學將可多一層保障。職是，基於升學主義的考量，外來國中畢業生源源進入台北市升高中，也就不足為奇。

㈢社會流動

亦即外來學生會至台北市來升學高中，是因在台北市唸書較有機會促進往上的社會流動。社會學的研究顯示，在探討社會流動（social mobility）的成因中，教育是一個重要的變項。在「地位取得模型」（status attainment model）的研究中，結果都指出，教育是影響社會流動的最主要因素。準此，在現今多元化的社會中，教育成為社會流動的最好途徑，尤其是下階層者往上晉升、翻身的最好階梯。出身貧瘠縣份（如雲林、澎湖等

縣）的受訪者更一致強調，至台北市升學的主要目的，是要改善惡劣的環境，脫離農漁民的貧困生活，而台北市的教育及文化設施將有助於達此願望。再者，以台北市這個多元化及開放的社會，置此環境中受教育，亦有助於往上的社會流動。準此，測驗編製者就將社會流動歸之為，外來學生至台北市入高中就學的第三個主要成因。

綜上所述，周文欽（民80）就將《高中學生升學態度量表》的測量內容，確定為「高中教育機會不均等」、「升學主義」及「社會流動」等三個層面。

另一種諮詢相關人員的方式是，對測驗的母群體抽取部分的樣本調查之。例如周文欽（民80）為了解高中學生，對於日常切身問題的困擾程度所編製的《高中學生生活經驗量表》，就運用此種方式以確定測量的內容。首先他以開放式問卷調查60名二年級高中學生，要他們寫出五個日常生活中最感困擾的問題。依據學生的作答反應，分別由量表編製者及二位高中主任輔導教師，將這些問題加以分類，共分成七類，分別是：1.課業問題；2.就業前途問題；3.心理問題；4.人際交往問題；5.用錢問題；6.時間支配問題；7.食住問題。上述七類問題，就是《高中學生生活經驗量表》的測量內容。

第三節　發展測驗題目

　　誠如前文所述，所謂發展測驗題目，即是依據測驗所要測量的內容之特質，撰擬能夠測量該項特質的題目。如前文提及的《高中學生升學態度量表》，其所欲測量的內容有「高中教育機會不均等」、「升學主義」及「社會流動」等三個層面，依這些測量內容可發展出下列的題目（周文欽，民80）：

※高中教育機會不均等

　　1.台北市高中的教學設備比其他縣市的高中好。

　　2.台北市高中的教師平均學歷比其他縣市的高中高。

　　3.台北市有較多的明星高中可供選擇。

　　4.台北市高中的讀書環境比其他縣市的高中好。

　　5.台北市高中教師的教學態度比其他縣市的教師認眞。

　　6.台北市高中的教育經費比其他縣市高中高。

　　7.台北市高中的校園景觀比其他縣市高中好。

※升學主義

　　1.台北市高中的讀書風氣較好。

　　2.台北市高中的教材教法較能配合升學趨勢。

　　3.台北市高中的升學率比外縣市的高中高。

4.台北市高中有較佳的升學競爭力。

5.台北市高中有較高的升學聲望。

※社會流動

1.父母期待我有更好的成就。

2.到台北這個人文薈萃之地求學，較能開拓個人的視野。

3.到台北唸書對於前途有較佳的發展機會。

4.到台北唸高中比較能光耀門楣。

5.「進京求學」本身就是一種社會地位的表徵。

　　由於測驗的種類相當多，不同的測驗有不同發展測驗題目的方法，如認知測驗的題目與情意測驗的題目不同，客觀測驗的題目也與非客觀測驗的題目不同。惟小異中仍有大同，發展測驗題目還是有共通之處，如決定題數、題型、計分方式及命題技術等，都是發展任何一種測驗之題目所須考量到的。再者，測驗是否擁有理想的信度與效度，全繫於測驗題目品質的良窳，題目品質的良窳，又與發展測驗題目的原則密不可分。本節即在從心理測驗的角度出發，論述發展測驗題目的一般原則，惟本處所提及的原則以標準化的客觀測驗爲限。

一、撰擬題目的基本要領

　　綜合心理測驗學者（郭生玉，民74；Gronlund and Linn,

1990; Kaplan and Saccuzzo, 1993; Murphy and Davidshofer, 1994; Rust and Golombok, 1989）的見解，撰擬題目（即命題）的基本要領約有下述諸點可供依循。

1.每一個題目（題幹）的字數不宜太多，而且以一橫行能容納者為限，俾免題目的敘述太長，致使受試者找不出重點（題意）。

2.題目的用字遣詞要簡單、明確，並以受試者的常用語、慣用語及所能明瞭者來命題。

3.避免使用雙重否定的語法，如：我不希望沒有適度的壓力。

4.避免使用具有性別歧視、種族歧視及攻擊性的字眼。

5.選擇題（見下文）的題幹及選項應分行敘寫，而且每個選項亦應分行列出，並要比題幹的第一字更往右移二至三個字。如下例：

※台灣省的那一個縣完全不靠海？

    A.台北縣

    B.台中縣

    C.南投縣

    D.屏東縣

6.評定量表題（見下文）的選項應全部置於題幹的右側或左側（原則上置於右側，若為便於計分登錄，亦可置於左側），且

應左右、上下對齊。如下例：

	非常同意	有些同意	有些不同意	非常不同意
※台北市高中有較佳的升學競爭力。	□	□	□	□
※到台北唸高中較能光耀門楣。	□	□	□	□

7.若測驗有多種題型（分測驗），就應將相同題型的題目組合在一起。

8.一個題目僅呈現一個問題，或僅有一個敘述、一個概念，避免一個題目包含多個問題、敘述或概念。

9.題目的取樣應能具代表性與適切性，而且應能涵蓋測驗所欲測量的內容。

10.題目之選項必須具備有唯一的答案，避免有爭議的選項出現。

11.在選擇題中，儘量避免出現「以上皆是」的選項，以避免受試者漏讀全部的選項；也儘量避免出現「以上皆非」的選項，因測驗要測量的是受試者的「知」而非「不知」，而且題目也不能有錯誤的示範。

12.題目撰擬完成後至定稿前，應再仔細詳讀，而且也應請相關人員再看一看，以確保題目的可讀性並降低可能的錯誤。

撰擬題目除了上述的基本要領外，尚須考量到受試者的作答

心向，為免作答心向影響到測驗的信度與效度，在撰擬題目時，亦有些命題的注意事項可供參考。墨菲及大衛蕭佛（Murphy and Davidshofer, 1994; Rust and Golombok, 1989）等人認為：**猶豫性**（indecisiveness）、**隨機反應性**（random responding）、**默從性**（acquiescence）及**社會期望性**（social desirability）是四種主要的作答心向，而且他們也提出了克服作答心向的命題技巧。

(一)猶豫性

是指受試者在選答時猶豫不決，最後都以「不確定」、「沒意見」、「有時是有時不是」等選項來作答的傾向。此種作答心向就是所謂作答的「趨中現象」，只要以偶數項安排選項，即將中間的選項去除就可避免之。

(二)隨機反應性

凡受試者有隨便胡亂選答的傾向者，為降低此種不良的作答心向，在認知測驗裏，以猜測校正（即倒扣）的方式來計分，其校正公式如下：

$$CS = R - \frac{W}{n-1}$$

CS＝校正後的分數

R＝答對的題數

W＝答錯的題數

n＝題目的選項數

　　在情意測驗裏，則可運用防偽題來偵測之，例如，賴保禎（民83b）所編製的《賴氏人格測驗》中就有防偽題的設計。所謂防偽題是指，正常狀況下一般人都會答「是」或「否」的題目，受試者卻答「否」或「是」。防偽題如錯得太多，就表示受試者有胡亂作答的傾向，這時對於測驗的結果，就要持保留的態度。下面的題目就是具有防偽的功能：

①有時我會感到不愉快。

②我無法自己呼吸。

③我已經十多年沒看過花了。

　　假如，受試者第一題答「否」，第二、三題都答「是」的話，那麼很明顯的受試者已有了隨機反應性的作答傾向。

㈢默從性

　　是指受試者不論題目的內容或性質為何，都採取相同作答反應的傾向。如，對「我是一個基督徒」答是或同意，對「我是一個佛教徒」也答是或同意。為降低此種作答心向，最常使用的方

法是,將部分正向題改以反向題的方式來呈現。如,「現時的環境我很滿意」是正向題,若改成「現時的環境我不滿意」則是反向題。惟在撰擬反向題時,一定要確定反向題與原題所要測量的特質,應具有相同的涵義。

㈣社會期望性

是指受試者以符合社會期許或可被社會接納的方式來作答的傾向。例如,孝順父母或不忤逆父母是被社會所期待的行為,所以當被問及:「我總是孝順我的父母。」或「我從來不忤逆我的父母。」時,大部分的受試者都會很一致的答「是」或「完全同意」。為減少此種符合社會期望而與事實不一的作答傾向,測驗編製者可藉著去除有濃厚社會期望性的題目以臻此目的;或以間接的方式來撰擬題目或呈現問題,如:可將上述題目改成「孝順父母是一種美德」及「忤逆父母是不應該的」。

二、決定題型

測驗的題目要採用何種題型,並沒有一定的規範或規則,因此在測驗實務上所使用的題型相當多,要完整的介紹出來並不容易,也無此需要,因為有些題型相當冷僻且不常用,而且計分也不易。職是,本文只介紹客觀測驗裏常用的一些題型。不同的題型有不同的適用目的,不同性質的測驗也會有不同的題型;因

此，要使用何種題型，端視使用目的及測驗性質而定（Gronlund and Linn, 1990; Kaplan and Saccuzzo, 1993; Rust and Golombok, 1989）。

㈠二分法題型

二分法題型（dichotomous format）就是一般所謂的**是非題**（alternate choice items），這種題型的題目提供兩種選擇供受試者去擇一作答。此種題型的選擇有兩類，一類為「對」與「錯」（truth與false），另一類為「是」與「否」（yes與no）。這種題型大部分都運用在認知測驗（即能力測驗，或有正確答案或最佳答案的測驗）上，如：

※（對）台灣海峽在台灣的西邊。

※（錯）河北省簡稱魯。

是非題有時也用在情意測驗（如人格、態度測驗）裏，如：柯永河（民80）所編製的《柯氏性格量表》即採用此種題型，例如：

　　　　　　　　　　　　　　　　　　　　　　　　是　否

※我是中國人……………………………………………‖　‖

　　　　　　　　　　　　　　　　　　　　　　　　是　否

※我是在月球出生的……………………………………‖　‖

　　舉世聞名的《明尼蘇達多相人格量表》（Minnesota Multiphasic Personality Inventory, MMPI）也是以是非題來命題。當是非題用在認知測驗時，受試者從「對」與「錯」中擇一反應；用在情意測驗時，則是從「是」與「否」中擇一反應。

　　二分法題型最大的優點是，容易測量事實性的知識與理解力，及施測與計分均稱便捷簡易；其缺點則是不易擬出具有高度誘答力的題目，而且有些題目是難以判定對或錯與是或否，再者是易於猜答。

㈡多分法題型

　　多分法題型（polychotomous format）也就是通稱的**選擇題**（multiple choice items），它提供超過兩個以上的選擇，讓受試者從中擇一做反應。此種題型的題目包括兩部分，其一是**題幹**（stem），是一個包含問題的敘述句或問句；其二是**選項**（options），是一組受試者可能的反應，就中一個是正確或最佳的答案，其餘是**誘答項**（distractors）。選擇題的選項通常有三至五個可能的反應。此類型的題目絕大部分都是用在認知測驗裏，例如：

　　※下列那一句成語不是形容美女？
　　　　A.閉月羞花
　　　　B.傾國傾城

C.春花秋月

D.沈魚落雁

　　此種題目的優點是易於實施、易於計分，適用於各種能力（智力、性向、成就）測驗；其缺點則是命題要多且費時，不易撰擬出具有高度誘答力的選項，以致有些選項一看即知是對或錯。選擇題只有一個正確或最佳的選項（答案），因此，其餘的選項的設計就須具備高度的誘答力，亦即選項是對或錯不易分辨出來或看出來。不具誘答力的誘答項，受試者不需專業知識，僅憑常識即可選出對的答案來。例如：

※下列那一個城市在美國？

A.西雅圖

B.基隆

C.彰化

D.高雄

※$\log 100 + \sqrt{100} = ?$

A.西德

B.荷蘭

C.日本

D.12

從前二例推知，不具誘答力的選項之題目，勢必無法測量出受試者的真正能力。準此，在設計選擇題之誘答項時，應特別顧及誘答力的問題。

㊂李克特氏題型

李克特氏題型（Likert format）是由美國學者 R. Likert 於1932年所首創，最早是用在態度量表的編製上。此種題目提供受試者一系列互為關連連續性的可能反應，受試者再依其主觀認知擇一做反應，因此，此類題型又稱為**評定量表題**（rating scale items）。這種題目的可能反應有下列幾種呈現方式：

1.「是」、「不知道（不確定）」、「否」。
2.「非常同意」、「有些同意」、「有些不同意」、「非常不同意」。
3.「總是」、「常常」、「偶而」、「幾乎不」、「從來不」。

此種題型大都是用在情意測驗（人格、態度、動機、興趣等測驗）裏，幾乎不在認知測驗中出現。選擇題與此類題目非常相似，它們都提供了多個選項，讓受試者從中擇一作反應。其不同處是，選擇題的選項是彼此獨立互不相關，李克特氏題型的選項則是彼此互為關聯的。

此種題型之選項太多或太少均不宜，都會令受試者在作反應時產生困擾或疑惑，所以選項大多介於三至七個之間。惟因一般受試者常會以中間的選項來作反應，因此，在設計此種題型的選

項時，實宜使用偶數的選項數目，俾以去除作答的「趨中現象」。

　　上述三種題型的計分方式略有差異，當二分法及多分法題型是用在認知測驗裏，則測驗的總得分通常是受試者在測驗中的答對題數，亦即對一題得一分，若答對48題則測驗的得分是48。惟此些題型若採倒扣或猜測校正方式計分，那麼其得分就要經過校正處理（見本節之一）。在李克特氏題型的測驗裏，則是依據連續評定的等級分別給分，例如，答是得3分、不確定得2分、否得1分；答非常同意得4分、有些同意得3分、有些不同意得2分、非常不同意得1分。若遇反向題則必須倒過來計分，如答非常同意得1分、有些同意得2分、有些不同意得3分、非常不同意得4分。通常得分愈高者，代表受試者愈擁有（不擁有）測驗所測量到的特質。

㈣形容詞檢核表

　　形容詞檢核表（adjective checklist）是一種常用在人格測量上的題型，此種題型是提供一組形容詞（如勇敢的、懦弱的、機警的、溫柔的、幽默的……等），要受試者來指出何者是符合他（她）的特質。形容詞檢核表可用來描述受試者自己的特質，也可以用來評估別人的特質。作答及計分可採用是非題或評定量表（rating scale）的方式實施之，最後再依據得分結果，描述自己或評估他人的人格（個性）。

㈤語意區別法

語意區別法（semantic differential technique）是由美國心理學家歐斯谷（C.E. Osgood）於1957年所創立的一種測量某些概念之心理涵義的題型，它是一種採用分析語意的評定量表，此法在測量概念的三種不同的層面：評鑑（evaluation）、強度（potency）與行動（activity）。語意區別法不在測量某人擁有多少特殊的品質（quality）（如社經地位），也不在測量某人所認知的概念（如人的誠信）有多強，而是在測量某人對於一個特殊概念的主觀理解程度為何（Dane, 1990）。

此種題型係由許多個相對應的形容詞所組成，每一相對應的形容詞之間都分成若干個等級（最常用的是五到七個等級），再由受試者就所要測量的主題概念進行自由聯想，並將其主觀感受在若干個等級中的適當位置標示出來。接著就以測量「政客」這個概念為例，說明語意區別法的題型。

指導語：請在下列各組形容詞中間的空白處打上「✓」的記號，以代表你對政客這個概念所持的看法，愈接近形容詞的位置，代表你愈同意那種看法。

「政客」之語意別量表

愉快							不愉快
壞的							好的
美麗							醜陋
仁慈							殘酷
被動							主動
公平							不公平
聰明							愚笨
快的							慢的
清潔							髒亂
重的							輕的
溫柔							粗魯
明亮							昏暗

（引自 Dane，1990，p.279）

　　測驗的題型除了上述五種之外，尚有塞斯通氏量表法（Thurstone scale）、古特曼氏量表法（Guttman scale）、Q分類技術法（Q-sort technique）及社會計量法（sociometry）等，有興趣的讀者可參閱楊國樞等人（民67）編的《社會及行為科學研究法》及丹恩（Dane, 1990）所著的《Research Methods》等書。

第四節　項目分析

　　誠如前文所述，項目分析是在分析預試後，受試者在測驗裡各個試題上的反應，其主要目的是在檢視測驗題目的良窳，對於優良的題目保留之，不良的題目則加以修正或捨棄不用。項目分析可分成量的分析與質的分析兩種，惟本節僅探討量的分析，而且亦僅限於客觀測驗及常模參照測驗的項目分析。再者，依據測驗理論的不同，亦可將項目分析的方法分成兩種，一種是已經用了數十年的「古典（傳統）項目分析法」，另一種是最近一、二十年來才被逐漸採用的「**項目反應理論**」（Item Response Theory, IRT）；本節只說明古典項目分析法，至於 IRT 將在本書第六章中介紹。本節所述之項目分析包括選項分析、難度分析及鑑別度分析，並由預試的要領開其端。

一、預試的要領

　　項目分析的依據，是受試者在測驗題目初稿上預試後的反應或結果，因此，項目分析的成敗或其結果是否具代表性，與預試的實施過程有著密切的關係。職是之故，在進行項目分析之前，首重預試的實施，嚴謹的預試將是項目分析品質的保證。簡言

之，實施預試約略有下述幾點可供依循：

1.預試的測驗題目應經過專家（測驗專家與內容專家）的審閱，
與將來可能之受試者的預作，並根據這兩類人員的意見適度修
正之。

2.預試的受試者應來自於未來正式施測時的母群體中，抽樣應力
求隨機化，以確保預試樣本的代表性。

3.預試受試者人數的多寡並沒有一致的看法，惟不宜太少，也不
必以量取勝。項目分析如是採高、低分組比較的方式進行（即
極端組法），則預試人數以150人左右為度；若採不分組的方
式進行項目分析，則有30餘人受試者即可（依中央極限定理論
之）。

4.若以高、低分組的方式進行項目分析，則高分組是總分排名最
高前面一定比率的，低分組則為總分排名在最後一定比率的
人。如有十位受試者的測驗總分由高至低之排序分別是：A＝
21、B＝19、C＝18、D＝17、E＝16、F＝12、G＝9、H＝8、
I＝7、J＝5，假如各取最高及最低總分的30％為高、低分組的
依據，那麼高分組的受試者是A、B及C，低分組則是H、I及
J。

5.依測驗學者（Kelly, 1939）的論點，前文所述一定比率以27％
為分組標準，其項目分析的效果最佳。一定比率低於27％時，
結果的可靠較低，一定比率太高時，則會影響到題目的鑑別
度。一般而言，合理的分組比率可在25％至33％之間（郭生

玉，民74）。

6.實施預試的過程與情境，應儘量標準化，並與未來正式施測的步驟一致。

7.實施預試，應提供受試者有足夠的作答時間，以搜集更詳實的訊息，並將作答的最短與最長與大部分人所需時間記錄下來。

8.主試者應在預試的實施過程中，將受試者的各類反應或疑難問題記載下來，俾作為修改題目的參考。

9.預試後，隨即將受試者在各個項目（題目）上的反應加以登錄、計分，進行統計分析。

二、選項分析

當測驗的題型是選擇題時，其題目是由題幹及選項兩部分所組成，選項又可分成正確答案及誘答項，所以選項的分析就包括正確答案與誘答項的分析。

㈠正確答案分析

為了避免受試者的猜答或規律化作答（如全部答A或答C），以致影響測驗的得分，測驗編製者在配置正確答案時，須考量到兩個原則。第一是，每個正確答案出現的位置或頻率，應力求平均，其最理想的平均出現次數是，總題數除以選項數；如：一份二十題四（A、B、C、D）選一的測驗裏，則A是正

確答案的次數應爲五次，正確答案爲 B 者也要有五題，以此類推。第二是，正確答案的出現序應是隨機化的，不能有規則性的變化 ； 如 出 現 ABCDABCD……， 或 AABBCC， 或 CCCDDDAAA……等答案序，就違反了隨機化的原則。正確答案的分析，即在查看正確答案的配置，是否符合上述二項原則，如否，則要立即修正之與調整之。

(二)誘答項分析

在標準化的客觀測驗裏的選擇題，通常都只有一個正確答案或最佳答案，所以每一個不正確答案（即誘答項）都有可能被受試者所選取。再者，一個完美的題目都有兩個特徵：其一是，知道問題解答的受試者都會選擇正確的反應；其二是，不知道解答的受試者則會從所有可能的反應中隨機去做選擇。這種現象顯示了，有些受試者會猜對答案，也意味著，每個不正確的反應被選取的機會是相等的。準此言之，每個誘答項被選出的期望次數應是，答錯人數除以誘答項的個數，茲以表5-1說明之。

表5-1　某測驗第15題之各選項選答分析

選　項		選擇人數	期望選擇人數
正確答案	A	60	60
誘答項	B	22	20*
	C	37	20
	D	1	20

*20＝（22＋37＋1）÷3

表5-1顯示，C被選的人數顯著的高於期望人數，代表這個誘答項可能是個設計「精良」的陷阱，或可能是反應正確答案的部分意涵；D被選的人數則顯著的低於期望人數，則代表這個誘答項完全不具誘答的功能，一看即知是個不正確的答案；B被選的人數則與期望人數相當符合，是一個理想的誘答項。一個不具誘答功能的誘答項，將可增加受試者猜對正確答案的機率，所以D這個選項宜再修正。C則因容易誤導受試者的選擇反應，亦是一個不良的誘答項（Murphy and Davidshofer, 1994）。

綜合前述，誘答項分析即在排除不理想的誘答項，以提高測驗的效度。至於誘答項的有效性之評估，郭生玉（民74）指出，只要依高、低分兩組在各選項選答的人數，加以判斷即可，判斷的基本原則是：每項不正確的選項，至少有一個低分組的受試者選之，而且，低分組比高分組有更多人選擇不正確的答案（第272頁）。

三、難度分析

所謂難度（difficulty）是指，某個測驗題目的難易程度，亦即指某個群體通過（或答對）某個測驗題目的百分比，通過的百分比多，代表這個題目是容易的，反之，則代表這個題目較難。因為是以通過或答對的人數（百分比）來代表題目的難度，

所以難度分析都是用在認知測驗或有正確答案的測驗上，如智力測驗、性向測驗及成就測驗等。

㈠難度指數

測驗題目的難度是以難度指度（項目難度指數的簡稱，item difficulty index）P來代表，其計算方法有兩種，第一種是單組法（method of single group），其公式如下：

$$P = \frac{R}{N}$$

P：難度指數

R：答對的人數

N：預試的總人數

例如，有50人參加預試，其中有40人答對第3題，10人答對第15題，則該兩題的難度為：

$$P_3 = \frac{40}{50} = .80$$ 　　　P_3：第3題的難度指數

$$P_{15} = \frac{10}{50} = .20$$ 　　　P_{15}：第15題的難度指數

從上式中可知，第3題有80%的人答對，第15題有20%的人答對，很明顯的，第3題要比第15題簡單多了。因此，難度指數愈大，代表該題目愈容易；難度指數愈小，則代表該題目愈困

難。另外一種計算難度指數的方法是極端組法（method of extreme groups），就是所謂的高分組與低分組的比較法，其公式如下：

$$P = \frac{P_H + P_L}{2}$$

P：難度指數

P_H：高分組的難度指數

P_L：低分組的難度指數

例如，某一成就測驗的預試人數為370人，並以總分排名最前27%為高分組，排名最後27%為低分組，進行難度分析，其結果如表5-2所示。

表5-2　極端組法之難度分析

題號	高 分 組 *		低 分 組		P
	答對人數	P_H	答對人數	P_L	
1	73	.73	17	.17	.45
2	25	.25	5	.05	.15
3	80	.80	60	.60	.70
.	.	.	.	.	.
.	.	.	.	.	.
.	.	.	.	.	.

＊高分組及低分組的人數各為370×27%≒100人

由表5-2可知，第三題的難度指數的算法為：

$$P = \frac{(80 \div 100) + (60 \div 100)}{2} = \frac{.80 + .60}{2} = .70$$

㈡項目難度與測驗總分的關係

測驗題目如難度高，測驗總分就會低；反之，難度低，測驗總分就會相對的高。易言之，測驗的平均難度指數與測驗總分之間，存在著顯著的正相關。難度指數介於0與1之間，當測驗各個題目的平均難度指數等於1時，則每個受試者的測驗得分都是滿分；若平均難度指數等於0，則測驗得分將都是0分。每位受試者的測驗總分如都是0分或滿分，則這個測驗將不具任何意義，所以難度指數應介於0與一之間，而不可等於一或0，最適宜的量數為接近.50，亦即大部分題目的難度指數應在.50左右，愈接近0或一的題目愈少。

四、鑑別度分析

所謂**鑑別度**（discrimination）是指，各個測驗題目能夠測量到它所測欲測量特質的程度，或指各個測驗題目的反應情形（如對錯或得分）與整個測驗得分的一致性程度。鑑別度高的題目，比較能夠測量出它欲測量的特質，而且它的反應情形與測驗

總分具有較高的關連性。簡言之，題目的鑑別度即在區別各個人的特質，當測驗總分高的時候，則某人在某道題目得高分的機率，就要大於測驗總分低的受試者。鑑別度可用來分析認知測驗與情意測驗（多重計分測驗，如人格測驗、動機測驗、態度測驗等）的題目，不像難度分析絕大部分都是用在認知測驗上。分析鑑別度的方法主要有下列二種：極端組法與單組法，每一方法又有多種計算方式。

㈠極端組法

極端組法就是依受試者的測驗總分分成高、低分組兩組，再進行鑑別度分析所使用的方法，分組的方法與難度分析的方法一樣，請參閱本節一之4。使用極端組法所計算出來的量數有兩種，第一種是**鑑別度指數**（項目鑑別度指數，item discrimination index 或 index of discrimination），它僅適用在認知測驗上；另一種稱為**臨界比**（critical ratio），它在認知測驗與情意測驗上都可使用。

1.鑑別度指數

鑑別度指數的計算公式有三種呈現方式，其計算原理則都是一樣的。

(1) $D = P_H - P_L$

D:鑑別度指數

P_H:高分組的難度指數

P_L:低分組的難度指數

　　本公式通常與難度分析合併使用，以表5-2為例，可知第三題的鑑別度指數為：

$$D = .80 - .60 = .20$$

(2) $D = \dfrac{U}{N_u} - \dfrac{L}{N_l}$

U：高分組答對的人數

N_u：高分組的人數

L：低分組答對的人數

N_l：低分組的人數

　　本公式是用在高分組與低分組之受試者人數不一樣時，如兩組人數一樣時，則採用下一個公式。

(3) $D = \dfrac{U - L}{N}$

N＝各組的人數即$N = N_u = N_l$

　　測驗題目的難度（難度指數，P）直接影響到鑑別度（鑑別度指數，D）。假如每個受試者都答對某一題（P＝1）或都答錯某一題（P＝0），則此題就不具有任何的鑑別度，其D都將等於0。P值與D的可能極大值之關係，如表5–3所示。

　　從表5–3可看出，當P值等於.50時，其D值會最大，當P值愈趨近於0或1時，其D值會愈小，這也是前文所述，最適宜的難度指數應在.50附近的原因。在項目分析中，應如何決定鑑別度指數的大小，並無一致的標準，其原則是D值愈大愈好，惟一般可接受的最低標準為.20以上，低於.20的題目就是不好的題目。通常都用表5–4的標準來評鑑題目。

表5–3　測驗題目的P值與D值之極大值

P 值	D之極大值
1.00	.00
.90	.20
.80	.40
.70	.60
.60	.80
.50	1.00
.40	.80
.30	.60
.20	.40
.10	.20
.00	.00

（引自Murphy and Davidshofer, 1994, p.161）

表5-4 鑑別度的評鑑標準

鑑別度指數	試 題 評 鑑
.40以上	非常優良
.30-.39	優良，但可能需修改
.20-.29	尚可，但通常需修改
.19以下	劣，須淘汰或修改

（引自郭生玉，民74，第271頁）

2.臨界比

臨界比大都用在情意測驗（尤其是在李克特氏題型的測驗）上，但也可用在認知測驗上。臨界比愈大，代表個別題目的得分與測驗總分的關聯愈密切，亦即測驗總分高的受試者，其在每一個題目上的得分應較高，而測驗總分低的人，其在每一個題目上的得分應較低。臨界比的計算公式如下（引自楊國樞等編，民67，第475頁）：

$$CR = \frac{\overline{X}_{H25\%} - \overline{X}_{L25\%}}{\sqrt{\dfrac{S_H^2 + S_L^2}{n-1}}}$$

CR：critical ratio，臨界比

$\overline{X}_{H25\%}$：測驗總分在最高前25%（即高分組）之受試者在某

　　　　一題目之得分的平均數

$\overline{X}_{L25\%}$：測驗總分在最低後25%（即低分組）之受試者在某

　　　　一題目之得分的平均數

S_H^2：高分組受試者之測驗總分的變異數

S_L^2：低分組受試者之測驗總分的變異數

CR值愈大的題目愈好，通常CR值大於3.0者即可被接受。

(二)單組法

　　用單組法來做鑑別度分析，常用的統計方法有**點二系列相關**（ point–biserial correlation ）、**積差相關**（ product–moment correlation ）及**因素分析**（ factor amalysis ）等三種。

1.點二系列相關

　　此種方法大都用在認知測驗（即有對錯答案的測驗）上，其原理是計算出受試者在某題目的對錯反應與受試者的測驗總分的相關，其公式如下：

$$r_{pbis} = \left[\, \frac{\overline{Y}_i - \overline{Y}}{S_y} \,\right] \sqrt{\frac{P_x}{1 - P_x}}$$

（ 引自 Allen and Yen, 1979 ）

r_{pbis}：點二系列相關係數

$\overline{Y_i}$：答對第i題之受試者之測驗總分的平均數

$\overline{Y}$：所有受試者之測驗總分的平均數

S_y：所有受試者之測驗總分的標準差

P_x：答對第i題之受試者的比率

例如，在數學成就測驗上，有58%的受試者答對第17題。答對第17題之受試者在整個測驗得分的平均數是58.5；全部受試者測驗得分的平均數是55.1，標準差則為9.6。準此，數學成就測驗之第15題的鑑別度之點二系列相關為：

$$\frac{58.5-55.1}{9.6}\sqrt{\frac{.58}{1-.58}}=.35\times\sqrt{1.38}=(.35)(1.17)=.41$$

易言之，第15題的答對反應與測驗總分的相關為.41。一般而言，此種數值愈大，代表題目的鑑別度愈高；假如，這個數值是負的或很小的話，那麼就要刪除這道題目了。這個數值愈趨近於1.0，代表題目愈佳。至於數值應多大才有意義並無約定俗成的見解，總是愈大愈好就是。

2.積差相關

此種方法大都用在情意測驗上，有時也可用在認知測驗上，其原理是算出受試者在某一題的得分與測驗總分的相關，其公式如下：

$$r=\frac{\sum X_i\,X_t-\dfrac{\sum X_i\,\sum X_t}{N}}{\sqrt{\sum X_i^2-\dfrac{(\sum X_i)^2}{N}}\sqrt{\sum X_t^2-\dfrac{(\sum X_t)^2}{N}}}$$

r：積差相關係數

$\sum X_i X_t$：第 i 題之得分與測驗總分之乘積和

$\sum X_i$：第 i 題之得分和

$\sum X_t$：所有受試者之測驗總分和

$\sum X_i^2$：第 i 題之得分的平方和

$\sum X_t^2$：所有受試者之測驗總分的平方和

　　r值愈大，代表該題目的鑑別度愈高；因此，若用此法來做鑑別度分析，則應選取r值相對高的題目。

3.因素分析

　　近些年來，由於有電子計算器幫助做統計分析，用因素分析做鑑別度分析已日漸普遍。因素分析很早就被用在心理測驗上，它主要是在考驗測驗的「建構效度」，亦即在說明所編製的測驗，到底涵括了幾個向度或層面（即因素）。此外，尚可經由**因素負荷量**（factor loading）的大小，以做為取捨測驗題目的依據。一般而言，因素負荷量大於0.30的題目，其鑑別度就可被接受；換言之，這個題目是有意義的。使用因素分析來做項目分

析，除了可選取優秀的題目外，尚可分析出該測驗包括了幾個主要的因素，而且亦能明瞭各個主要因素所涵蓋的題目，或那一個題目是屬於那一個因素。

使用因素分析進行鑑別度分析，其方法是將預試受試者在各個題目上的反應做統計學上的因素分析處理，此時，每個測驗題目都視為是一個變項。例如，表5-5是受試者在某一份有35個題目測驗上的因素分析結果。

表5-5　某測驗預試試題因素分析結果

題號	因素一	因素二	因素三
1	.73665	.07956	.16836
2	.14800	.11073	.12874
3	.52667	.07045	.09025
4	-.13648	-.20624	-.04282
5	.00752	-.03027	.14414
6	-.02124	-.11419	-.14097
7	.01320	.17421	.03248
8	-.02559	.35611	.20091
9	.19279	.26501	.05836
10	.28615	.58494	.06834
11	.18552	.17396	.32793
12	.20566	.11297	.19197
13	.53625	.19702	.23593
14	.27479	.06343	.54752
15	.70085	.12218	.08929
16	.06733	-.08844	.62086
17	.02917	.13765	.72028
18	.21982	.07877	.60769
19	.28322	.13822	-.03040
20	.00782	.00733	.00281
21	.77684	.15955	-.00009
22	.63308	.30251	-.06659
23	.77797	.21434	.13353
24	.63593	.27892	.13479
25	.19137	.09999	.51485
26	.24789	.47174	.07646
27	.16060	.72755	.02076
28	.37329	.63804	.10250
29	.36473	.02497	.28167
30	.22928	.18489	-.05536
31	.23904	.60993	.08486
32	.18896	.75110	.06050
33	.09857	.13929	.15069
34	.10221	.38129	.10691
35	.20390	.43027	-.18086

　　從表5-5的資料顯示，該測驗的第2、4、5、6、7、9、12、
19、20、30及33等11個題目，因因素負荷量低於0.30，它們的鑑
別度太低，應該予以捨棄。所以該份原擬有35個題目的測驗，經
項目分析後只留取24題有意義的題目；這24題可分成三個因素，
就中第一個因素包括第1、3、13、15、21、22、23、24及29等九
題，第二個因素包括第8、10、26、27、28、31、32、34及35等
九題，第三個因素則包括第11、14、16、17、18及25等六題。

參考書目

行政院勞工委員會職業訓練局（民80）：**職業心理測驗使用者手冊**（第一次修訂）。台北：作者。

周文欽（民80）：**台北市外來高中學生的就學成因、生活適應及其相關因素研究**。台灣師範大學教育研究所博士論文。

周台傑、巫春貴（民83a）：**國中新生數學能力測驗**。台北：心理出版社。

周台傑、巫春貴（民83b）：**國中新生數學能力測驗指導手冊**。台北：心理出版社。

柯永河（民80）：**柯氏性格量表**（十二版）。台北：中國行為科學社。

柯永河（民70）：**柯氏性格量表指導手冊增訂本**（二版）。台北：中國行為科學社。

郭生玉（民74）：**心理與教育測驗**。台北：精華。

楊國樞、文崇一、吳聰賢、李亦園編（民67）：**社會及行為科學研究法**。台北：東華。

賴保禎（民83a）：**賴氏人格測驗**。台北：心理出版社。

賴保禎（民83b）：**賴氏人格測驗指導手冊**。台北：心理出版

社。

Allen, M. J., and yen, W.M.(1979). Introduction to measurement thory. Pacific Grove, California: Brooks/ Cole.

Billings, A. G., and Moos, R. H. （1982）. Psychosocial theory and research on depression: An integrative framework and review. Clinical Psychology Review, 2, 213-237.

Breakwell, G. M.（1986）. Coping with threatened identities. London: Methuen.

Dane, F. C.（1990）. Research methods. Pacific Grave, California: Brooks/Cole.

Gronlund, N. E., and Linn, R. L.（1990）. Measurement and evaluation in teaching （6th ed.）. NewYork: Macmillan.

Hanson, C. L., Cigrang, J. A., Harris, M. A., Carle, D. L., Relyea, G., and Burghen, G. A.（1989）. Coping styles in youths with insulin–dependent diabetes mellitus. Journal of Consulting and Clinical Psychology, 57（5）, 644-651.

Kaplan, R. M., and Saccuzzo, D. P.（1993）. Psychological testing: Principles, applications, and issues（3rd ed.）.

Pacific Grove, California: Brooks/Cole.

Kelly, T. L. (1939). The selection of upper and lower groups for the validation of test items. Journal of Educational Psychology, 30, 17–24.

Lazarus, R. S., and Folkman, S. (1984). Stress, appraisal, and coping. New York: Springer.

Lazarus, R. S., and Launies, R. (1978). Stress–related transactions between person and environment. In L.A. Pervin and M. Lewis (Eds.), Perspectives in interactional psychology. New York: Plenum.

Maddi, S. (1981). Individual development: Its significance for stress responsibility and stress adaptation. In C. Moore (Ed.), Adolescence and stress. Washington, DC: U. S.Government Printing office.

Murphy, K. R., and Davidshofer, C. O. (1994). Psychological testing: Principles and applications (3rd ed.). Englewood Cliffs, New Jersey: Prentice–Hall.

Parker, G. B., and Brown, L. B. (1982). Coping behaviors that mediate between life events and depression. Archives of General Psychiatry, 39, 1386–1391.

Patterson, J.M., and McCubbin, H. I. (1987). Adolescent coping style and behaviors: Conceptualization and measurement. Jouranl of Adolescence, 10, 163–186.

Roth, S., and Cohen, L.（1986）. Approach, avoidance, and coping with stress. American Psychologist, 41, 813–819.

Rust, J., and Golombok, S.（1989）. Modern psychometrics: The science of psychological assessment. London: Routledge.

Sethi, A.S., and Schuler, R.S.（1984）. Introduction to organizational stress coping. In A. S. Sethi and R. S. Schuler（Eds.）, Handbook of organizational stress coping strategies. Cambridge,Massachusetts: Ballinger Publishing Company.

第六章

項目反應理論

　　Item Response Theory（*IRT*）國內有數種不同譯法，最流行的兩種譯法是**項目反應理論**與**試題反應理論**。此兩種譯法差別不大，但都未能完整地表達其真正的涵義。它們給人的印象是項目或試題會有反應。其實，它們所指的是考生面對試題進行作答所引起的反應。這裏為了適合慣用的譯法，採用項目反應理論，但希望讀者能瞭解其真正涵義。*IRT* 不只適用於測量知識的「試題」，同時也適用於人格量表的「項目」。但為了便利教育界讀者，本章仍以「試題」和「測驗」來說明。

　　除了項目反應理論外，有些人使用另一個名詞──**潛在特質理論**（*latent trait theory*），由於諸如潛在能力，特質，因素或向度在心理計量文獻中重複出現，雖然潛在特質理論這個名稱並無不妥之處，然而卻不足以表達區別因素分析、多向度量尺化，潛在結構分析這一類的方法與研究和試題有關之試題特徵的方法。因此使用試題特徵曲線理論與項目反應理論較為恰當。然而，從這幾年美國教育研究協會年會發表的文章來看，似乎使用*IRT* 這個名稱較為普遍。

　　未正式談論主題之前，在此先說明我們何以需要瞭解測量理論？測量理論的用意何在？簡單說來，它的主要目的是在幫助我們解釋分數的意義，也可以幫助評鑑測驗之好壞。換言之，根據測量理論，才能撰寫良好的試題和編製理想的測驗。

第一節 傳統測量模式的缺點與IRT的優點

要瞭解IRT發展的背景，必須先檢討傳統測量模式的缺點。這節主要目的是在比較兩種模式之優缺點，以便更進一步討論IRT適用的條件。

一、傳統測量模式的缺點

和IRT比較起來，傳統的測量模式之缺點主要有下列幾項：

1. 試題難易程度的估計因樣本不同而異。試題的難易僅是根據樣本答對的百分比來確定的。把同樣的試題給一班成績好的學生做，大部分的學生都答對，試題就顯得很容易；若給一班成績差的學生去做，試題就變成很難。顯然，用這種方法確定試題的難度並不很理想。

2. 考生能力的估計因測驗的改變而不同。考生的能力是根據他答對題目的多少來決定的。同一考生如果答較容易的試題，獲得的分數較高，表示程度好。但如果答較難的測驗，獲得的分數較低，表示程度差。這種因試題難易不同造成同一學生程度有別是相當荒謬的現象。

3.假定所有的考生的測驗誤差都是一樣。這個假定是不合乎實際的。事實上，測驗誤差的大小與考生的能力有密切的關係。考難的題目，能力高的考生誤差比能力低的要小。相反地，如果考容易的題目，能力高的考生之誤差卻比能力低的考生要大。

二、*IRT*的優點

上述傳統模式之缺點，也就是IRT 的優點。一般言，IRT有下列幾項優點：

1.試題難易之估計不因樣本不同而有異。用IRT 試題分析方法校準的難易度，鑑別度，猜測度等如果得自不同樣本，只需經過等化過程，將試題統計資料轉換成同一量尺，便可比較。換言之，不管使用那一種樣本預試，所得的估計值對任何考生都適用。

2.對考生能力之估計，不因測驗難易而不同。不管所用的測驗是難是易，只要是用IRT 分析估計的試題參數來估計考生的能力，所得的結果都是一樣的。如此，考生可以回答不同測驗或不同試題，所得的結果都可以相互比較。

3.測量標準誤的估計因考生程度而不同。每一測驗之訊息也因考生之程度而有異，因而，考生能力之估計會比較正確。

4.可應用於多項測量問題。例如等值測驗的定義，適性測驗，試題偏向等，IRT能提供較完整的理論基礎。這一點在討論IRT

應用時將再加說明。

三、*IRT的適用條件*

1. 有足夠的樣本數可供預試。試題參數之估計需要相當大的樣本。一般言，不同模式需要的樣本數有不同的要求。若樣本數達一千人以上， IRT 的所有模式皆適用。若爲單參數與雙參數，則可減少至五百人，但這是最起碼的樣本數。樣本是否符合要求，不僅要看樣本人數大小，也要看它所包括的能力是否異質、即同時包括高、中、低能力的受試。如果樣本過大，超過了電腦的處理能力，可以用隨機抽樣的方式選擇適當的樣本。

2. 編製等值測驗。 IRT 給等值測驗提供了更完善的理論基礎。因此需要等值測驗時，應用IRT 是最好的時機。

3. 試題能預先測試。只靠專家判斷試題難易很難正確。只有經過預試，參數的估計才能正確。如果在考後才將試題進行分析，那麼對已考過的人而言是毫無用處，因爲測驗無論好壞，早已決定了他們的命運。

4. 測驗的品質需預先確立。由IRT 試題分析估計的難度，鑑別度，猜測度可以用來預估測驗的品質。能預先知道測驗的品質，使用它則較有信心。

5. 需有電子計算機和勝任的工作人員。使用IRT 的分析相當複

雜，需電子計算機和懂得計算機的工作人員。也需懂得IRT 的
測驗專家的合作才能使校準、等化、解釋等工作順利進行。

6.資料和模式相符合。資料如果不符合的模式，使用IRT 就無法
發揮功能。同時，要查驗資料是否符合假設。倘若違背假設，
則解釋必然發生錯誤， IRT 的優點就無法顯現。

第二節　IRT的假設與項目分析模式

IRT雖有其優點，但也有其缺點。為了適當應用，IRT的數
項假設必須成立。如果這些假設不成立，IRT的應用就無法達到
所預期的效果。本節除了介紹這些假設外，更進一步描述最常用
的三種模式，以及估計試題與能力參數之方法（請參閱Baker，
1992）。

一、IRT的假設

一般而言，IRT的功能是建立在下列四大假設：即**單維性**
（unidimensionality），**局部獨立性**（local independence）
，答題資料適合模式的要求，和答題時間不受限制。茲簡述如
下：

1. 單維性（unidimensionality）

意指測驗的題目，只測同一特質。由於單維性，所測的內容具有顯著的關係。如果一個測驗不是單維時，可以把它分成若干個小的測驗。就小測驗分別校準，則可促進它們的單維性。但不同的小測驗間之關係要如何處理，卻是另一個重要的課題。通常是將那些小測驗形成有秩序的架構。這種架構宜和知識之架構相配合。另外一個方法是考慮採用多維模式。但有關多維模式的數學很複雜，雖有人開始在設計套裝的電腦程序，但目前還未達到普遍使用的階段。

測驗是否單維，從表面上並不容易看出來。單維性的檢驗方法很多，下面是兩種最常用的方法：

⑴因素分析法：把測驗所包含的因素分析出來，如果只有一個特別明顯的因素，其他的因素不明顯，則表示這個測驗是單維的。如果有好幾個因素的特徵值都差不多，則表示這個測驗是多維的。這個方法單獨使用還不夠，最好還能配其他方法來使用。

⑵總測驗與分測驗之比較：難易值之估計，分別在兩種情況下進行。先用總測驗去估計。然後再依內容或可能維數之性質分開成數個小測驗，再進行估計。然後根據兩種不同來源之難易度值繪製分散圖。如果這些點幾乎成一直線，就表示單維。否則的話，就不是單維。圖6-1是一個例子。

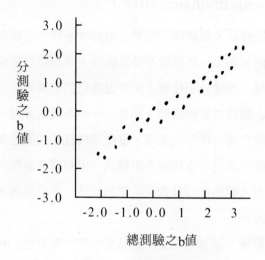

圖6-1　維數檢驗分散圖

2. 局部獨立性（local independence）

　　這個假設要求題目與題目之間無連帶關係。考生答對某一題，不影響他答對另一題之機率。也就是說，考生回答每個題目的行動都是獨立的。

　　這個假設顯然影響試題形式之選擇。如果要求考生閱讀一段的文章，然後回答一連串的問題，則題目之間的連帶關係之可能性較大。因此，使用這種試題形式就得特別謹慎。

　　單維性和局部獨立兩者關係密切且互為條件。如果題目間有連帶關係，往往會顯示出考生的另一種能力，因而顯現有多維的

現象。相反地，如果局部獨立，同一能力之考生之答題也是獨立的，單維性的假設便可成立。要特別提醒讀者的是：所謂局部獨立並非試題之間沒有關係。試題之間的關係是由於包括了各種不同能力的受試者。如果只有一種能力的受試，則試題之間應無相互關係，這便是局部獨立的眞正意義。

3. 要適合模式的要求

　　下面將介紹三種最常用的模式，並述及試題參數常用a（鑑別度），b（難易度），和c（猜測度）來代表。單參數假定a是常數，c＝O，雙參數假定C＝0。同時，模式和答題資料是否適配，也是決定模式是否適用的條件。所以檢驗資料是否配合模式是一項很重要的工作。因爲篇幅有限，在此不予介紹檢驗方法，僅簡單說明選擇模式應注意的事項。

　　單參數較易使用，所需樣本人數可以少些，參數之估計也較穩定，但a必須是常數和c＝O卻不容易。例如是非題要求無猜測能力之影響是很難的。另外一方面，三參數較合乎實際，但所需樣本數較大，參數的估計較不穩定，特別是c常受批評。所以使用者要把這些因素考慮在內。

　　圖6–2是三參數模式的**試題特徵曲線**（item characteristic curve）。這個例子顯示猜測度是在0.2。曲線的轉折點（斜坡最大的地方）就是a。所以這一題的難易度是在b。換言之，如果有某考生的能力等於b，則他答對此題的機率是在0.6。

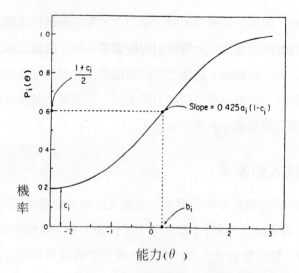

圖6-2　三參數模式之試題特徵曲線

（引自 Hambleton and Swaminathan, 1985）

4. 答題的時間不受限制

　　考生可以有充分的時間去作答，這樣才能充分表現他的能力，不因時間不足而增加誤差，否則就會影響參數的估計。

二、最常用的三種項目分析模式

⑴單參數模式（one–parameter model）

$$P(u_{ij}=1 \mid \theta, b_i) = \frac{1}{1+\exp\left[-D(\theta-b_i)\right]}$$

在上式中，Pi代表能力值爲θ的考生j答對第i題（$u_{ij}=1$）的或然率，b_i爲第i題的難度，b_i值愈大，代表試題愈難。D爲一常數，通常設在1.7。

(2)雙參數模式（two-parameter model）

$$P(u_{ij}=1 \mid \theta, a_i, b_i) = \frac{1}{1+\exp\left[-Da_i(\theta-b_i)\right]},$$

在式中a_i代表試題的鑑別度，其值愈大代表試題愈能有效的鑑別考生能力，b_i仍是試題的難度。D值通常設在1.7。

(3)三參數模式（three-parameter model）

$$P(u_{ij}=1 \mid \theta, a_i, b_i, c_i) = c_i + \frac{1-c_i}{1+\exp\left[-Da_i(\theta-b_i)\right]},$$

在式中，c_i是試題猜測的程度，多半試題爲選擇題時，c_i才有解釋的意義。其值愈大則表示試題經猜測答對的可能性愈大，a_i及b_i仍爲試題的鑑別度及難度。D值仍設在1.7。

三、試題與能力參數的估計

IRT的主要理論基礎是在估計受試者的能力和試題的參數。在討論估計方法時，通常可分爲兩類。第一類的方法較爲簡

單，它是假定已經知道試題的參數，再估計能力參數。這類估計法最常用的有兩種：有條件的最大可能性估計法和貝氏估計法。詳細的計算公式不在此討論。就觀念言，這兩種方法之不同在於前者根據答題的形態來決定那一種能力的考生最有可能作那種方式的答法。後者則假定考生有預先能力的分佈。考後根據考生做答和預先能力的分佈產生事後能力的分佈。如果能正確地決定考生預先能力的分佈，對估計考生能力之效率將有幫助。一般言，如果已知道試題之參數，用有條件的最大可能性估計法效率較高。這種估計法較常為研究者所用。

第二類方法比較困難，它是能力和試題參數需要同時估計。同時要估計那麼多的參數，必須先將能力或難易度之平均或標準差先確定，否則，所有參數的估計都是相對的，將產生所謂無法確定的現象（indeterminancy）。另一個可能產生的現象是所找到的最大值只是地區性的，而不是真的極大。有時所得的值可能太大或太小，所以也需確定合理的界限。

最常用的這類的估計法包括聯合最大可能估計法，邊際最大可能估計法，和貝氏估計法。聯合最大可能估計法是先假定已經知道考生能力，估計a, b, c。得到a, b, c之後，再用此來修正能力的估計值。得到新的能力之後，再修正a, b, c。直到這些估計值變化不大，方才停止。但此方法並不一致。意思是說，樣本數再大也無法完全避免偏向。邊際最大可能估計法則無此缺點。這種方法不需依靠能力參數去估計試題參數。貝氏估計法大致和

前述類似。它的最大的優點是無不收斂的問題。

　　雖然估計方法相當複雜，使用者不一定要完全瞭解有關的統計理論基礎才能估計這些參數。目前，很多套裝電腦程式可供利用。但是使用者最好能知道所用的程式是用何種估計法，以便瞭解其優劣。下面是目前常用之電腦套裝程式名稱，用途，及其經銷處。

LOGIST（單，雙或三參數）

　　Educational Testing Service

　　Princeton, N.J. 08540

　　U.S.A.

BILOG（單，雙或三參數，二分評分法）

MULTILOG（單，雙或三參數，多重計分法）

　　SCIENTIFIC SOFTWARE

　　1525 E. 53RD ST.

　　SUITE 906

　　CHICAGO, IL 60615

　　U.S.A.

MICROCAT（單，雙或三參數）

　　ASSESSMENT SYSTEMS CORPORATION

　　2233 UNIVERS'ITY AVE.

SUITE 440

ST. PAUL, MN 55114

U.S.A.

BIGSTEPS（RASCH MODEL，多點評分法）

MESA PRESS

5835 S. KIMBARK AVE.

CHICAGO, IL 60637

U.S.A.

第三節　IRT的應用

　　IRT 可應用的範圍很廣，這裏只簡單介紹幾種主要的應用，詳情請參閱Lord (1980)和許擇基、劉長萱（民81）。

1. 測驗的等化

　　⑴眞分數的等化。

眞分數的定義如下：

　　其涵義是答對每題之可能率加起來便是該生答X測驗之眞分數。如圖6–3所示，X測驗5.5約等於Y測驗眞分數4.8。如此，答不同一測驗之考生之能力也可相互比較。

⑵判斷兩個測驗是否等值

比較兩個測驗訊息是判斷兩個測驗是否等值的一個好方法。測驗訊息的曲線因能力之高低而異。如果兩個測驗的訊息曲線類似，假使題數是一樣的話，即可說這兩個測驗是等值的。

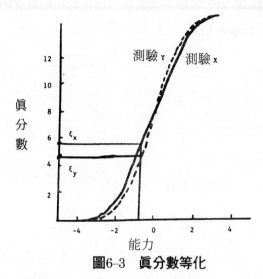

圖6-3　眞分數等化

（引自 Hambleton and Swaminathan, 1985 ）

2. 編製測驗

編製測驗時可利用試題或測驗訊息。測驗的訊息是試題訊息之總和。這可由圖6-4顯示出來。如果要編製測驗，先將預期的測驗訊息描畫出來。如果要測低能力，則低能力處的訊息應高些。如果要一個測驗能適合任何能力，則訊息應類似矩形，使訊

息曲線在所有能力差不多一樣高。

編製測驗時，主要的工作是選擇試題填滿訊息曲線。為了能用最少的題數填滿預定的訊息曲線，必須選訊息高的試題，特別是靠近訊息曲線高峰的。這種方法如用判斷方式，可能相當費時。現已有電腦軟體，可供協助選題，以達到利用最少題數，填滿訊息曲線之目標。

3. 建立題庫

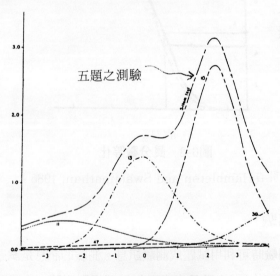

圖6-4　試題與測驗訊息

（引自lORD, 1968）

　　無論適性測驗，或編製測驗，都得依靠題庫之建立。無適當之題庫，IRT 之功能是無法發揮的。要建立IRT 的題庫，當然得用IRT 來校準試題，以便估計試題參數。建立題庫最主要的問題是如何將不同考生或不同測驗得來之參數估計數加以銜接，以便在同一題庫之所有試題之參數估計值能採同一尺度。有關銜接方法，請參閱其他參考文獻。

4. 適性測驗

　　根據IRT，考生不必答同一測驗也可以比較，這給適性測驗提供了所需的理論基礎。有關適性測驗，請參閱第十二章。

5. 試題偏向之檢驗

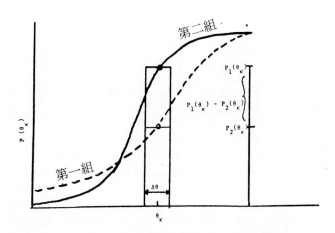

圖6-5　顯示試題偏向之特徵曲線

　　根據IRT，考生能力之估計，不因測驗之不同而異。所以同等能力之考生答同一題，如果試題特徵曲線不一樣顯然是一種偏向。圖6-5是一個例子。在θk能力處，顯示第一組和第二組對答此題機率之差等於P_1（θk）$-P_2$（θk），而這個差值也就是偏向值。

參考書目

許擇基、劉長萱（民81）：**試題作答理論簡介**。中國行爲科學社。

Baker, F. B. （1992）. Item response theory: Parameter estimation techniques. N.Y.: Marcel Dekker, Inc.

Hambleton, R.K., & Swaminathan, H. （1985）. Item response theory: Principles and applications. Boston: Kluwer Nijhoff.

Lord, F.M. (1968). An analysis of the Verbal Scholastic Aptitude Test using Birmbaums Three-parameter logistic model. Educational and Psychological Measurement, 28, 989–1020.

Lord, F.M.(1980). Application of item response to practical testing problems. Hiusdale, NT: Erlbaom.

第四篇

測驗的種類

第七章

成就測驗

從這一章開始，連續有三章分別介紹成就測驗、智力測驗與性向測驗，這三種測驗都是屬於能力測驗；易言之，成就、智力與性向都是能力的一種，只是在性質上並不完全相同。本章即以論述成就與能力的關係開其端，接著再介紹兩類常見的成就測驗：綜合成就測驗與單學科成就測驗。因爲成就測驗大都運用在教育或教學的情境中，惟現有的成就測驗並無法滿足實際的用途，所以在教學的歷程中，就常須藉助於教師自編的成就測驗，因此，本章亦將討論教師自編成就測驗的基本方法。

第一節　成就測驗的性質

成就測驗大都是用在教室、學校或與教育有關的情境中，因此，顧名思義，成就測驗就是在測量學生或受試者的成就。那什麼是「成就」呢？簡言之，它是人類的一種能力，那「能力」又是什麼呢？職是，欲了解成就測驗的性質，就須先釐清上述二個問題。

一、成就與能力的涵義

凡是一個正常的人，都會做這個、做那個，知道這個、知道那個，思考這個、思考那個，我們也常將做得好、知道得多與思

考得快的人，稱之爲能力強的人。準此，我們可將**能力**（ability）解釋爲，人的一種**認知**（cognition）或智能，就因有能力，人才能適應外在的環境與吸收新知。人所擁有的能力浩瀚難數，無法一言盡之；追、趕、跑、跳、碰是能力，談情說愛、吟詩弄月、領導統御是能力，玩電腦網路、解三元方程式、寫研究計畫、會說西藏語、懂甲骨文也是能力。惟本章所稱的能力並不涵攝那麼廣泛，而是專指透過心理學技術所能測量到的心理能力（mental ability）。人的能力可概略的劃分成兩大類，其一是先天天賦的能力，其二是後天學得的能力。

　　先天天賦的能力，就是常言所謂的**潛能**（potentiality），此種與生俱來的能力又可分成兩種能力，第一種是**普通能力**（general ability），第二種是**特殊能力**（specific ability）。普通能力即是英國心理學者史皮曼（C. Spearman）所稱的**G因素**（general factor），心理學上的**智力**（intelligence），指的就是這種能力；特殊能力即是史皮曼所稱的**S因素**（specific factor），心理學上的**性向**（aptitude），指的就是這種能力。智力是指，個人此時此地學習事物所具備的先天能力。性向的涵義較爲複雜，就廣義的觀點言之，凡是先天天賦的能力（潛能）都可稱爲性向，此時性向的觀念包含了智力的概念；如從狹義的觀點來看，則性向是專指天賦的特殊能力，它是泛指未來學習事物所具備的能力。狹義觀點的性向又可分成**普通性向**（general aptitude）及**特殊性向**（specific aptitude）兩種。由於對性向

的涵義持有不同的觀點，因此，有的心理測驗書籍（持廣義性向觀者）只闢性向測驗一章，而將智力測驗併入其間；有的心理測驗書籍（持狹義性向觀者）則分章分別論述性向測驗與智力測驗。

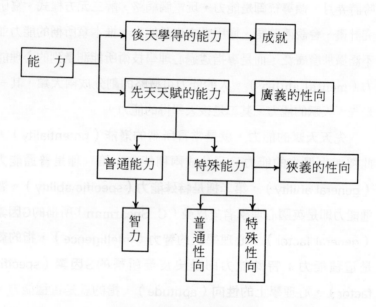

圖7-1　能力之架構示意

　　後天學得的能力，就是本章所指的**成就**（achievement），此種能力是個人所實際擁有的能力，亦即是人們經過一段特定時間之學習或訓練之後所獲取的能力。比方說，你修了一學期的「心理與教育測驗」後，知道了有關心理測驗的知識，這種知識

就是成就。再如，學會了操作UNIX系統是一種成就，知曉歷代王朝興革更替的緣由是一種成就，拿到了大客車的駕駛執照也是一種成就。準此言之，凡是測量人們經由後天學習而得到某些知識或技能之程度的測驗，就是**成就測驗**（achievement test）。就因為成就測驗是在測量學習的程度或狀況，而大部分的有形或系統化的學習都是在學校及訓練機構中實施，所以成就測驗幾乎都運用在教學或教育情境裏。

綜上所述，可以圖7-1來說明能力所涵括的範疇。

本書對性向採取狹義的觀點，因此，在第八章專論測量智力的智力測驗，第九章則專論測量性向的性向測驗。

二、成就測驗與智力及性向測驗的差異

如前文所述，智力是一般的潛在能力，成就是後天學得的能力，而學習成果的好壞，又常植基於智力的高低，所以智力測驗旨在測量個人的一般的潛在能力，成就測驗則是在測量個人運用先天的潛在能力，經過後天的學習後所實際獲取或完成的一切概念或事物（Kaplan and Saccuzzo, 1993）。就因學習要藉助於智力，因此，成就測驗的得分和智力測驗的得分之間，常存有非常顯著的正相關。此種現象也解釋了，為什麼智力測驗常以受試者的成就為效標，進行效標關聯效度的評估。另有學者指出，成就測驗是在協助受試者了解他在某特定時間內，所獲得的特殊知

識或技能；智力測驗則是在協助受試者了解他在經過一段未定的
長時間之後，所獲得的一般性的普通知能（Murphy and
Davidshofer, 1994）。因此，智力測驗不會出現類似下述的題
目：

※log100＋ 81＝？

※下列那一種統計法可處理多變項的資料？

　　A.T–test

　　B.MANOVA

　　C.Z–test

　　D.ANOVA

　　上述二道題目，應是出現在成就測驗中才對，因爲對數
（log）和多變項統計法，都是要經過學習後才能獲得的特殊的
知識，而非隨時間的增進就可得到的普通知識。

　　再者，性向測驗是用來測量個人「學習」的能力，成就測驗
則是用來測量個人「學習後」的成果。職是，性向測驗是預測人
們「未來」的表現狀況的測驗，成就測驗則是在呈現人們「現
在」或「過去」之表現情形的測驗。簡言之，這兩種測驗的差異
處有下列幾點（Kaplan and Saccuzzo, 1993）：

1.成就測驗在評估一套已知或控制情境下之經驗的效應
（effect），性向測驗則在評估一套未知或非控制情境下之經
驗的效應。

2.成就測驗在評估一個訓練課程的最後成果，性向測驗則在評估
　從訓練課程所獲取的潛能。

3.成就測驗特別強調內容效度，性向測驗則特別強調預測效度。

三、成就測驗的種類

　　成就測驗依測量科目、編製程序及施測目的，可以有下述各
種不同的分類，從這些分類中，可更進一步的了解成就測驗的性
質。

㈠依測量科目分

　　依測量科目的數目，可將成就測驗分為**綜合成就測驗**
（ achievement test batteries ）與**單學科成就測驗**（ specific
subject achievement test ）兩類。

1.綜合成就測驗

　　凡是一份成就測驗可同時測量許多不同科目的學業成就者，
就稱之為綜合成就測驗，這種測驗在命題時涵括了一種以上的科
目。就因此種測驗在內容上包括了許多科目，而各個科目的教學
目標不盡相同，各個科目的課程標準之編撰及修訂的時間也不一
致，所以綜合成就測驗的編製有許多客觀上的困難待克服，使用
上也不很普遍、通行，因此堪稱代表性或優良的綜合成就測驗並

不多見，國內的情況尤其明顯。

綜合成就測驗的目的，在測量學生各個科目的一般學業成就水準，其結果除了可用來做爲學校編班、分組及升學輔導的依據外，也可以用來做爲評鑑教學或辦學績效的參考。例如，筆者在進入國中就讀時，就接受包含國語與數學兩個科目的《國民小學成就測驗》的施測，學校再依據這個測驗的結果，將筆者編入所謂的「前段班」就讀。再如，黃昆輝（民66）就曾利用其自編的《國民中學智育成就測驗》這個綜合成就測驗（詳本章第二節），評鑑國民中學教育的辦學績效。

綜合成就測驗因爲包括許多不同學門的科目，就中各個科目的測驗內容都是一個**分測驗**（subtest），又因此種測驗大部分都建有測驗總分及分測驗分數的常模，所以我們可以運用這種測驗的結果，以了解、評估或比較學生之各個科目的學習成果。然而，綜合成就測驗裏的各科目的題目並不多，以致各個分測驗得分的信度與效度，都會受到很大的影響；因此，使用綜合成就測驗以評估各個科目的學習成果時，應特別愼重，勿做過度的推論，尤其不能做爲診斷特定學生在特定科目的學習困難上。

2.單學科成就測驗

凡是一份僅測量一個科目的學習成果的成就測驗，就稱之爲單學科成就測驗，這種測驗只包括某一科目的內容。例如，英語成就測驗在測量學生的英語科目的學業成就，化學成就測驗在測

量學生的化學科目的學業成就。綜合成就測驗與單學科成就測驗，雖然都在測量學生的學業成就，惟仍有許多差異之處如下述：

(1)綜合成就測驗的內容包含許多不同的科目，單學科成就測驗的內容則只有一個科目。

(2)綜合成就測驗在測量較為整體、籠統的教學目標，單學科成就測驗則在測量較具體、明確的教學目標。

(3)綜合成就測驗所涵括的各個科目（分測驗）可以直接的加以比較；各個單學科成就測驗的常模樣本都不一樣，常模建立的時間也不相同，所以單學科成就測驗不能做各科目之間的比較。

(二)依編製程序分

依編製的程序，可將成就測驗分為**標準化成就測驗**（standardized achievement test）與教師自編成就測驗兩類。

1.標準化成就測驗

所謂標準化成就測驗是指，依據測驗的原理與原則所編製的成就測驗。例如，要經由雙向細目表來確定測驗欲測量的內容，接著再依測量的內容草擬試題，再經由預試後的結果，進行難度與鑑別度的項目分析，以選取難易適中及高鑑別度的題目；經由信度與效度分析，以評估測驗的品質；經由正式施測建立常模，以做為解釋測驗分數的依據。一般公開出版上市或廣泛使用的成

就測驗，大都是屬於標準化成就測驗。標準化成就測驗可依測量科目的數目，分為綜合成就測驗與單學科成就測驗兩類，這兩類測驗將在本章的第二節與第三節中介紹。

2.教師自編成就測驗

　　所謂教師自編成就測驗是指，教師在教學情境中，為因應教學或教學評量上的需要所編製的成就測驗。這種測驗的編製過程並不符合測驗的原理與原則，因此就測驗的理論言，教師自編成就測驗並不能稱之為「測驗」。教師自編成就測驗雖非嚴謹的測驗，然在標準化成就測驗不具普遍性且難覓的情況下，仍有相當的價值，且也被廣泛的使用。舉凡學校的平常考試卷、期中考試卷、期末考試卷，甚或是高普考、特考等公職考試的試卷，都是屬於教師自編成就測驗的範疇，這種測驗大都是為特定的一門科目而設計的。由於在教學情境中，每位教師都會使用到教師自編的成就測驗，而且也都有機會去編製成就測驗（如各種考試的試卷之命題），因此，在本章第四節將介紹教師自編成就測驗的過程與方法。

　　由前文所述，可知標準化成就測驗與教師自編成就測驗間有許多不同的地方，其差異比較詳見表7–1。

表7-1　標準化成就測驗與教師自編成就測驗的比較

測驗別 差異處	標準化成就測驗	教師自編成就測驗
使用目的	測量整體性的教學目標，以及做為班級間、學校間和個人與團體間的比較。	測量教師所訂的教學目標及做為班級內的比較。
內容取樣	由教師、課程專家和測驗專家共同參與並做決定，再依雙向細目表來命題。	由命題教師自行決定，不一定依雙向細目表來命題。
試題品質	由專家擬題，並依項目分析結果選題，試題品質佳。	命題者依主觀意見擬題，易產生偏頗，難保試題有良好的品質。
信　　度	信度高，一般都在.80至.90之間，經常超過.90以上。	通常不做信度分析。
效　　度	都經由效度分析，以確保有高的效度，最常用的是效標關聯效度。	通常不做效度分析。
施測程序	提供指導語以資遵循，實施程序都符合標準化。	實施程序不一致，亦無指導語引導施測。
評　　分	大都有客觀的計分標準，而且會依常模轉換成衍生分數。	只呈現原始分數，計分亦趨於主觀。
結果解釋	依常模解釋，有指導手冊提供解釋的原則與方法。	只能初步解釋在班級內的名次，亦無固定的解釋模式。

（改自郭生玉，民74，第414頁）

㈢依施測目的分

依施測的目的，可將成就測驗分爲**普通成就測驗**（general achievement test）與**診斷成就測驗**（diagnostic achievement test）兩類。

1.普通成就測驗

所謂普通成就測驗是指，施測的目的在了解學生一般學習狀況及學業成就的成就測驗。例如，學校的各種考試試卷，前文所述黃昆輝（民66）所編的《國民中學智育成就測驗》，以及托福測驗（TOEFL, Test of English as a Foreign Language）等都是屬於普通成就測驗。這種測驗因爲是以一般受試者爲對象，所以題目的難度應力求常態分配，亦即難易適中的題目佔大多數，愈難或是愈易的題目愈少，如此才能鑑別出一般受試者的學業成就。普通成就測驗的結果，如發現有特殊學習困擾或困難的學生時，就應更進一步使用下文所述的診斷成就測驗，以尋出學生困擾或困難的癥結所在，俾進一步施以補救教學。

2.診斷成就測驗

所謂診斷成就測驗（亦有學者如郭生玉(民74)直稱爲診斷測驗）是指，施測目的在診斷出受試者之學習困難的原因的成就測驗。簡言之，凡是爲一般教學目的所實施的成就測驗就是普通成

就測驗，而有特殊使用目的成就測驗就是診斷成就測驗。就因此
種測驗的目的，在分析受試者的學習困難，所以其題目難度不宜
太高，而且試題的種類要多，如此才能順利的診斷出各種可能的
學習困難原因。例如，吳武典與張正芬（民73）所編製的《國語
文能力測驗》這個診斷成就測驗，就包括了聽覺記憶、聽覺理
解、注音、閱讀測驗、字形義辨別、選詞、語法及修辭等八個分
測驗。通常在使用診斷成就測驗之前，須先實施普通成就測驗；
亦即先找出有學習困難的學生（如在普通成就測驗得低分者），
再進一步分析及診斷困難的眞正原因。診斷成就測驗的使用約略
有下述三方面：

(1)診斷學生所造成的錯誤類型。如，在四則運算上，不知道
進位或減位；或將ㄓ唸成ㄗ等。

(2)使教師知道學習過程中的重要成分、困難及技能的順序。

(3)提供補救教學的程序（郭生玉，民74）。

綜合前文所述，普通成就測驗與診斷成就測驗的相異處有下
述幾點（郭生玉，民74）：

(1)普通成就測驗的分測驗較少，診斷成就測驗的分測驗較
多，且每一分測驗的題目較多，俾能更精確的測量每一項能力。

(2)普通成就測驗之題目難度呈常態分配，各種難度的題目都
有，以鑑別一般學生的程度；診斷成就測驗的難度較低，以便能
適當的鑑別學習有困難的學生。

(3)普通成就測驗的題目，以一般性的教學目標爲設計依據；

診斷成就測驗則詳細的將學習的技能與知識分析爲構成要素，並歸納學生所造成的共同錯誤，然後再據以設計題目。

　　由於診斷成就測驗的施測目的較爲特殊，因此，郭生玉（民74，第426頁）特別強調，在使用診斷成就測驗時，須注意下列諸項重要的事實：

※診斷成就測驗是爲低於平均數之下的學生而設計，因此，它有益於發現學習上的缺失，但無助於指出學習熟練的程度。在分測驗得分高僅表示那不是缺失所在而已。

※診斷成就測驗可指出學生所犯的典型錯誤，但無法指出錯誤的原因。

※診斷成就測驗僅提供診斷學生困難的部分資料而已，尙須考慮其他因素。

※診斷成就測驗所得結果，由於測量每一類型錯誤的題目相當少，其信度較低。因此，所發現的困難宜視爲線索，需要進一步使用其他客觀的證據或敎室中的觀察求證。

第二節　綜合成就測驗

　　綜合成就測驗的涵義與目的已在本章第一節中詳述，本節旨在介紹幾種測驗，以進一步了解綜合成就測驗的性質。由於國內所編製的綜合成就測驗並不多見，因此，下文所介紹的測驗，在

課程標準迭有修訂的情況下，或有不符現況之情事，這是讀者在研讀之前，必先知道的。

一、國民中學智育成就測驗

本測驗係由黃昆輝（民66）參照教育學家布魯姆（B.S. Bloom）等人所著《教育目標之分類》（Taxonomy of Educational Objectives）的理論架構編製而成的學業成就測驗（academic achievement test）。本測驗係為評量國中三年級上學期學生之智育成就而編製，故測驗中各學科的題目，皆取材自國民中學課本，而包涵了三年級上學期以前的所有教材。

本測驗的題目共有九十六題，分由國文科、數學科、社會科、自然科各二十四題所組成。每一科目的題目皆包涵知識、理解、應用、分析綜合四個層次，每一層次六個題目，依序排列。因為各科目之內容不同，作答之思考過程與方法亦不盡一致，所以每一科目之作答時間均不相同：國文科十分鐘、數學科二十五分鐘、社會科十分鐘、自然科二十分鐘。數學科的內容包涵算術、代數與幾何；自然科的內容包涵生物、化學與物理；社會科的內容僅包涵本國歷史與本國地理。由於外國語教學的地位在國民教育階段中，較其他智育科目不顯著，所以本測驗不包括英語科的學業成就。

本測驗之題目均經預試後的項目分析結果，修正而成；凡在

預試時，每一題目答對人數低於百分之十五或高於百分之八十五者，一律刪除，換以適當題目，因此測驗難度適中。本測驗的折半信度係數為.890，以學校學業成績為效標的效度係數為.812。本測驗因未公開發行，所以未曾建立常模資料。

二、系列學業技能測驗

本測驗係由路君約等人（民80）所編製，並由中國行為科學社所出版。本測驗與美國史丹福學業技能測驗（Standford Test of Academic Skills, TASK）甚為相近，但內容不同，以求適應我國之需要。本測驗的目的在測量受試者的學業成就與技能，以供教學與輔導之參考。

本測驗的適用對象為國民小學五年級至大學一年級學生，共分三個水準，水準一適用於國小五年級至國中一年級學生，水準二適用於國中二年級至高中一年級，水準三適用於高中二年級至大學一年級。水準一有四個分測驗：國文測驗含詞彙三十題、閱讀理解五篇三十題，限時十九分鐘；數學測驗有五十題，限時二十八分鐘；社會研究測驗有五十題，限時十分鐘；自然科學測驗有五十題，限時十五分鐘。水準二及水準三都各有五個分測驗：國文測驗含詞彙各四十題、閱讀理解各五篇四十題，限時二十一分鐘；數學測驗各有五十題，限時三十分鐘；英文測驗含拼字各四十五題、填字各三十題，限時二十五分鐘；社會研究測驗各五

十題，限時九分鐘；自然科學測驗各五十題，限時十五分鐘。

　　本測驗的折半信度介於.02至.89之間，庫李信度介於.02至.87之間，測量標準誤介於1.61至3.13之間；與學校學業成績相關的同時效度介於-.09至.87之間；各分測驗間的內部相關介於-.15至.94之間。本測驗建立有國小五年級至大學一年級男女學生各分測驗的T分數常模，水準三中的高二及高三學生，在男女組下再分文理兩組。

三、史丹福成就測驗

　　史丹福成就測驗（Standford Achievement Test, SAT）是美國最早編製的標準化成就測驗之一，它廣泛的在學校系統中使用，是美國最負盛名的綜合成就測驗之一。史丹福成就測驗由美國的心理公司（Psychological Corporation）所出版，它旨在評鑑一年級至九年級學生的學業成就，本測驗所測量的領域有：拼字（spelling）、閱讀理解（reading comprehension）、字義和用字技能（word study and skills）、語文技巧（language mechanics，如大小寫、標點符號、文法）、語文表達（language expression）、社會研究（social studies）、科學（science）、數學（mathematics）及聽力理解（listening comprehension）。史丹福測驗出版後，又發展了兩種相關的測驗，以延伸該測驗的施測年級。這兩個測驗，第一

個是史丹福學前成就測驗第二版（Standford Early School Achievement Tests: Second Edition, SESAT），適用於幼稚園與一年級的受試者；第二個是史丹福學業技能測驗第二版（Standford Test of Academic Skills:Second Edition, TASK），適用於八年級至十三年級（十三年級相當於大學一年級）。SAT、SESAT與TASK三個測驗，合稱為《史丹福成就測驗系列》（Standford Achievement Series）（Kaplan and Saccuzzo, 1993; Walsh and Betz, 1990）。

第三節　單學科成就測驗

　　單學科成就測驗的相關定義及性質，詳見本章第一節，本節旨在介紹幾種測驗，以說明單學科成就測驗的概況。一般而言，國內所編製的單學科成就測驗種類，要比綜合成就測驗來得多，惟目前國內可見的單學科成就測驗，大都是適用於國小及國中的學生。

一、國中新生國語文能力測驗

　　本測驗由許天威與陳政見（民83）所編製，並由心理出版社出版。本測驗適用於國中的新生，旨在了解他們的國語文能力，

共包括五個分測驗：

㈠注音測驗

　　共有二十四題，本分測驗內容包括注音符號的認識與了解，聲調的辨別，以及國字之注音的熟識，另外，配以少數的兒化韻題目。

㈡字形辨別測驗

　　共有二十七題，本分測驗內容包括查部首、筆畫數、筆順、以及形義辨別等幾部分，目的在了解國字形體上所具有的特徵與概念。

㈢詞彙測驗

　　共有二十七題，本分測驗內容包括詞義、詞比、疊詞、量詞、選詞（詞用），旨在評量有關詞性的了解與應用。

㈣文法測驗

　　共有二十六題，本分測驗包括標點符號、詞類的選用與了解、修辭、重組、接句、和文體之認識。旨在評量語（文）法相關性的常識以及作文的基本概念，亦即將作文作品分析成簡單要素後給予評量。

㈤閱讀測驗

共有二十四題，本分測驗根據國中、國小國語（文）課本編選材料內容，以及生活上最時常接觸的閱讀材料編選而成。內容包括古詩、寓言故事、說明文、兒童詩、日記、論說文、新辭閱讀以及信件等八大部分，目的在評量各種資料之閱讀能力。

本測驗共計有128題，連指導語約五十分鐘可施測完畢。本測驗間隔六星期的重測信度爲.94，以庫李21號公式求得的信度爲.90。本測驗與國文段考成績爲效標的同時效度介於.58至.99之間，本測驗各分測驗的相關介於.46至.72之間，分測驗與總測驗之相關介於.65至.80之間。本測驗建有男生、女生及全體學生等三組母群之T分數、百分等級與標準九常模。

二、國中新生數學能力測驗

本測驗由周台傑與巫春貴（民83）所編製，並經心理出版社出版。本測驗適用於國中的新生，旨在了解他們的數學能力。本測驗包括四個分測驗：測驗一爲數與式，共計三十題，其內容有整數、小數、分數、百分數、概數及代表數等；測驗二爲測量，共計二十題，其內容有面積、周長、體積、表面積及度量單位等；測驗三爲幾何，共計二十題，其內容有平面幾何、空間幾何及坐標幾何等；測驗四爲機率與統計，共計十題。本測驗各分測驗的施測時間分別是，測驗一要二十五分鐘、測驗二要十八分

鐘、測驗三要十二分鐘、測驗四要五分鐘。

本測驗的庫李信度爲.89、折半信度爲.90、間隔四週的重測信度爲.91、測量標準誤爲3.75；本測驗以數學段考成績爲效標的同時效度介於.60至.89之間，以標準化數學成就測驗得分爲效標的同時效度介於.68至.82之間。

本測驗建有男生、女生及全體學生等三組母群之T分數、百分等級與標準九常模。除上述常模外，並建立數學能力結構及目標分析表，作爲效標參照使用。

三、托福測驗

托福測驗（Test of English as a Foreign Language, TOEFL）可說是現今世界上使用最普遍、知名度最高的單學科成就測驗之一，它是測量非英語系國家人民英語成就水準的測驗。TOEFL 旨在測量英語之聽力理解（listening comprehension）、文法結構與寫作（structure and written expression）及字彙與閱讀理解（vocabulary and reading comprehension）等三種能力。本測驗由美國教育測驗服務社（Educational Testing Service, ETS）所出版，每年定時在世界各地舉行施測。托福測驗的常模是以500爲平均數、100爲標準差的標準分數，這也是一般人常以500分爲TOEFL及格分數的原因。

第四節　教師自編成就測驗

　　由於良好且適合教師在教學情境中使用的標準化成就測驗並不多見。例如，標準化成就測驗常以某一學科全部的教材為測量內量，而教學情境中的測量工具，卻常以某一教學單元的教材為測量內容；再者，標準化成就測驗常須購買，而且為了測驗的保密因素，在使用上常有其限制（如，測驗結果不能加以檢討或公布答案）。準此言之，每一位教師都應具備有自編成就測驗的知能，本節的目的即在概述自編成就測驗的方法，俾便因應教師教學上的需要。

　　本書第五章曾詳論標準化測驗的編製程序，教師在自編測驗時，應先詳讀該章，惟教師所自編的成就測驗常以學校的各類考試卷為大宗，那些試卷在本質上非屬標準化測驗，也常是以非客觀測驗（詳見本書第一章）的型態呈現；因此，第五章所陳述的編製程序並不會全部用到，例如，項目分析、信度與效度研究、建立常模等步驟，在教師的命題過程中是很少會用到的。一般而言，教師自編成就測驗主要有下述三個步驟：1.確定測量的內容，2.發展測驗題目，3.組合測驗題目。上述三個步驟中，成就測驗之測量內容的確定方式，與第五章所述（因其以情意測驗為主）稍有不同，此外，第五章所述發展測驗題目中的題型，也不

能涵蓋所有教師自編成就測驗的題型（因教師自編的成就測驗常有非客觀的題目，即選擇題或是非題以外的題目）。職是，本節僅討論確定測量內容及決定題型兩部分，其餘相關的步驟與方法，請參閱本書第五章。

一、確定測量內容

確定測量內容即是，要教師決定一份試卷所要涵蓋的範圍是什麼。簡言之，教師在確定考題所要測量之內容的步驟，有下述諸端：

㈠分析測驗（試卷）的目的

教師在出一份考題或試卷前，首先要了解為什麼要出考題，也就是要知道，這一份試卷的目的何在，目的不同，試卷所要測量的內容，亦會隨之而異。例如，月考的考題範圍和期考考題範圍不同，畢業考的範圍和模擬考的範圍也可能不同。一份競試用的試卷，和以挑選補救教學學生為目的的試卷，在測量內容上自將要有所區隔。

㈡蒐集教材

教材是試卷命題的依據，因此，須將測量範圍的教材蒐羅齊全。此處所稱的教材包括教科書、教師手冊，教師上課的講義，

甚或是仿間的參考書與歷年的「考古題」。上述資料蒐集愈齊全，試題的品質愈佳。

㈢設計雙向細目表

雙向細目表（two-way specification table）是編製成就測驗特有的依據，從此表就可確定一份試卷所欲測量的內容，再據以發展測驗題目。雙向細目表包涵兩個層面，第一個層面是教學內容，第二個層面是教學目標。所謂教學內容是指，教學歷程中所使用的教材，廣義的教材包括教師上課時所運用到的一切資料均屬之，如視聽器材、影視資料、講義、教科書等都是；狹義的教材則僅只教科書，此處所指的教學內容也是指教科書。教學目標則是指，在進行某一單元教學前，預期學生在教師教學後所能達成的學習成果。例如，某師院老師使用本書當教科書，當他教畢第一章後要給學生來個教學評量，此時，在出考題之前須先設計「雙向細目表」，那麼此的教學內容就是本書第一章「測驗的基本概念」所涵蓋的所有內容；而其教學目標（作者撰寫本章時所預設的教學目標）如下述：

1.了解心理測量的意義、基本課題及測量誤差的種類。

2.說出測驗的定義

3.了解測驗的種類，並能舉例說明之。

4.說明測驗的基本假定。

5.說明測驗的功能。

6.說明測驗應具備的基本要素。

7.了解測驗上常用的統計方法。

　　教學目標通常可分成**認知**（cognition）、**情意**（affective）及**技能**（psychomotor）等三個層面（domain），惟學校的教學大都偏重於認知的目標。在認知層面的教學目標方面，大都是依據美國教育心理學家布魯姆（B.S. Bloom）的觀點，將其分為知識（knowledge）、理解（comprehension）、應用（application）、分析（analysis）、綜合（synthesis）及評鑑（evaluation）等六個層次。前文所述本書第一章的七個教學目標是屬於微觀的目標，布魯姆的六個層次的教學目標則是屬於鉅觀的目標；任何教學的鉅觀目標大都相似，微觀目標則會因科目不同而有差異。在撰寫雙向細目表中的教學目標時，常是綜合這兩種教學目標而來。

　　標準化成就測驗之雙向細目表的設計步驟為：首先要決定題目的總數；第二是決定使用多少個教學目標的層次，通常年級愈低的測驗，目標層次愈少；第三是分析教學內容，列出各項重點或章節所佔的比率；最後則是將適當的題目數填入各項教學目標與教學內容的對應位置中，各對應位置題目數的總和要等於先前決定的總題數。表7-2即是以本書第一章為範圍，所設計出包括

三十個題目與六個教學目標層次的雙向細目表。

表7-2 「心理與教育測驗」第一章雙向細目表

教學內容 \ 教學目標	知識	理解	應用	分析	綜合	評鑑	合計
心理測量的涵義		1		1		1	3
測 驗 的 涵 義	2		1	2	1		6
測 驗 的 功 能	3		2	1			6
測 驗 的 要 素	2	2	2	1	1		8
測驗的統計方法		2	3		1	1	7
合　　計	7	5	8	5	3	2	30

註：表中的數字代表題數

　　雙向細目表決定之後，接著就可依表中資料，展開命題的工作。例如，在「心理測量的涵義」之教材裏總共要出三個題目，其中「理解」、「分析」與「評鑑」性的題目須各佔一題；在「測驗的功能」之內容中，則要出三題「知識」性的題目、二題「應用」性的題目、及一題「分析」性的題目。

　　上文所述的雙向細目表是針對標準化的成就測驗而來，其最主要的特徵是題目都是選擇題型，而且每答對一題得一分。然而，在教師自編成就測驗的實務中，其題型不限於選擇題，而且在題目的配分上，亦未必全然是每題一分；再者，並非每位擔任命題的教師都知曉教學目標的概念，或懂得去分析教材內的教學

目標。職是，前述的雙向細目表，雖符合測驗的編製理論，但在教師的實際命題過程中，卻有實施上的困難與不便。因此，教師在命題或出試卷時，就需有更切實際的計畫表以資依循。此種計畫表只需將雙向細目表中的教學目標，改成題型及配分即可；惟整份測驗（試卷）的總配分以一百分爲限，而且題目的性質，必須兼顧到前述的教學目標，至少知識性（即記憶性）、理解性及應用性的題目要很勻稱的搭配，不能完全是知識性或應用性的題目。接著同樣以本書第一章爲範圍，擬定命題計畫表如表7–3。

表7–3 「心理與教育測驗」第一章命題計畫表

教材內容 ＼ 題型	選擇題	簡答題	問答題	合計
心理測量的涵義	6	4	10	20
測 驗 的 涵 義	6	4	10	20
測 驗 的 功 能	6	4	10	20
測 驗 的 要 素	6	4	10	20
測驗的統計方法	6	4	10	20
合　　計	30	20	50	100

註：表中的數字代表配分

由表7–3所示，可知教師在擬定命題計畫表時，有下列幾個步驟：

1.決定各部分教材內容所佔的配分。如表7–3的例子，在

「測驗的基本概念」之五個教材內容，每部分各佔二十分，總計是一百分。惟在其他的命題計畫表中，每部分的內容所佔的配分不一定要相同，配分比率的多寡要視各部分內容的重要性而定。

2.決定命題的題型及各種題型所佔的配分。如表7-3的例子共有三種題型，就中選擇題的配分為三十分，簡答題的配分為二十分，問答題所佔的配分則為五十分，其總分還是一百分。

3.決定各種題型中每題所佔的分數及各部分教材內容應有的題數。同樣以表7-3為例，若選擇題每題兩分，簡答題每題四分，問答題每題十分，則每部分的教材內容應出三題選擇題、一題簡答題及一題問答題，合計整份試卷應有十五題選擇題、五題簡答題及五題問答題。

二、決定題型

本書第五章第三節「發展測驗題目」中，曾介紹客觀測驗裏常使用到的題型有「二分法題型」「多分法題型」、「李克特氏題型」、「形容詞檢核表」及「語意區別法」等五種題型，就中只有「二分法題型」及「多分法題型」是標準化成就測驗會使用到的題型。但在教師自編的成就測驗中，常會出現非客觀性的題目，所以教師在命題時，就不只會用到上述兩種標準化成就測驗常用的題型，尚有許多種題型可資運用。下文即在介紹教師自編成就測驗時，除了是非題（即二分法題型）與選擇題（即多分法

題型）外，可以使用到的題型。

㈠配合題

表7-4 配合題舉隅

請將反應變項中最適切的代號填入刺激變項前的 " ＿＿＿ " 中	
刺激變項	反應變項
1.測驗符合理論的程度	A.評量
＿＿＿	B.測量
2.最佳的信度	C.測驗
＿＿＿	D.z分數
3.信度係數的平方根	E.T分數
＿＿＿	F.DIQ
4.標準差為15或16	G.信度
＿＿＿	H.效度
5.用數字描述個人特質的歷程	I.信度指數
＿＿＿	J.複本信度
6.測驗測量誤差的程度	K.重測信度
＿＿＿	
7.最常用的標準分數	
＿＿＿	
8.評估測驗時間取樣誤差的程度	
＿＿＿	

　　配合題的題型內容通常包括兩部分，第一部分是刺激變項
（相當於選擇題的「題幹」），第二部分是反應變項（相當於選
擇題的「選項」）。此種題型的做答方式是，要讓受試者從多個

反應變項中選取一個最適宜的變項，去和多個刺激變項中的一個變項配對，俾令刺激變項與反應變項產生正確的聯結。此種題型類似於小學考試中常會出現的「連連看」題目。配合題的命題過程，有三點事項需要注意到：1.刺激變項的文字，通常是一句話或一個概念，反應變項則是一個概念，總之是字數愈少愈簡潔愈好；2.反應變項的變項數目，通常要多於刺激變項的變項數目；3.一個刺激變項通常只應有一個反應變項與之相配對，而一個反應變項可與一個以上的刺激變項配對。配合題的題目型式請參考表7–4所示。

(二)填充題

　　所謂填充題又稱填空題，它的型式是將一句叙述句的重要字詞、專有名詞或概念留白，然後讓受試者去填寫。例如：

1.依布魯姆的見解，認知層面的教學目標之最高層次是＿＿＿，最低層次是＿＿＿。

2.難度指數等於＿＿＿的試題，其鑑別度最高。

3.測驗的基本要素有＿＿＿、效度、　＿＿＿及可使用性。

4.某人在數學成就測驗上的T分數是75，如換算成Z分數，則Z＝＿＿＿。

5.最常用來評估成就測驗的效度是＿＿＿效度。

在出填充題時，首先要確保填寫上去的答案，是唯一的答案；其次是，儘量避免直接引用教材的句子，而要加以改寫或重新組合字詞序；第三則是，謹慎命題，期能測量受試者的理解性能力，而非機械性的零碎記憶力。

㈢簡答題

簡答題與填充題相類似，都是要受試者寫出具體、客觀的重要字詞、專有名詞或概念等；只是簡答題的題目是完整句子，而填充題則是不完整的句子。例如：

1.「三權分立」的三權是那三權？
2.請寫出五種情意測驗最常使用的題型。
3.試簡述三種主要的效度。

因簡答題須具備固定的答案供受試者去回答，所以類似下列的試題，就不能算是簡答題。

1.何謂心理測量。
2.測量與評量的相異處為何？
3.簡述測驗的定義。

前述之配合題、填充題與簡答題都因有固定的答案，評分之

結果也不會因人而異,所以這三種題型與是非題和選擇題--樣都是屬於客觀性的題目。客觀性的試題都是要受試者作固定式的反應,假如命題者擬題技術不佳或不用心,則此類題目僅能測量受試者有關事實性或記憶性的知識。職是,下述三種題型將可彌補此一缺失,使所出的試題能測量出受試者較高層次的認知能力(如分析、綜合與評鑑等能力),及能評量出他們的寫作能力或對知識的組合能力。

㈣解釋名詞題

此種類型的題目,提供一些專有名詞、術語、人名或概念等,然後要受試者以最簡潔的字詞寫出它們的涵義,或與其最有關連的事件或內容。例如:

1.比率智商
2.離差智商
3.佛洛依德
4.測驗
5.建構效度

㈤問答題

問答題是要受試者在某一有限制的範圍內,對問題作一整體性的反應,或提供個人的看法、心得與見解,所以這種題目又可

稱之爲「限制反應題」。因此，回答問答題不能海闊天空胡謅一
番，也不能完全憑一己之見灑灑發揮或望文生義，而是要依某特
定的內容或理論來作答。下述的題目都是問答題的例子：

1.試簡述選擇反應測驗與結構反應測驗的差異。

2.試述測驗的主要功能爲何？

3.試舉實例說明信度與效度的關係。

4.爲什麼在編製測驗的過程中，要有項目分析這個步驟？

5.試從艾利斯（A. Ellis）的ABC人格理論，說明人之情緒
　與行爲的困擾原因，及消弭情緒與行爲困擾的方法。

從上述的題目可知問答題可以測量下述各種能力（郭生玉，
民74，第249頁）：1.解釋因果關係，2.叙述原理原則的應用，3.
提出適切的定論，4.陳述可主張的假設，5.陳述有效的結論，6.
說明必要的假說，7.叙述資料的限制，8.解釋方法與過程。

㈥申論題

申論題與問答題相當類似，只是申論題可讓受試者有更大、
更自由的發揮空間，且其答案更重視受試者有無獨特的見解或立
論，而不必拘泥於固定的說法、舊論。職是，申論題可以測量多
種能力（郭生玉，民74，第250頁）：1.提出、組織與表達觀
念，2.統整不同領域的學習結果，3.創造新穎獨特的方式（如實

際設計），4.評鑑觀念的價值。申論題雖具有能夠測量出上述多種高層次認知能力的優點，惟因其評分難有客觀的標準，所以在命題實務上，申論題並不常見。申論題的命題方式，請參考下列諸題範例：

1.試述佛洛依德（S. Freud）對人格理論與心理治療的貢獻。

2.空中大學應如何實施生活輔導與教育輔導，試申己見。

3.何謂「溫室效應」？並論抑制溫室效應的因應之道。

參考書目

周台傑、巫春貴（民83）：**國中新生數學能力測驗指導手冊**。台北：心理出版社。

吳武典、張正芬（民73）：**國語文能力測驗指導手冊**。台北：台灣師範大學特殊教育中心。

黃昆輝（民66）：**國民中學教育實施成效之調查分析**。台灣師大教育研究所集刊，第19輯，第217～334頁。

郭生玉（民74）：**心理與教育測驗**。台北：精華。

許天威、陳政見（民83）：**國中新生國語文能力測驗指導手冊**。台北：心理出版社。

路君約等（民80）：**系列學業技能測驗指導手冊**（水準一至水準三適用）。台北：中國行為科學社。

Kaplan, R.M., and Saccuzzo, D.P.（1993）. Psychological testing: Principles, applications, and issues (3rd ed.) Pacific Grove, California: Brooks/Cole.

Murphy, K.R., and Davidshofer, C.O.（1994）. Psychological testing: Principes and applications (3rd ed.) Englewood Cliffs, New Jersey: Prentice-Hall

Walsh, W.B., and Betz, N.E. (1990). Tests and assessment (2 nd ed.) Englewood Cliffs, New Jersey: Prentice-Hall.

第八章

智力測驗

　　本書第七章成就測驗，係指測量受試者經過學習或訓練之後所具有的實際知識和技能的心理測驗，至於測量受試者的學習潛能，而其測驗結果供作衡量未來接受學習或訓練可能成就之心理測驗，就稱為**性向測驗**（aptitude test）"，性向測驗分為普通性向測驗、特殊性向測驗、與多因素性向測驗等三大類，而普通性向測驗即通常所說的**智力測驗**（intelligence test），至於特殊性向測驗與多因素性向測驗即狹義的性向測驗。本章介紹智力測驗，測量受試者智力水準高低的心理測驗，就是智力測驗。現代心理學者將智力看作觀察力、注意力、記憶力、想像、和思考能力等各種能力的綜合，因此智力測驗也稱為普通能力測驗。此外，它也被命名為**心智能力測驗**（mental ability test）、**心理成熟測驗**（mental maturity test）、**學業潛力測驗**（academic potential test），甚至**學校能力測驗**（school ability test）等，本章分兩節分別介紹個別智力測驗、團體智力測驗。至於幼兒和嬰兒，以及其他特殊對象使用之智力測驗，請參看其他測驗書籍。

第一節　個別智力測驗

　　這種智力測驗係指同一時間一個主試者祇能對一個受試者實施的智力測驗，比奈式智力測驗、魏氏智力量表和考夫曼兒童智

力測驗是世界有名的個別智力測驗，此外尚有非語文的個別智力
測驗。

一、比奈式智力測驗

本（二十）世紀初年法國心理學者比奈（A. Binet）接受委
託從事學校中低能學童的調查，1905年他與西蒙（T. Simon）
編製了一套識別學校中低能兒童的測驗工具——比西量表
（Binet–Simon Seale），這就是最早的標準化智力測驗。在這
個測驗中包含三十個題目，如眼睛隨物體（燃著的火柴）而移
動，列舉圖畫中常見物件，比較兩線的長短，重述數目，對答問
句，界說抽象名詞等，這些題目由易而難順序排列。西元1908年
他們修訂的測驗，取消一些舊的題目又增加題目，使得總題數由
三十題增至五十九題，題目按年齡分組（三歲至十三歲），測驗
結果可用「心理年齡」表示。西元1911年他們修訂的量表重在增
刪題目，並將測驗擴充至成年組，且每一年齡組一律包含五個題
目，因此就算心理年齡更為方便。

㈠美國斯比智力量表第四版

世界各國對於比西量表均有修訂，其中以美國的斯比量表
（Stanford–Binet seale）為最好。1916年斯丹福大學推孟（L.
M. Terman）作第一次修訂，採用**智力商數**簡稱**智商**

（intelligence quotient, IQ）解釋測驗結果。1937年作第二次的修訂，有LM兩個複本。西元1960年推孟與墨瑞（M. M. Merrill）作第三次修訂，主要是採用**離差智商**（Deviation IQ, DIQ）表示測驗結果。西元1972年又有小弧度的改變，但不算是修訂。

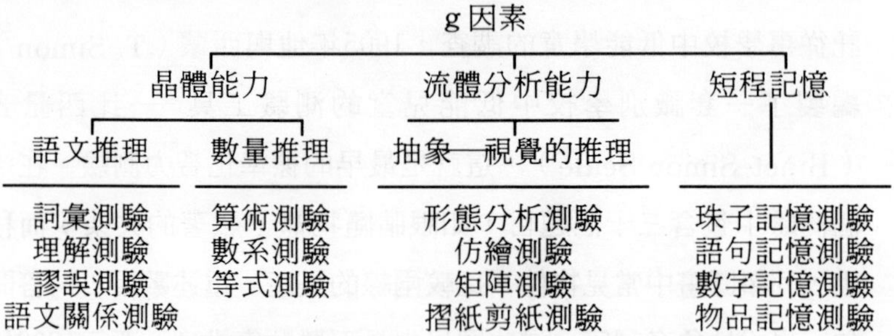

g 因素

晶體能力		流體分析能力	短程記憶
語文推理	數量推理	抽象─視覺的推理	
詞彙測驗	算術測驗	形態分析測驗	珠子記憶測驗
理解測驗	數系測驗	仿繪測驗	語句記憶測驗
謬誤測驗	等式測驗	矩陣測驗	數字記憶測驗
語文關係測驗		摺紙剪紙測驗	物品記憶測驗

圖8-1 斯比量表第四版認知能力的因素分析

（引自陳榮華、王振德，民75，頁10）

現在美國所使用的斯比量第四版（Stanford-Binet fourth edition, SB: FE）係西元1986年由桑代克（R.L. Thorndike）、黑根（E. H.agen）和沙特勒（J. Sattler）等修訂的。它的理論架構是採用認知能力結構的三個層面階梯模式（如圖8-1），由圖8-1可見頂端為一普通智力因素（g），其次為由晶體能力、流體分析能力和短程記憶等構成第二個層面，而語文推理、數量推理、及抽象─視覺推理等特殊的因素構成第三

個層面，在第三個層面的三個特殊因素，加上第二個層面的短程記憶形成了四個範圍。另外圖8-1顯現四個範圍之下各屬有評量特殊認知功能的分測驗（共有十五個分測驗）。

斯比量表第四版的測驗對象爲二歲至成人，它由原來的年齡量表改爲點量表，共有十五個分測驗，每一受試者視其年齡及測試表現，只做其中八個至十三個分測驗，而非十五個分測驗。茲將十五個分測驗略加說明如次：

1. 詞彙測驗

本測驗爲安排過程的路線測驗（routing test），以受試者在本測驗的表現決定受試者在其他分測驗的起點。它分爲兩大類，即圖畫詞彙測驗：這用於二歲至六歲的受試者，主試者呈現一些物品的圖畫（如汽車、書本）要求受試者予以適當的名稱；口語詞彙測驗：適用於七歲以上的受試者，主試者發問什麼叫做信封（錢幣）？由受試者解釋其意義。

2. 理解測驗

包括指認圖片上小男孩身體的部位，以及像「爲什麼在醫院中人們要安靜？」等問答。

3. 謬誤測驗

呈現像「一個小女孩在湖中騎腳踏車」或「禿子在梳頭」等

圖片，受試者指出其不合理的地方。

4. 語文關係測驗

　　每題有四個詞如「報紙、雜誌、書本、電視」，或「男孩、女孩、媽媽、狗」，受試者要根據前面三個詞的特徵，說出其相像之處，以與第四個詞作區別。

5. 算術測驗

　　本測驗在測量受試者的數量概念及計算能力，包括十二題利用骰子計算點數，十八題利用圖畫卡片的計算題，以及十題以心算爲主的應用題。

6.數系測驗

　　本測驗呈現一列數字，其後留下兩個空格，如「20, 16, 12, 8,──,──,」或「1, 2, 4,──,──」等，要求受試者根據它排列的規則填補出所缺失的數字來。

7. 等式測驗

　　本測驗對受試者呈現一組含有數字、運算符號及等號的資料，如「5,＋,12,＝,7」，或「0, 2, 4, 8,×,－,＝」等讓受試者建立一個等式來，如「$5＋7＝12$」，「$8－2×4＝0$」。

8. 形態分析測驗

包括形式板墳補及方塊設計（block design）等類試題。

9. 仿繪測驗

包括原來斯比量表第三版的仿造測驗（如方塊造橋）及仿畫測驗（如仿畫菱形）等。

10. 矩陣測驗

類似於瑞文氏圖型補充測驗，在2×2或3×3的矩陣中缺少左下角的一格，要受試者根據已知的圖形間之關係，選擇一個最適當的答案來。

11. 摺紙剪紙測驗

每題有一幅圖，上排顯示摺紙的方式及剪去的部分，下排為其攤開圖形的選目，要求受試者由下排題目中選出正確的答案來。

12. 珠子記憶測驗

包括觀看珠子，然後在卡片上指認，以及穿珠測驗等類試題。

13. 語句記憶測驗

主試者唸2至22字的句子（如「喝牛奶」）後，由受試者照著複誦。

14. 數字記憶測驗

包括順背數字和倒背數字兩類試題。

15. 物品記憶測驗

主試者依序對受試者呈現一些常見的一般物品的圖片，要受試者照著順序在圖畫卡片上指認出來。

測驗實施時，主試者依據受試者的反應記分，答對得一分，答錯得0分，累積得分測驗的分數，對照常模可得分測驗的**標準年齡分數**（standard age score, SAS），即平均數爲50，標準差爲8的量表分數，各量表分數相加，對照常模可轉化爲**範圍分數**（area score），即平均數爲100，標準差爲16的標準分數，再將範圍分數相加，對照常模可轉化爲全量表標準年齡分數，平均數爲100，標準差爲16，類似於魏氏量表的離差智商（DIQ）。

此外，斯比量表第四版曾提出簡式版本多種，供初步調查之用，其優點爲簡易而實際，但有其缺失，如智商不穩定，妨礙側面圖的分析，導致錯誤的分類等（路君約，民81）。

㈡我國比西量表第五次修訂本

　　我國陸志韋等曾對比西量表作兩次修訂，政府遷台後又由教育部與中國測驗學會合作作兩次修訂。至於第五修訂本係由教育部國民教育司資助台北市立師院負責修訂，業已於民國八十年完成。主要根據美國1986年新版斯比量表，將其試題予以翻譯增刪編訂而成。十五個分測驗之名稱與斯比量表第四版一致，但適用對象為五歲至十五歲的人員。測驗時間因人而異，一般約需75至100分鐘。標準化標本為1100人，建立有離差智商常模，信、效度研究令人滿意。

二、魏氏智力量表

　　美國紐約貝爾威醫院（Bellevue Hospital）精神病科主任魏克斯勒（D. Wechsler）鑒於當時一般的智力測驗過於重視速度和取材含有太多的學科成份，不易取得成人忠誠的合作，乃於西元1939年編製一套成人智力測驗，取名為魏貝智力量表（Wechsler–Bellevue intelligtence scale, W–B）。該量表包括語文量表與作業量表兩部分，而語文量表有常識、理解、算術、類同、記憶廣度、詞彙等六類題目，其中詞彙測驗為交替測驗；作業量表有符號替換、圖形補充、方塊設計、連環圖系、物形配置等五類題目。在第二次世界大戰期間，該量表曾被美國陸

軍軍醫部門廣泛使用，累積許多有價值的資料。第二次世界大戰
結束後也被民間廣泛使用。西元1946年該量表有複份的編製。
1949年魏氏兒童智力量表（Wechsler intelligence scale for
children, WISC）問世，1955年將魏氏智力量表改為魏氏成人
智力量表（Wechsler adult intelligence scale, WAIS），西元
1967年編製完成魏氏學前兒童智力量表（Wechsler preschool
and primary scale of intelligence, WPPSI）。接著西元1974
年魏氏兒童智力量表的修訂本（WISC-R），1981年魏氏成人智
力量表修訂本（WAIS-R），1989年的魏氏學前兒童智力量表修
訂本（WPPSI-R），以及1991年的魏氏兒童智力量表第三版
（WISC-Ⅲ）陸續出版，使得魏氏智力量表體系的三類智力量
表更為完備。

　　魏氏智力量表均為積點量表，測驗結果各分測驗採平均數為
10，標準差為3的量表分數表示，另外有語文量表智商、作業量
表智商、及全量表智商，均為平均數為100，標準差為15的離差
智商，至於其離差智商的分類則如表8-1。

表8-1　魏氏離差智商的分數

離差智商	分　類	常態分配百分比%
130及以上	非常優秀	2.2
120～129	優秀	6.7
110～119	中上	16.1
90～109	中等（或平均）	50.0
80～89	中下	16.1
70～79	臨界智能不足	6.7
69及以下	智能不足	2.2

㈠魏氏成人智力量表修訂本（WAIS-R）

魏氏成人智力量表修訂本仍包括十一個分測驗，將原來先實施六個語文分測驗，然後實施五個作業分測驗的作法，更改為語文分測驗與作業分測驗交叉實施的程序。

1. 常識測驗

題目包括物名、節日、史地等在日常生活中就有機會學習的事項，如問受試者，巴西在那一洲？受試者只需簡潔扼要說出在美洲即算通過。

2. 圖形補充測驗

題目以圖卡呈現，圖中內容事物缺少一重要因素，如椅子缺一腿，要受試者指出來。

3. 記憶廣度測驗

題目包括順背數字（三位數至九位數）倒背數字（二位數至八位數）。

4. 連環圖系測驗

每題有三至六張圖卡，要受試者將此等圖卡按照順序連串，以構成一個完整的故事。

5. 詞彙測驗

主試者口述並同時呈現詞彙卡片，受試者口頭解釋其意義。

6. 方塊設計

要受試者利用所給予之方塊排出指定的圖案。

7. 算術測驗

含簡單的算術題，其解答均不需經繁複的計算歷程，主要評量受試者數學觀念、計算、推理應用的心算能力。

8. 物形配置測驗

要受試者將每題中零散的圖片，加以拼合，使其成為完整的物形。

9. 理解測驗

包括「該怎麼辦？」如「在森林中迷路該怎麼？」以及「為什麼？」如「為什麼天生耳聾的人多半不會說話？」等兩類試題。

10. 符號替換測驗

要受試者依規定的方法，在每一個數字下，填寫出其應有之

符號。

11. 類同測驗

題目由一組配對的詞彙組成，要受試者解釋其間的相似性或共同要素，如鋼筆與鉛筆有何相同的地方。

測驗適用於十六歲至七十四歲的成年人，常模區分為16～17、18～19、20～24、25～34、35～44、45～54、55～64、65～69、70～74的九個年齡組，標準化樣本共1880人。

□魏氏兒童智力量表第三版（WISC-Ⅲ）

魏氏兒童智力量表第三版包括語文量表與作業量表兩部分，語文量表有常識測驗、類同測驗、算術測驗、詞彙測驗、理解測驗和記憶廣度測驗；而作業量表有圖形補充測驗、連環圖系測驗、方塊設計測驗、物形配置測驗、符號替代測驗、迷津測驗和符號搜尋等測驗，其中記憶廣度、迷津和符號搜尋等為交替代測驗。符號替代（coding）測驗有 AB 兩式，A 式適用於六歲至七歲兒童，係在星形、三角形、圓形等圖案中填上橫線、直線或小圓圈符號，B 式則與 WAIS–R 一樣，適用於八歲以上的兒童。迷津（maze）測驗要受試者從圖形中心人像開始，不穿越牆線，且需以連續線走出外沿出口，而符號搜尋（symbol search），類似於斯比智力量表第四版的圖畫記憶測驗。其餘分測驗與 WAIS–R 類似。標準化樣本共2200人。至於 WPPSI–

R請參看其他測驗書籍。

㈢中華智力量表

魏氏兒童智力量表在我國有兩次的修訂，民國68年的修訂本適用於六歲至十五歲的受試者，民國83年的修訂本，稱爲中華智力量表，參考 WISC–R 編製而成，爲一適用於五歲至十四歲的個別智力量表。量表內容包括語文和非語文兩部分，各包含六項分測驗，其中最後一項分測驗爲交替測驗。語文部分題目大多由主試者唸出，而受試者口頭回答；非語文題目則多由主試者操作示範例題，受試者指出、排出或畫出答案。各分測驗的內容如次：

甲、語文部分

1.詞彙測驗

主試者說出並呈現詞彙，受試者解釋其意義。

2.常識測驗

主試者說出常識測驗問題，受試者說出答案。

3.算術測驗

主試者口頭或用卡片呈現算術問題，受試者用心算回答。

4. 類同測驗

主試者說出並呈現一對實物或概念性的詞彙，受試者歸納並回答其相似之處。

5. 理解測驗

主試者說出生活情境中可能遇到的問題，受試者回答如何解決之。

6. 聽覺記憶測驗

主試者唸出一串數字，要求受試者順背或倒背出來。

乙、非語文部分

1. 圖形補充測驗

主試者呈現缺少一重要部分的物品之圖卡，受試者指出所缺少之部分。

2. 連環圖案測驗

主試者呈現一些順序排列錯誤的圖卡，受試者依順序先後重組圖卡。

3. 方塊設計測驗

受試者依主試者排出或呈現之圖樣，以方塊排列組成之。

4. 拼圖測驗

受試者將主試者放置之零碎板片排組成一完整的圖樣。

5. 視覺記憶測驗

主試者呈現範型卡（包括一系列不同圖形的小板片），並要受試者記住，數秒後要受試者依原範型卡排列小板片。

6. 迷津測驗

要求受試者用紅心鉛筆走迷津。

標準化樣本共1600人，施測結果可轉化爲平均數爲13，標準差爲4的量表分數，語文量表、非語文量表及全量表則用離差智商表示之。信、效度研究，結果尚稱理想。

三、考夫曼兒童智力測驗

考夫曼兒童智力測驗（Kaufman Assessment Battery for Children, KABC）爲考夫曼夫婦（A. S. Kaufman and N. L. Kaufman）於1983年編製之適用於二歲半至十二歲半的兒童智力測驗。我國盧欽銘、黃堅厚、路君約、林清山、簡茂發、吳武典、吳鐵雄（民77）曾加以修訂適合我國二歲半至十二歲半兒童使用。

　　考夫曼智力測驗共有十六個分測驗，組成系列思考、平行思考、和成就量表等三個量表，茲將其測驗內涵分述如下（盧欽銘等，民77）：

㈠系列思考量表

1. 動作模仿

　　受試者看完主試者的示範之後，按照同樣的順序做出一系列的手部動作。主要是以視動協調的方式來評量兒童能否準確的按照同樣順序做出一系列主試者先前示範過的手部動作。

2. 數字背誦

　　受試者跟著主試者的指導語，按同樣的順序重複唸出一系列數字。用以評量兒童按著同樣順序複述主試者唸過的一串數字廣度的能力。

3. 系列記憶

　　受試者在聽完主試者說出一系列普通物件名稱後，按同樣順序逐一指出相對的圖影。用以評量兒童記憶一系列普通物件的名稱，並依序逐一指出圖影之能力。

㈡平行思考量表

1. 圖形辨識

受試者經由一窄小裂縫看到一幅連續轉動的圖案後說出其名稱。以視覺訊息連續呈現的複雜結合方式，評量大腦半球的統整能力。

2. 人物辨識

受試者自一張一群人的圖片上，指出在前一頁，紙上呈出現過的人物來。用以評量兒童對人物面部的辨識和短期記憶。

3. 完形測驗

受試者看著部份完成的墨漬圖後，說出其名稱。用以評量兒童自散裂的訊息中作整體性辨認的能力。

4. 圖形組合

受試者利用三角拼板排出指定的圖案。用以評量兒童在組合圖形之前先分析再綜合的平行思考能力，同時也可評量視動協調。

5. 圖形類推

受試者按已呈現的三幅圖案，找出第四幅圖案以完成其中的推理概念。用以評量推理概念的能力。

6. 位置記憶

受試者自一張空白的格子紙上，指出在前一頁紙上出現過圖案的相對位置。用以評量經平行思考的短期記憶能力。

7. 照片系列

受試者將一組相關的照片，按發生時間的順序排出來。用以評量對照片間次序性的覺察及對單一照片在整體中位置的辨識能力。

(三)成就量表

1. 語彙表達

受試者說出照片中物件的名稱。用以評量再認的記憶能力和語言表達。

2. 人地辨識

受試者逐一辨認出照片中的人物或地點，用以評量兒童自環境中各層面實際所學習的知識。

3. 數字運用

受試者要有辨認數字和計算數字的能力。用以評量兒童對數

字辨認、計算和運算中對概念推演了解的能力。

4. 物件猜謎

　　受試者根據主試者的口語訊息推斷出該項概念的名稱。用以評量傳統測驗中的普通成就和語文能力。

5. 閱讀發音

　　受試者逐一唸出主試者所呈現的字詞。用以評量兒童對字詞的辨認和誦讀能力。

6. 閱讀理解

　　受試者自行看完指示語後依照指示表現動作及表情反應。用以評估大腦功能對閱讀（左大腦功能）及動作姿勢（右大腦功能）整合的能力。

　　測驗實施時，視受試者的年齡水準而選用七至十三個分測驗施測，測驗時間約需三十五至八十分鐘，測驗結果智力量表之分測驗採用平均數為10，標準差為3的標準分數，成就量表之分測驗採用平均數為100，標準差為15之標準分數，至於各分測驗之組合分數，則使用平均數為100，標準差為15的標準分數表示之。標準化樣本共1600人，信度採重測法和庫李法，而效度研究採用構想效度和效標關連效度法。

四、非語文的個別智力測驗

　　這種測驗的施測不需依靠語言的表達，指導語非常簡單，甚至可不用口頭說明，只用手勢表示。它可用來測量文盲、聾啞之人，及進行泛文化研究。如賓帕作業量表（Pintner-Paterson Scale of Performance）、萊特國際作業量表（Leiter International Performance Scale）、亞瑟作業量表（Arthur Point Scale of Performance tests）、以及培比量表（Perkin-Binet Scale）係均是屬於非語文的個別智力測驗。茲介紹兩個測驗如下：

㈠賓帕作業量表

　　早期的智力測驗大多屬於語文式的智力測驗，對於不能使用英語文的受試者往往有施測驗上的困難。賓帕作業量表就是最早的個別非語文智力量表，它可適用於聽覺有缺陷者，不能講英語的人，對於講英語而在語言上有困難，或不識字的人也適用，它和文字智力測驗有同等的價值，可補文字智力測驗之不足。它一共有十五個分測驗（倪亮，民53）：

1. 拼馬形板（Mare and Foal Form Board）

　　這是有色彩的一隻牝馬和一隻小馬，切分成若干小塊，要受

試者拼好，其成績依拼板所需之時間和錯誤的次數記分。

2. 舍根形態板（Seguin Form Board）

這是十種普通幾何圖形，需受試者安排。不能有三次以上的錯誤，時間要短速。

3. 五形板（Five-Figure Board）

有五個圖形，每個圖形分割成兩塊或三塊，要把這些碎塊放入他們適當的地方。時間之長短和錯誤次數爲記分標準。

4. 二形板（Two-Figure Board）

有兩個圖形其中一個分成四塊，另一個分成五塊，要受試者把他們分別拼好，放入兩個圖形的空腔。

5. 拼形板（Casuist Board）

這比前者來得困難，要受試者把十二塊分割的小板嵌入四個空處，時間的長短和錯誤次數與記分有關。

6. 三角形測驗（Triangle Test）

要把四塊三角形放入適當的空處。拼成一個長方形，和一個更大的三角形。依時間的長短和錯誤的次數而記分。

7. 對角線測驗（Diagonal Test）

有五個對角切開大小各異的切片，要受試者拼成一個矩形。依時間之長短和錯誤之次數而記分。

8. 黑萊測驗A（Healy Puzzle A）

有五個長方形的切片要受試者拼在一個方塊內，依時間的長短和改動的次數而記分。

9. 拼人測驗（Manikin Test）

有木片製成的兩隻腿、兩隻臂、身幹和頭要受試者將它們拼成爲一個人。測驗的時間和受試者表現上的錯誤的性質，都要有記錄。

10. 側像測驗（Feature Profile Test）

要受試者把許多碎片拼成一個人的側像，依時間的長短而記分。

11. 船形測驗（Ship Test）

把一個船形分割成形狀大小相等而色調各異之碎片十塊，要受試者填入方格拼成船形。受試者在實作時的做法如何爲記分之要素。

12. 黑萊補圖測驗 I（Healy Picture–Completion Test I）

從一個大圖形中挖去十個小方塊，要受試者在四十八塊小方塊中選出確當的小方塊嵌入圖畫，要在十分鐘以內完成。其補圖時所選之小方塊的性質和記分有關。

13. 交替測驗（Substitution Test）

五種幾何圖形混排成若干列，在一頁紙上要受試者依紙端之形數對照表將每一圖形標記一適當數字。依時間之長短和塡錯多少合併記分。

14. 配板（Adaptation Board）

有四塊圓板和四個洞，其中三塊圓板及圓洞之直徑爲六‧八糎，第四塊爲七糎。受試者須把大塊塡入大洞，小塊塡入小洞，動作正確的次數和記分有關。

15. 叩擊方木測驗（Cube Test）

受試者面前放每邊一吋之立方木塊四塊。主試用另一木塊在這四塊上輕敲，要受試者把敲的次序重複出來，叩擊次數愈多次序愈來愈難和愈複雜。其敲正確之次數和記分有關。

賓帕作業量表之適用年齡範圍爲四歲至十五歲，但並不是每個分測驗對各年齡組受試者均有效用，如舍根形態板在十歲以上

受試者無效，而側像測驗祇能用上十歲以上受試者。

㈡萊特國際性作業量表

　　此量表原為1927年編製用來測量低能兒童智力之用，其後有多次的修訂，曾用於夏威夷地區各種種族的比較研究，最後一次的修訂為1952年的修訂，是以美國中學生及第二次世界大戰美國陸軍補充兵為常模群，其適用年齡為二歲至十八歲，每一年齡組有四個測驗，十歲以上僅有偶數年齡組，第十八歲組則有六個測驗，測驗結果以心理年齡和智商表示之。全測驗包括有顏色的配合、形式或圖案之配合、方塊拼湊、圖形完成、數目估計、歸類測驗、圖序完成、年齡辨認、空間關係、足印辨認、類同測驗、圖序記憶、動物歸類等（王秀麗，民52）這個測驗後來被亞瑟（G. Authur, 1952）改編，適用於三歲至八歲兒童（朱智賢，民78）。

第二節　團體智力測驗

　　早期的智力測驗在應用上有兩點不方便，第一，這些測驗都是語文測驗，有語文困難的受試者，不能接受測驗，上述賓帕作業量表解決了這項困難，第二這些測驗都是個別測驗，一次祇能測驗一個受試者，花費時間很多，團體智力測驗的創用解決了這

種限制。

團體智力測驗起於第一次世界大戰期間，美國心理學者所編
製的陸軍甲種測驗（army alpha test）和陸軍乙種測驗（army
beta test）是最早的團體智力測驗。戰後這種團體實施的測驗
模式廣爲流傳，而且不祇用在軍事機關，教育機關、工商企業界
皆大量使用。團體智力測驗的優點是使用簡便，主試者不必經過
嚴格的實務訓練，只要熟悉測驗的題型，能夠正確說出指導語，
控制測驗情境和計時，即可擔任主試者。另外團體智力測驗大多
屬於筆紙測驗，試題以選擇題爲主，評分客觀和方便，尤其方便
機器記分，標準化人數較多，取樣誤差較小。

至於團體測驗的缺點是測驗實施時，主試者沒有足夠的機會
和受試者建立和睦關係，取得受試者的合作，以維持興趣。受試
者如有發燒、疲倦、煩惱或焦慮等足以影響測驗結果的事情發生
也不易被發覺。另外受試者的反應祇侷限於選擇或其他標準項目
形式，往往影響測驗的功能，至於個別測驗的富適應性，決定受
試者的起訖點等，更是團體測驗所不及。表8–2是個別和團體智
力測驗比較詳細的比較，特轉錄，以供參考。

表8-2　個別和團體智力測驗的比較

方　　面	個別的	團體的
問題的呈現	口述	書面式
問題類型的範圍	較廣泛	較狹窄
依賴著閱讀	較少	較多
反應的模式	自由口述	實質選擇式
實施的彈性	高	低
年齡的適宜性	較幼的	較大的
記　　分	半客觀的	較客觀的
所需時間	較長	較短
所費用	較高	較低
信度	高	高
效度	滿意	滿意

（引自路尹約，民75，頁5）

　　團體智力測驗的試題內容有語文性，如陸軍甲種測驗；非語文性，如陸軍乙種測驗；或二者兼具的試題，如基本心智能力測驗。茲將此三個測驗簡介如下（程法泌，民51）：

一、陸軍甲種測驗

　　陸軍甲種測驗包括八個分測驗：

1. 指使測驗

　　要受試者依照書面指令做各種規定的動作。例如這裏有五個

圓圈〇〇〇〇〇請在第一個圓圈裏畫「×」號，在最後一個圓圈裏畫「—」號。

2. 算術測驗

要受試者解答一些簡單的算術問題，例如兩打雞蛋有多少個？

3. 判斷測驗

要受試者判斷每題的三個答案中何者最好，將它選出來。例如使用火爐是爲（好看、取暖、它是黑色的）。

4. 辨字測驗

要受試者辨別每題中成對的字，其意義是相同的，還是相反的。例如好—壞，快樂—高興。

5. 組句測驗

要受試者把一些字重組成語句，並指明它的說法是否正確，例如快樂是病人時常一個。

6. 塡數測驗

要受試者在一串數列的後面，依照同一規律，塡補數字，例如2, 4, 6, 8, 10, 12,——,——。

7. 比例測驗

要受試者依據同理比例，選擇答案。例如：天：藍—草：？ (A)早(B)綠(C)熱(D)天。

8. 常識測驗

要受試者根據常識選擇適當的答案來。例如人用什麼聽話？ (A)眼(B)耳(C)鼻(D)口。

二、陸軍乙種測驗

陸軍乙種測驗共有七個分測驗：

㈠迷津測驗：要受試者一個迷津中，由進口畫一條可以通到出口的路線，例如：

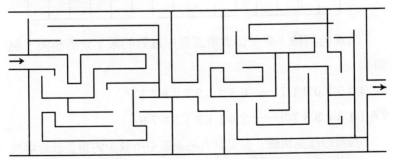

㈡方塊計數測驗：要受試者計算各個圖形上所含立方體（方塊）的數目，例如：

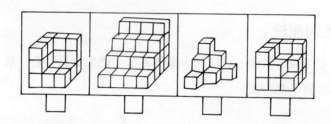

(三)幾何圖形測驗：要受試者根據題中×和○的幾何圖形之排列規律，補幾個圖形，例如：

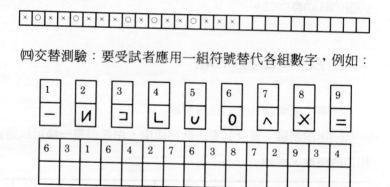

(四)交替測驗：要受試者應用一組符號替代各組數字，例如：

1	2	3	4	5	6	7	8	9
─	И	コ	L	∪	O	∧	✕	＝

6	3	1	6	4	2	7	6	3	8	7	2	9	3	4

(五)辨同測驗：要受試者辨認題中成對的數字是否相同，例如：

6543920817 ── 6543920871

2611348879 ── 2611348879

(六)圖形補充測驗：要受試者把圖畫中所缺少的重要部分填補出來，例如：

㈦方形分析測驗：要受試者把一個完整的正方形，劃分成許多具有一定形狀的部分，例如：

三、基本心智能力測驗

(*primary mental abilities tests*)

塞士通（L. L. Thurstone）根據因素分析結果，發現智力是許多因素組成的，這些因素有些是屬於語文方面，有些是屬於非語文方面，所以他編製的基本心智能力測驗兼採兩種材料：

1. 計數的敏捷

甲、在下列數目中，請在比前一數目多了的數目下劃一橫線：

15, 19, 21, 26, 29, 22, 25, 5, 8, 7, 11, 4

乙、下面有加法和乘法問題各二，請判斷它們的對錯。

16＋38＋45＝99　　42＋61＋83＝176　　64×7＝438　　39×4＝156

2. 語文的意義

甲、尋找同義詞

（　）古老　(A)乾燥　(B)長久　(C)快樂　(D)陳舊

（　）惡臭　(A)欣悅　(B)熱心　(C)腐爛　(D)蔓延

　　乙、詞句重組

遲他學到上

3. 空間知覺

　　甲、從右邊的五個圖形中，找出與左邊圖形相同的來，並在圖的下方畫一橫線，但不要在相反的圖形下做記號。

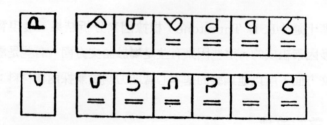

　　乙、在右列的四個圖形中，找出可以與左列圖形拼成一個方塊的來。

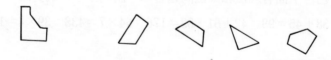

4.語文流暢

甲、請你寫出首字為 C，共含四個字母的字來。

乙、請你寫出字尾有 tion 的字來，愈多愈好。

5. 推理

甲、完成序別，在應連接的字母上打√

cadaeafa ——── | a | | d | | f | | g | | k | | b |

abxcdxefxghx —─ | h | | i | | j | | k | | x | | y |

乙、將下列字組中，與其他三組不同的字組找出來，在其下畫一橫線。

XVTM　ABCD　MNOP　EFGH

6. 記憶

甲、熟記下列的圖形

| △ | | ×××× | | □ |

請在看過的圖形右邊的空格裏打√

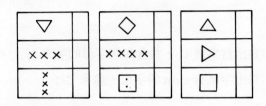

乙、熟記下列姓名，然後在下一頁有按不同順序排列的名字，請你將姓寫出來。

（記憶材料）李濟時　黃義昌　蔡昭英　林志豪　洪延和

　測驗題　昭英　　志豪　　義昌　　延和　　濟時

7. 知覺的速度

甲、儘快的將每題中完全相同的兩個圖形找出來，並在圖下打✓

乙、請將下列字中，與上一字相同的字（反著印）下劃一橫線。

most horse purse bank lamp

york bond punch grow

lamp book purse horse most

　　傳統的智力測驗通常是一套題目，獲得一個分數作爲結果，後來的智力測驗包括若干個分測驗，各可得分數，因而形成多個分數，又由於爲探究兒童智力的成長，團體智力測驗乃有多個水準的組合（路君約，民81）。但至目前爲止，智力水準仍有用在一個水準而且獲得一個分數的，或一個水準獲得兩個以上分數的，至於多水準的團體智力測驗，也有一個分數以及多個分數之分。而且完全非語文團體智力測驗又另成一類，茲簡加說明如次：

一、單一水準單一分數的測驗

　　這類測驗題目包括語文、數學和圖形等類，它採螺旋式循環排列，測驗之後可得一個總分作爲普通能力之指標，如美國第二次世界大戰期間編製的陸軍普通分類測驗（army general classifiation, AGCT），試題有語文理解、算術推理、方塊計算各五十題，就是採用螺旋式循環排列，語文理解十題，算術推理十題，方塊計算十題，其後五題一輪。有時各類試題雖然分別輯成一類，分別計時實施，但最後祇一總分表示智力的高低，也是屬於此類，如民國62年黃堅厚與路君約編製的中學智慧測驗，包括類推、刪字及算術三個分測驗，類推測驗七分鐘、刪字測驗十分鐘、算術測驗十八分鐘分別實施，最後獲一總分，對照常模，獲得離差智商。它適用的年齡範圍國中一年級至高中三年

級。我國這方面的測驗尚有顧吉衛和程法泌編製的國民智慧測驗甲類，路君約和黃堅厚修訂的普通分類測驗。

二、單一水準多項分數的測驗

這類測驗包括有二個或二個以上的分測驗，分別實施測驗，測驗之後各自計分，獲得多項分數（含總分）供測驗結果解釋之用，如美國梵濃（P. A. Vernon）於1985年編製的多向度性向測驗（Multidimensional Aptitude Buttery, MAB），以及我國陳韻純（民83）編製的國小兒童智力量表等係模仿魏氏個人智力量表的單一水準多項分數的測驗。此外美國大學委員會學業性向測驗（College Board Scholastir Aptitude Test, CBSAT）、美國大學（入學）測驗（American College Tests, ACT）、研究生入學測驗（Graduate Record Examination, GRE）、以及大學資格測驗（College Qualification Test, CQT）、國民中學智力測驗等均屬於此類。下面僅舉三個測驗作代表：

㈠國小兒童智力量表

本量表係陳韻純模仿美國魏氏兒童智力量表修訂本（WISC–R）而編製適合小學三年級至六年級學生使用之團體智力測驗，由圖8–2可知全測驗區分為語文量表及非語文量表兩部

分，語文量表由常識、算術、歸類、詞彙、理解等五個分測驗組成，而非語文量表由物形配置、圖形設計、連環圖系、圖形補充、符號替代等五個分測驗組成。實施程序仿魏氏兒童智力量表修訂本（WISC–R）採用語文與非語文穿插方式，以增加兒童參加測驗的興趣，測驗結果除語文量表、非語文量表及全量表的離差智商或百分等級之外，十個分測驗都可用量表分數表示之。茲將其量表結構引錄如圖8–2。

圖8–2　國小兒童智力量表結構

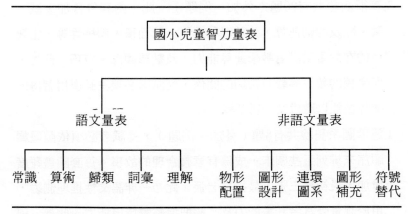

（引自陳韻純，民83，頁42）

　　國小兒童智力量表的分測驗（依施測程序）引錄如下：

1. 常識測驗共有25題（外加一例題），施測時間大約七分至八分，題目範圍廣泛的一般知識，包括物名、節日、史地、政

治、氣象、人體等等，屬於一般記憶性知識。受試者作答，只需由五個選項中寫出正確答案即可。本測驗主要在了解個人於一般社會機會中，所習得的一些知識。他反應受試者的天資，早期的文化環境與經驗，學校教育程度與文化的偏好。

2.物形配置測驗共有8題（外加一例題），受試者由選項中數塊小圖形，找出能拼成原圖形。題目內容包含帽子、人物、花卉等等。本測驗難度由淺而深，前幾題為分割好的畫面而後面則是由受試者本身判斷如何分割。測驗主要目的了解視覺組織能力、視覺動作的協調能力，以及覺知部份與整體關係的能力。

3.算術測驗共有20題（外加一例題），此一內容包含加、減、乘、除及四則運算，分數混和運算，及面積、體積等等，主要目的在評量受試者數學運算能力，及數學觀念、技巧。此外，與學校的教育經驗有密切的關係，受試者必須主動運用習得的運算技能以應付某一新環境。

4.連環圖系測驗共有8題（外加一例題），受試者必須依照邏輯順序來排列這些圖卡，成為有意義合理的故事。每套圖畫難度增加，最初是三張，最後是七張。此乃一非語文性推理測驗，用於測量受試者計畫能力及了解把握整體情境能力。此外，視覺組織與預想力甚為重要。

5.歸類測驗共有16題（外加一例題），本測驗仿羅桑二氏語文智力測驗中的語文歸類測驗，受試者需先了解題目中一列字詞的相同點或共同要素，才能推敲出答案。此一測驗涉及較高的智

力功能，如語文概念的形成及邏輯思考的能力。受試者要答對這些問題必需具備由三個字詞中抽譯其共同要素的能力。此外，受試者在此一分測驗上表現也與其文化經驗，興趣組型及記憶能力有關。

6.圖形設計測驗共有20題（外加一例題），本測驗分成圖形分割、圖形組合、二層圖形折疊、四層圖形折疊四類合成圖形設計測驗。此需要視覺動作協調和組織能力、空間想像能力。另外，形象背景的分辨能力。

7.詞彙測驗共有27題（外加一例題），其一題目難度排列構成，本測驗包含許多認知能力，如學習能力、知識觀念、記憶、概念形成、語文發展等。本測驗除了可評量詞彙的了解程度外，尚可判斷其生活經驗優劣及接受教育的成就。

8.圖形補充測驗共20題（外加一例題），內容大致取至日常生活中經常接觸的事物，受試者作答時必須選出圖中所缺少重要部份。此一測驗需要受試者的注意力、推理、視覺組織、記憶、及區分重要因素之視覺能力，才能把握圖畫結構的整體性。

9.理解測驗共有17題（外加一例題），這些題目涉及一些自然現象、人際關係、社會活動等有關情境。受試者必須具備了解問題的情境，並運用實務知識、判斷力及過去經驗推理解答的能力，本測驗是屬於較高的認知層次，與個人社會成熟度有密切相關。

10.符號替代測驗共有14題（外加一例題），此一測驗除了必須

具備替代能力，還有一些數字運算能力。此一測驗主要了解視覺協調、短暫記憶及心理運作，與學習能力有高度相關。

㈡美國大學入學測驗

美國大學測驗社爲輔導高中生訂定升學計畫，編製 ACT 大學入學測驗，每年實施五次，供學生選擇參加，測驗內容包括英語運用測驗、數學應用測驗、社會科學閱讀測驗、以及自然科學測驗等四個分測驗，測驗結果可知四個分測驗，及總分等五個分數，測驗結果採用平均數爲20，標準差爲5的標準分數表示，茲其所含四個分測驗簡介如次：（引自黃堅厚，民71，頁160～161）

⑴英語運用測驗（English usage）

本測驗包含一段文章，其中某些句子被劃出來，並編了號次，受試者在閱讀那段文章後，要仔細研究，看那些被劃出來的句子，是否恰當，或者應更換爲其他的句子。編者另外爲每句準備了三個備用句，（連同原句只有四個選擇），受試者應在四者之中選擇一個最好的答案。

例：Thor Heyterdahl became famous for a unique sailing expedition, which he later described in kon-Tiki. Having developed a theory that the original Polynesians had sailed or drifred to the South Sea Islands from South America, it then had to be tested. After careful study he

(A)NO CHANGE　(B)he set out to test it.　(C)it was decided that it must be tested.　(D)the theory was then to be tested.

(2)數學應用測驗（Mathematical usage）

這個測驗所包含的一些數學應用和計算題，其範圍由算術、代數到幾何方面，均爲選擇題，每題有五個答案。

例：在下圖中，X 和 Y 兩個角的和是多少？

(A)90°　(B)100°　(C)130°　(D)140°　(E)上列各答案皆不正確。

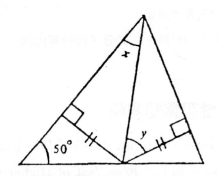

(3)社會科學閱讀測驗

本測驗中，受試者要閱讀若干段社會科學的文字，其中包括歷史、地理、政治學、經濟學、心理學、人類學、社會學等方面的資料，在每段資料之後，列有若干選擇式的問題，由受試者依據資料內容回答。也有一些獨立的問題是不列閱讀資料的。本測驗的目的是要測量受試者在社會學科方面的知識，以及其瞭解新知識的能力。

例：由國際聯盟的盟約到聯合國的憲章之間最有意義的進步是：

(A)訂有條款設立國際警察部隊，以防止攻擊行為。　(B)使安全理事會中五個國家具有否決權。　(C)相信可以經由國際合作維持和平。　(D)設立裁軍理事會，有權訂定裁軍計畫。

(4)自然科學測驗

本測驗也包含兩類題目，一類是獨立性的問題，另一類則是要受試者在閱讀一段科學文獻，再根據其內容來回答的。測驗題的範圍是涵蓋生物學、化學和物理學。

例：氣體和液體的主要差異是：

(A)分子量。　(B)粒子的形狀。　(C)分子的幾何排列。　(D)分子的平均距離。

(三)羅斯高層次認知測驗

羅斯（J. D. Ross and C. M. Ross）於1974至1976年間編製羅斯高層次認知測驗（Ross Test of Higher Cognitive Processes），編製的主要依據為布隆姆（B. S. Bloom）認知領域行為目標中之分析、綜合和評鑑等三種層次的認知能力為基礎，內容配合小學中年級以上程度，適用對象為小學中年級的學生，一共有八個分測驗，一○五題，其測驗內容如次（張玉成，民71）：

測驗一：類推測驗（時間10分鐘）

本分測驗共有14題，皆在測量學生對字、詞間關係的知覺與類推能力，其編製原則主要依據布隆姆認知性教育目標分類中的

分析能力，著重觀念間抽象關係的瞭解與把握。作答時受試應依據題目括號內兩個字詞間的關係，在待選答案中找出與題目中劃線之字詞有關的字詞作爲答案。

例題如下：

「麥子」與「種植」好比房子與什麼？

□清掃　□搬動　☑建築　□發現　□出租

（註：例題均作答，以供參考。）

測驗二：演繹推理測驗（時間20分鐘）

本項分測驗共有18個題目，主要功能在評量學生的邏輯分析能力。其編製理論則以布隆姆認知性教育目標分類中的評鑑性認知層次爲基礎，側重事理敘述中邏輯錯誤的辨認能力。作答時受試者須依題目所假定的事實，判斷其所作結論是否正確，是否合乎邏輯。

例題如下：

假如：1.所有茄子都是紫色的。

　　　2.所有紫色的東西都會在太陽光下溶化。

所以：1.茄子會在太陽光下溶化………☑正確　□不正確

　　　2.所有紫色的東西都是茄子……□正確　☑不正確

　　　3.所有在太陽光下溶解的東西都是茄子……□正確　☑不正確

測驗三：塡補測驗（時間10分鐘）

本分測驗共有8個題目，目的在測驗學生邏輯思考的辨識能

力。其編製原則係以布隆姆的認知性教育目標分類中的分析思考為基礎，偏重由事實導出結論思考能力之評量。本測驗題目於提出一個事實及一個結論後，要求受試者在待選答案中（皆為事實），找出第二個事實以支持結論的論點。

例題如下：

第一個事實：日月潭的水溫是攝氏10度。

第二個事實：（待選）

結論：所以，日月潭的水太冷，不適合游泳。

待選答案如下：

□甲：大部份的湖水太冷，不適合游泳。

□乙：冬天到了。

☑丙：攝氏10度太冷，不適合游泳。

□丁：日月潭水溫通常很低。

□戊：寒冷水中游泳並不好玩。

測驗四：抽象關係測驗（時間15分鐘）

本測驗共有14題，旨在評量學生由不同字詞中抽引概念的能力。其編製依據係引用布隆姆認知性教育目標分類中的綜納性能力，側重抽象關係衍生思考之評量。每個題目列舉四個字詞，受試須從中推想出它們共同具有的特質或關係，這特質或關係在題目左側的字表中可以找到，從中選擇作答。

舉例如下：

```
┌─────────────────────────────────┐
│        字    表                 │
│                                 │
│ 甲、整潔  乙、健康  丙、勇敢 │ 夏天、蒸籠、褥 │
│ 丁、勤勞  戊、炎熱  己、市場 │ 暑、火山　 戊 │
└─────────────────────────────────┘
```

測驗五：順序排列測驗（時間8分鐘）

　　本測驗內容著重測量學生依據文義邏輯特性，組織觀念並作有效意見溝通的能力。其編製原則以布隆姆認知性教育目標分類中綜納性思考為基礎，側重組織資料以衍生觀念能力之測量。本分測驗共列有十個句子，其次序混亂顛倒，作答時受試者須先洞察各句間之關係，然後依文義概念排列出最佳的順序。

　　舉例如下：

1.天氣涼……□1　　4.暑氣消………………□2

2.白雲淡……□4　　5.秋天到了風光好……□3

3.藍天高……□5　　6.站在海邊看浪潮……□6

測驗六：發問策略測驗（時間18分鐘）

　　本測驗共有12題，旨在評量學生區辨資料蒐集方法優劣及鑑別事物的能力。其編製原則主要依據布隆姆認知性教育目標分類中的評鑑性認知層次，著重外在標準評鑑能力之評量。題目中列有五個「待選答案」，以及三組附有答案的「問答題」，作答時要求受試由三組「問答題」之內容，推想出一個標準答案（為五個待選答案之一），並說出那一組問答題所提供的消息最為準

確。

例題如下：

待選答案：1.鑰匙　2.安全別針　3.鉛筆　4.門的把手　5.縫衣針

甲組問題：

1.它是尖銳的東西嗎？	不
2.它是金屬製品嗎？	是
3.它用來開東西的嗎？	是

乙組問題：

1.它是木製的嗎？	不
2.它是金屬製品嗎？	是
3.它用來固定東西的嗎？	不

丙組問題：

1.它是木製品嗎？	不
2.它用來開東西的嗎？	是
3.它與鎖有關嗎？	是

題目：1.它是什麼？　　　　　　　　<u>1</u>

　　　2.那一組問題消息最準確？　<u>丙</u>

測驗七：資訊分析測驗（時間25分鐘）

本項分測驗共有14個數學題目，測量學生分析資料和辨認重點的能力。其編製原則係引用布隆姆認知性教育目標分類中的分析性層次，著重關係的分析與辨別能力之測量。每個題目依其敘述的內容，有三種可能：一是資料不全，根本無法解答；第二是說明清楚，可以解答；最後一種是題目可以解答，但所敘資料稍

嫌囉嗦或與解題無關；作答時由受試者按題意評選之。

例題如下：

蘋果一個10元，小明帶50元可買幾個？

這個問題：1.資料齊全，可以解答。

2.資料不全，不能解答。

3.可以解答，但敘述稍嫌囉嗦。

答案是：1

測驗八：特質分析測驗（時間15分鐘）

本測驗計分三大題，合計10小題，以測量學生識圖、辨圖和析圖的能力。其編製原則主要依據布隆姆認知性教育目標分類中的綜納性思考層次，側重把握抽象關係及由事實形成假設能力的評量。題目中首先提示兩組不同特質的圖形（一組為眞，一組為假），作答時須先仔細觀察分析此兩組圖形不同特質之所在，然後據以分辨題目中所列圖形是眞，還是假。

舉例如下：

這些圖形是「眞」：

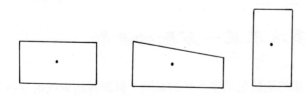

這些圖形是「假」：

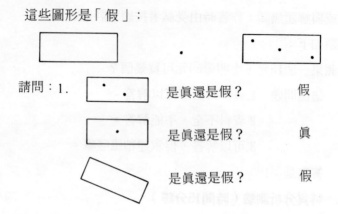

請問：1.　　是眞還是假？　　假

　　　　　是眞還是假？　　眞

　　　　　是眞還是假？　　假

　　其中測驗一、三、七測量分析能力，測驗四、五、八測量綜合能力，測驗二、六測量評鑑能力。測驗可以個別實施或團體實施。我國林幸台、張玉成（民72）修訂此測驗定名爲羅氏高層次認知能力測驗，採團體實施，供國小四、五、六年級學生之用，另外林來發、鄭英敏、郭生玉、方炎明（民81）修訂此測驗，定名爲羅斯認知能力測驗，供國小五、六年級及國中一年級學生之用。

三、多水準單一分數的測驗

　　這一類的測驗包括多水準的試題，但測驗結果祇用一項分數表示，如奧雷學校能力測驗（Otis–Lennon School Ability test, 1979）亨奈心理能力測驗（Hennon–Nelson Tests of

Mental Ability, 1973）是屬於此類的測驗。

㈠奧雷學校能力測驗

奧雷學校能力測驗爲奧迪斯團體智力測驗一系列團體智力測驗中最新出版的一種，在此它有奧迪斯團體智力量表（Otis Group Intelligence Scale, 1918）、奧迪斯自理心理能力測驗（Otis Self–Administering tests os Mental Ability, 1921）、奧迪斯快速記分心理能力測驗（Oits Quick–Scoring Mental Ability test, 1937）、奧雷心理能力測驗（Otis–Lennon mental Ability test, 1967）等測驗。現行版的奧雷學校能力測驗爲測量小學至高中的學生之智力測驗，共分小學 I（小一），小學 II（小二、小三），高小（小四及小五），中級（小六至初中一），高級（初中三至高三）五個水準，每一水準皆備有 R 和 S 兩個複本。測驗題目共分爲分類、類推、綜合三部分。綜合部分包括語文理解、數的推理、及依令行事等，測驗時間約爲四十至八十分鐘，每一水準的測驗結果均以單一分數表示之，這種分數稱爲**學校能力指數**（School Ability Index, SAI），它尚轉化爲百分等級或標準9分。圖8–3爲奧雷學校能力測驗的部分例題，此體系之測驗，在我國有部分之修訂，可惜未能顯現其多水準之特質來（葛樹人，民80）。

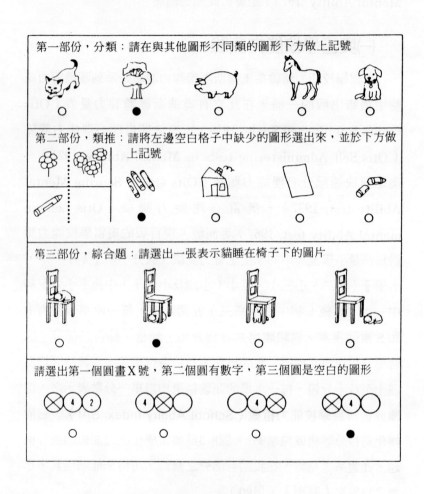

圖8-3　奧雷學校能力測驗小學Ⅰ、Ⅱ的例題

（引自黃安邦，民80，頁347）

㈡亨奈心理能力測驗

這個測驗共分四個水準，初級（幼稚園至小二）以及3～6，6～9，9～12分級水準。初級包括聽力、詞彙，以及大小和數字等測驗，另外的三個水準，包括詞彙、語句完成、相反詞、一般常識、語文對比、語文分類、語文推理、數字系列、算術推理、和圖形推理等採混合排列，各水準產生單一分數，轉化爲離差智商，百分等級，及標準9分等表示結果。

四、多水準多分數的測驗

這類的智力測驗，包括多個水準，測驗結果包括多個分數，如加州心理成熟測驗（California Tests of Mental Maturity, CTMM）、庫安智力測驗（Kuhlmann–Aderson Intelligence test）、羅桑智力測驗（Lorge–Thorndike Intelligence test）、學校能力測驗（School and College Ability Test, SCAT）、認知能力測驗（Cognitive Abilities test）等。茲簡介兩個測驗如次：

㈠羅桑二氏語文智力測驗

黃國彥、鍾思嘉、林珊如、李良哲（民72）根據美國羅桑智力測驗修訂，適合我國小學三年級至高三學生使用。這個測驗有

第一、二兩種版本。每種均會有字彙、語句完成、算術推理、顯類，以及語文類推等五個分測驗。每個分測驗分爲 A. B. C. D. E. F. G. H. 八個水準，各有不同的開始及停止的地方。測驗時間爲四十分鐘，加上指導與說明，可在五十分鐘內實施完畢，測驗結果五個分測驗之10分數（或百分等級），以及全量表之離差智商。

(二)系列學業性向測驗

系列學業性向測驗係參考美國學校能力測驗（SCAT），並參酌我國國情、學校教科書及課外讀物而編製的，其中國小系列適用於小學四、五、六年級，國中系列適用於國中生，高中系列適用於高中，大學系列適用於大學生，每一系列各有語文推理六十題，數量比較六十題，測驗結果除語文推理、數量比較外，尚有一總分。至於兩類試題簡介如次：

1.語文推理

每題先有一對詞，要受試者依照這對詞的關係，從選目的四對詞中，選出一對和它們關係相同的。

例題：眼：看

(A)耳：聽　　(B)鼻：味　　(C)口：咬　　(D)頭：昏

2.數量比較

每題都分甲乙兩行，要受試者判斷或計算之後：如甲行大些便選 A；如乙行大些便選 B；甲乙兩行相等便選 C；如果資不足，無法判斷，便選 D 作爲答案。

	甲行	乙行
例一：	10	9
例二：	2	1＋2
例三：	10分的值	1角的值
例四：	X	Y

五、非語文的團體智力測驗

前述陸軍乙種測驗是最早的非語文團體智力測驗，世界大戰結束後，曾改名乙種測驗（Beta test）供民間及學校使用，其後的修訂稱爲修訂乙種測驗（Revised Beta Examination, 1978），包括迷津、交替、方形分析、圖形補充、辨同、圖畫等測驗。

在第二次世界大戰期間美國又編製 ABC 測驗，包括數方測驗、交替測驗、辨同測驗等內容，也是屬於非語文的智力測驗，其後卡泰爾（R. B. Cattell and A.K. S. Cattell）的文化公平智力測驗（Culture fair intelligence test, 1946–1960）以及英

國瑞文氏（G. C. Raven）的圖形補充測驗（Progressive Matrices test）均是有名的非語文的團體智力測驗。這些測驗在我國均有人引進同時作研究（路君約，民81）。其中瑞文氏圖形補充測驗共有三：標準圖形補充測驗（Standard Progressive Matrices, 1938–1960）、彩色圖形補充測驗（Coloured Progressive Matrices, 1947–1965）和高級圖形補充測驗（Advanced Progessive Matrices, 1965），引進我國使用者頗多（路君約，民81）最近兪筱鈞的引進，建立適合我國學生使用之常模，並取得版權之授與，已正式發行爲最有名（兪筱鈞，民82）。此外我國尚正式出版了許多的非語文團體智力測驗，計有候璠（民44）編製的新非文字智力測驗（適用小四至高三學生），顧吉衛及程法泌（民50）修訂的國民智慧測驗乙類，孫沛德與陳靑靑（民61）修訂基爾文兒童能力測驗，黃國彥、鍾思嘉與傅粹馨（民66）修訂的羅桑二氏非語文智力測驗，胡秉正、路君約（民67）學校能力測驗，劉鴻香（民68）的修訂兒童班達完形測驗，路君約與陳榮華（民69）增訂的非文字普通能力測驗，徐正穩與路君約（民69）的修訂圖形智力測驗，陸莉（民71）的修訂谷賀畫人測驗，張正芬、吳武典與蔡崇建（民74）修訂的哥倫比亞心理成熟量表等（吳武典、黃宜敏、趙淑美，民80）。茲介紹兩個新近編製的非語文智力測驗如下：

㈠修訂托尼（TONI）智力測驗甲式

　　吳武典、黃宜敏與趙淑美於民國78年修訂美國托尼智力測驗（Test of Nonverbal intelligence, TONI, 1982）A式成爲托尼智力測驗甲式，爲一適用於國小一年級至六年級之智力測驗。測驗內容包括五十個黑白的圖形題目，測驗的方式是要受試者先從題目中找出圖形變化的規則，然後選擇適當的答案來。題目是由一組抽象圖形組成，其中有一格式數格空白，選目有四個至六個，正確的答案應能恰好補足題目空白的格子，使其合乎邏輯的排列。該測驗原爲個別施測，修訂版改爲團體施測，並簡化施測過程及例題。修訂後之內部一致性、重測信度，同時效度、建構效度均頗理想（吳武典等，民80）。茲將托尼智力測驗有關抽象概念屬性引錄如下，以供參考。（吳武典等，民83，頁139～141）

1.簡單配合

　　所有圖形的形狀屬性均同。

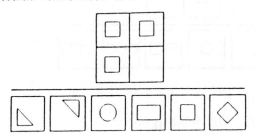

2.相似性

圖形的橫列或縱行和另一橫列或縱行的關連性相同。該關連
性有以下幾種變化：

⑴相等

完全相同的圖形。

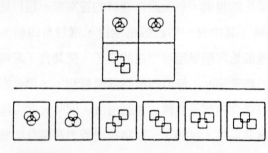

⑵相加

圖形是因爲增加新屬性或圖形而改變。

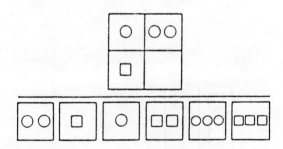

⑶相減

圖形是因爲減去一個或多個屬性而改變。

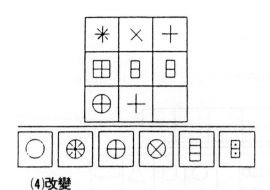

⑷改變

圖形中的某一屬性或多個屬性有所改變。

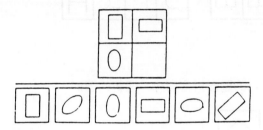

⑸漸進

在兩個或多個圖形間有同樣的變化。

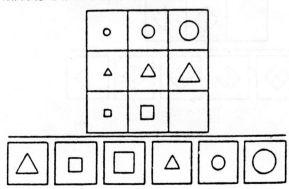

3.分類

在題目中的圖形是標準答案圖形組合的一部份。

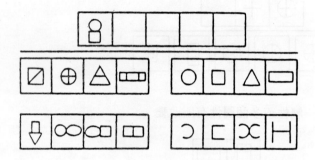

4.交叉

由橫列和縱行的圖形拼合而成一個新的圖形。

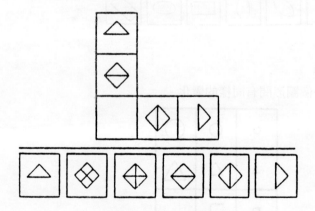

5.漸進

在兩個或多個圖形間有同樣的變化連續。

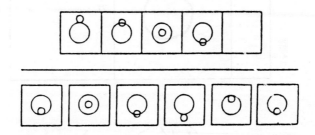

㈡聽覺障礙兒童畫人測驗

張勝成、林惠芬、陳尚霖（民83）根據日本「小林與小野畫人測驗」修訂成的「聽覺障礙兒童畫人測驗」適用於三歲至八歲的聽覺障礙兒童，是屬於非語文的智力測驗。本測驗施測時由主試者以口語或手勢要受試者在圖畫紙上用 HB 或 B 號鉛筆畫一個男人。至於計分項目共有五十個項目，每一項目列有計分注意事項及參考圖（如圖8-4），合乎給分要求者得一分，否則得○分，累計各項目得總分，對照常模轉化爲百分等級解釋結果。重測信度爲.88，評分者信度爲.95，與哥倫比亞心理成熟測驗之相關爲.72。

No.	項　　目	注意事項
1	頭部	只要有輪廓妓即可，形狀不拘，若無輪廓則不給分。

$(+)$　　　　　　　$(+)$　　　　　　　$(-)$

圖8-4　聽覺障礙兒童畫人測驗計分示例圖

（引自張勝成等，民83，頁198）

參考書目

王秀麗（民52）：**萊特國際性作業量表簡介**。測驗公刊，10，
　　105–107。

朱智賢（民78）：**心理學大辭典**，北京市：北京師範大學出版
　　社。

李興唐、高金桂（民73）：**智力、性向與成就測驗**。台北市：中
　　國行為科學社。

吳武典（民65）：**教育診斷工具評介**。台灣師大特教中心。

吳武典、黃宜敏、趙淑美（民80）：托尼（TONI）智力測驗甲
　　式修訂報告。測驗年刊，38，137～150。

吳武典、林幸台、王振德、王華沛、何榮桂、邱紹春、胡致芬、
　　陳美芳、郭靜姿、張蓓莉、張正芬、蔡崇建（民83）：「中
　　華智力量表」編製初步報告。特殊教育研究學刊，10，
　　349～363。

李沁芬（民83）：國民中學應用測驗之現況與建議。**學生輔導**
　　31，53～57。

林來發、鄭英敏、郭生玉、方炎明（民81）：羅斯認知能力測驗
　　修訂報告。**測驗年刊**，39，25～42。

林幸台、張玉成（民72）：資賦優異兒童高層次認知能力之評量
與分析。**教育學院學報**，8，9～26。

俞筱鈞（民82）：**瑞文氏類推測驗指導手冊**。台北市：中國行為
科學社。

倪亮（民53）：**心理測驗之理論與實施**。台北市：中華文化事業
出版社。

國立編譯館主編（民72）：**心理與教育統計及測驗**。台北市：正
中書局。

張玉成（民71）：羅氏高層次認知能力測驗簡介。**測驗與輔導**，
54，882～884。

張正芬、吳武典、蔡崇建（民74）：哥倫比亞心理成熟量表
（CMMS）之修訂及其相關研究。**特殊教育研究學刊**，1，
65～84。

張春興（民78）：**張氏心理學辭典**。台北市：東華。

張勝成、林惠芬、陳尚霖（民83）：聽覺障礙兒童畫人測驗之修
訂報告。**測驗年刊**，41，191～206。

郭生玉（民76）：**心理與教育測驗**。中和市：精華。

郭為藩（民78）：**特殊教育名詞彙編**。台北市：心理出版社。

陳明終、許勝哲、吳清山、林天祐（民77）：**我國心理與教育測
驗彙編**。高雄市：復文。

陳榮華、王振德（民75）：美國斯比量表第四次修訂版簡介。**國
小特殊教育**，6，9～15。

陳韻純（民83）：**國小兒童智力量表之編製——魏氏兒童智力量表團體化之研究**。高雄市：七賢國小。

程法泌（民51）：**心理與教育測驗實施法**。台北市：國立教育資料。

程法泌（民60）：教育測驗，載於**雲五社會科學大辭典第八冊教育學**，頁321～345。台北市：商務。

黃元齡（民78）：**心理與教育測驗的理論與方法**。台北市：大中國。

黃安邦（民80）：**心理測驗**。台北市：五南。

黃國彥、鍾思嘉、林珊如、李良哲（民72）：**羅桑二氏語文智力測驗指導手冊**。台北市：正昇。

黃堅厚（民71）：美國兩種大學入學測驗簡介、載中國測驗學會主編**我國測驗的發展**，頁159～162。台北市：中國行為科學社。

路君約（民52）：**心理測驗與輔導**。教育部中等教育司。

路君約（民59）：**輔導測驗**。台北市：台灣。

路君約（民75）：個別與團體智力測驗的比較。**心理測驗通訊，**1、5。

路君約（民81）：**心理測驗**。台北市：中國行為科學社。

路君約（民82）：我國心理測驗發展與應用所遇到的問題，載中國測驗學會主編：**心理測驗的發展與應用**，頁63～79。台北市：心理出版社。

葛樹人（民80）：**心理測驗學**。台北市：桂冠。

葉重新（民81）：**心理測驗**。台北市：三民。

鄧永秦（民67）：**心理測驗**。台北市：文景。

蔡崇建（民80）：**智力的評量與分析**。台北市：心理出版社。

盧欽銘、黃堅厚、路君約、林清山、簡茂發、吳武典、吳鐵雄
　　（民77）：考夫曼兒童智力測驗修訂報告。**教育心理學報，
　　21，1～16。**

簡茂發（民76）：**心理測驗與統計方法**。台北市：心理出版社。

韓幼賢（民78）：**教育心理學**。台北市：茂昌。

Aiken, L. R.(1991). Psychological testing and Assessment.
　　Boston: Ally and Bacon.

Anastasi, A.(1988). Psychological testing. New York:
　　MacMillan.

Buros, O. K.(1978). The eighth Mental Measurement
　　Yearbook. NE: Buros Institute of Mental Measurement.

Cohen, R., Swerdlik, M. E. and Smith, D. K.(1992).
　　Psychological testing and Assessment. CA. Mountain
　　View Mayfield.

第九章

性向測驗

性向測驗（*aptitude test*）或譯為能力傾向測驗，有廣狹兩義，廣義的性向測驗，是用來與成就測驗相對應的，兩者合稱能力測驗，因此廣義的性向測驗是指測量受試者的潛在能量，供作推估教育或職業成就的心理測驗，以內容和功用來區分，它包括普通性向測驗、特殊性向測驗、和多因素性向測驗等三大類。其中特殊性向測驗和多因素性向測驗就是狹義的性向測驗，它是指測量受試者特殊潛在能力的心理測驗。性向測驗係由智力測驗演變而來的，雖然智力測驗的內涵已具有多樣性，然而像機械、音樂和美術等能力，卻不是一般智力測驗所能測量的，遠在第一次世界大戰之前，心理學者便已認識利用**特殊性向測驗**（*special aptitude test*）來彌補智力測驗之不足，於是編製了許多機械、文書、音樂和美術性向測驗。這種供作人員揀選的特殊性向測驗實在太多了，而且各性向測驗採用不同的人員作為常模群，各種性向測驗的結果在比對上有諸多困難，為了職業諮商和教育輔導上的需要，**多因素性向測驗**（*multifactor aptitude test*）或**性向測驗組合**（*aptitude test battery*）乃應運而生，1947年同時發展成功的通用性向測驗組合（*General Aptitude Test Battery, GATB*）和區分性向測驗（*Differential Aptitude Test, DAT*）是這方面很有名的性向測驗（路君約，民81）。本章分兩節介紹特殊性向測驗，及多因素性向測驗。

第一節　特殊性向測驗

　　特殊性向測驗通常測量受試者的視覺、聽力、動作靈巧、藝術才華、創造力等，這些測驗內容很少出現在多因素性向測驗中，因為這方面的性向測驗使用情況比較特殊，所以不置入性向測驗組合之中，但有些性向測驗如機械與文書性向測驗，也被納入多因素性向測驗之中。以下介紹幾種常見的特殊性向測驗：

一、心理動作測驗

　　心理動作測驗（psychomotor tests）是測量受試者速度、協調、反應靈巧度的測驗，這種測驗大多屬於實作的測驗，如明尼蘇達操作速度測驗（Minnesota Rate of Mainpulation test）、普渡樨板（Purdue Pegboard）、克羅福零件手指靈巧測驗（Crawford Small Parts Dexterity test）等是，但也有使用紙筆測驗，採團體施測方式來進行的，如台灣師大教育研究編製的動作能力測驗就是屬於紙筆的測驗。此外美國通用性向測驗組合（general aptitude test battery）所用的樨板（pegboard）及手指靈巧板（finger dexterity board）也是用來測量心理動作的測驗，茲將台灣師大所編製「動作能力測驗」

作簡要之說明：

台灣師大教育研究所爲測量國中學生的細小肌肉動作之技巧與調和，表現於手動作之速度與正確性，特編製動作能力測驗。測驗包括甲乙兩部分（賈馥茗，民60）：

甲部分爲描繪圖，三角形、叉、小點及音符，例如：

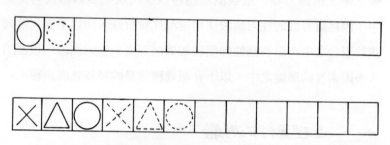

乙部分爲雙線圖形，要受試者在每個圖形的兩條線中間畫出一條線來，但不可接觸到原來的兩條線，例如：

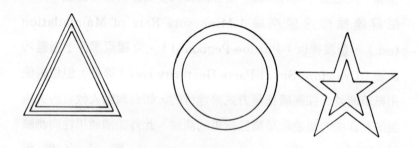

甲部分有七組符號與圖形，乙部分有十二圖形，測驗時間各爲五分鐘，建立有國一至國三男女生之百分位數常模。

二、機械性向測驗

機械性向測驗（Mechanical Aptitude Test）也有譯成機械能力測驗，是測量受試者理解機械關係和運用機械技巧及速度的心理測驗，它常被用來選拔機械工、藝匠、修理工、設計師及工程師之用。這種測驗包括一般機械裝配測驗，如斯旦貴斯（J. L. Stonquist）的機械性向測驗（Mechanical Aptitude Test）；空間關係測驗，如明尼蘇達空間關係測驗、明尼蘇達紙板測驗；機械理解測驗，如班奈特（G. K. Bennett）的機械理解測驗（Mechanical Comprehension Test）等，測驗材料有實作的，也有紙筆的。茲介紹我國國中生適用的機械性向測驗如下：

台灣師大教育研究所爲測量國中生應用簡單工具的知識、製圖、視覺判斷、及了解空間關係之能力，特編製機械能力測驗。這個測驗包括五個分測驗，適用於國中二、三年級學生，測驗時間爲十八分鐘，建立有國二、三年級男女生百分位數常模，其五個分測驗如下（賈馥茗，民60）。

1.工具常識測驗

要受試者選用工具，共十七題。

例一：如要鋸斷一塊木材須使用圖中那一個工具？

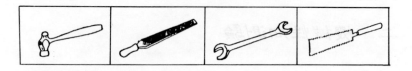

2.製圖計算測驗

要受試者根據圖示作計算，並回答問題，共七題。

例二：左圖中的數字單位都是公

厘，圖中B的具離等於

(1) 14公厘

(2) 15公厘

(3) 40公厘

(4) 以上都不是

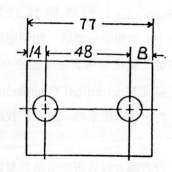

3.目測能力測驗

要受試者靠眼力估量實際距離或角度，作答時禁止利用規尺或其他計算工具，共十題。

例二：左圖是圓鐵的斷面，它的直徑大約是

(1) 1公厘

(2) 2公厘

(3) 3公厘

(4) 4公厘

4.空間關係測驗甲

要受試者切割的方式,共六題。

例四:下面左邊的圖形是依照中間(1)、(2)、(3)、(4)四種方式之一,切割成右邊的圖形。切割方式雖然都列出四種,卻只有一種是正確的。

左邊的圖形	(1)	(2)	(3)	(4)	右邊的圖形

5.空間關係測驗乙

要受試者根據兩個原始圖形疊合之後的正確圖形來,共十題。

例五:下面各題左邊兩個原始圖形若重疊起來,可以構成右邊疊合圖形中的一種。在(1)、(2)、(3)、(4)四種疊合圖形中,只有一種是可能的。

原 始 圖 形	疊 合 圖 形			
	(1)	(2)	(3)	(4)

三、文書性向測驗

文書性向測驗（clerical aptitude test）是測量受試者一般行政或商業事務的能力之心理測驗，許多的多因素性向測驗都含有知覺速度與確度測驗就是屬於這一方面的測驗，至於專門供作文書性向之測驗，在美國有明尼蘇達文書測驗（Minnesota Clerical Test, 1933-1979）、普通文書測驗（General Clerical Tests 1944-1972）、科學研究社（Science Research Associates, SRA）的文書性向測驗（Clerical Aptitude Test, 1972-1973），以及電腦程式員性向測驗組合（Computer Programmer Aptitude Battery, 1973-1974）等（引自路君約，民81），在我國則有沈有乾、鄭文漢的普通事務員測驗（民16），及勞委會職業訓練局的文書技能測驗（民78）。

文書技能測驗為一適用於高中程度的文書性向測驗，共有資料校對、用字、資料查尋、詞義、數學能力等五個分測驗，採用團體實施，測驗時間為四十四分鐘，加以指導說明，可在一小時內實施完畢，標準化樣本共有1475人，建立有標準分數及百分位數常模，可供測驗結果解釋之用。信度研究包括重測法及 Cronbach α法，效度研究採用構想效度及效標關連效度，茲將文書技能測驗的內容茲介紹如下（盧欽銘、吳鐵雄、路君約、簡茂發、歐滄和，民79），以供了解此類測驗之性質。

　　文書技能測驗共有個五分測驗，其中「資料校對」和「資料查尋」具有速度測驗的性質。這五個測驗所測能力說明如下：

1.資料校對

　　屬於文書知覺的一種。它是核對橫線兩端的文字、數字、或符號是否相同的能力。傳播業的編輯、校對人員；金融界的會計、出納人員；郵政界的儲匯、派信人員等都需要此種迅速、確實核對資料的能力。此測驗之內容雖然未包括核對印鑑、簽名筆跡，但其所需的能力應屬相同，使用者似可用此測驗分數推論其核對其他形式資料的能力。

2.用字

　　屬於語文能力的一種。它是要受試者在幾個字形、字音、或字義相近的字中，找出一個字放入題幹中，以構成一個正確的成語。它可以測驗受試者在日常生活中，正確使用成語的程度，以及在一般文書工作中，避免寫錯別字的程度。公文、演講稿之撰寫、司法訴訟文件之撰寫、商業書信及宣傳文件之撰寫都需要此種能力。

3.資料查尋

　　屬於文書知覺的一種。它是要求受試者依照指示由各種表格中，查出所要資料的能力。受試者先得在很短的時間內領悟該表

格的排列規則，並利用視覺上的短期記憶，以快速的視知覺搜尋符合要求的資料。雖然一些經常性的查尋工作，已經可以利用電腦檢索的方式來查尋，但在日常生活中仍有機會需要以肉眼去查表，例如，查火車時刻表、郵購目錄、名冊等。

此一測驗因需要在短時間內領悟其表格排列規則，因此，它與一般學習能力（G因子）有較高的關連，此點可由它與其他分測驗的相關皆比「資料校對」與其他分測驗的相關高來證實。此測驗也因爲受試者一旦領悟其表格排列規則後，可以長期記住其規則，因此再測時，即可省略此一領悟的步驟，而直接查尋，故此測驗的「練習效應」頗高。

4.詞義

屬於語文能力的一種。它是要求受試者捐出某一詞彙的正確含義。它可以測量個人在日常生活中可理解的詞彙有多少。豐富的詞彙有助於閱讀、理解和寫作，撰擬判決書、廣告文稿等工作也需要有豐富的詞彙。

5.數學能力

包括基本運算及實際問題的解決兩種能力。前面的題目是屬於簡單的基本運算題，是國中程度的題目，較偏向於速度測驗；後面的題目即所謂的應用題，它與一般學習能力（G因子）的關係較密切。因爲在日常工作中，較繁雜的計算工作都已由計算器

（caculator）代勞，所以此分測驗所用之數目字都極為簡單，只要了解如何運算，用心算或簡單筆算即可算出來。許多文書工作中常需用到數學能力，例如：換算貨幣、計算總價、盤點庫存、擬經費預算等等。

四、美術性向測驗

美術性向測驗是測量受試者在學習和從事繪畫及雕塑工作所需的潛在能力之心理測驗，有克瑙伯美術能力測驗（Knanber Art Ability Test）、麥克多利美術測驗（Mcadory Art Tests）、李華倫茲視覺藝術基本能力測驗（Lewerenz Test in Fundamental Ability of Visual Art）、格雷夫斯圖形評鑑測驗（Graves Design Judgment Test）、洪恩美術性向測驗（Horn Art Aptitude Test），以及梅耶美術判斷測驗（Meier Art Judgment Test）等，其中以梅耶美術判斷測驗最著名，應用也最廣，茲簡要介紹如下：

梅耶美術判斷測驗出版於1940年，共有100個測驗題目，每一題目包括兩幅黑白圖畫（如圖9-1），其中一幅是名家作品，包括風景、靜物、肖像、木刻、壁飾、和東方畫像，另一幅則根據原畫加以局部的改變，改變部分包括透視法、曲線的運用、佈局和陰影等，對於原畫有屬於違犯美學原則。施測時要受試者選出符合美學原則而藝術價值較高的一幅來。梅耶美術判斷測驗的

100個題目裝訂成一冊，與答案紙分開，畫冊上每一頁印著兩幅圖畫及其題號，沒有其他任何的說明，而在答案紙上將每兩幅圖之不同的地方註出來，至於其間的差異涉及何項美學原則，則不予以說明。

畫冊部分：

20

答案紙部分：

左	右	題號	差　異
○	○	20	傘和女子頭部的位置

圖9-1　梅耶圖畫判斷測驗的例子

（引自程法泌、馮蓉珍，民62，頁23）

　　在我國則有蘇英奇與張淑美（民61）的美術性向測驗（甲類），蘇英奇與張淑美（民62）的美術性向測驗（乙類），及師

大式綜合美術性向測驗等。師大式總合美術性向測驗（陳榮華、
邱維城、王秀雄、盧欽銘、范德鑫，民70）係參考梅耶美術判斷
測驗及格雷夫斯圖形評鑑測驗而編製的，適合於小學三年級至國
中三年級學生使用，包括五個分測驗：

1. 圖畫評鑑測驗共包括六十對黑白的圖畫，每一對中的一張是出
   自名家的作品，另一張是根據名作而加以局部改畫的圖畫。改
   變的部分包括透視法，曲線的運用、佈局、或陰影等方面。圖
   畫的內容則包括風景、靜物、木刻、東方圖畫、和壁畫等各不
   同類型的作品。改畫過的圖畫違反了美學原則。測驗時，只告
   知受試者兩幅圖畫不同的地方，要他選出所喜歡或認為比較好
   看的一幅。

2. 圖形評鑑測驗中包括五十題，是用來測量美術品欣賞或創作性
   向的某些因素。由受試者對美學基本原則的認識和反應，而獲
   悉其美術的性向。（Graves, 1948）認為美學的基本原則包括
   調和（unity）、主題（dominance）、變化（variety）、平
   衡（balance）、連貫（continuity）、對稱（symmetry）、
   比例（proportion）、與韻律（rhythm）等八項。所有的測
   題都根據這些美學的基本原則畫成兩個或三個不同的圖形。試
   題中的圖形都是黑白的、有線條的、平面的、或立體的。每一
   題中只有一個圖形是合乎前述的美學基本原則。測驗時，由受
   試者選出他認為最好或最喜歡的一個圖形。例如：本測驗第九
   題兩幅圖形分別為 ⊞ ⊞ 要受試者選自己認為好看的一

幅。

3. 國畫審美測驗題目有三十五題，其中黑白的三十一題，彩色的
四題，每一題都有兩幅略爲不同的國畫：有些是所畫的對象相
同而構圖不同；有些是構圖相同而線條不同；也有些是墨色不
同，或形狀不同等。國畫內容包括人物、山水、花卉、樹木、
石頭、魚蝦等。兩幅國畫中有一幅是經國畫專家鑑定爲較優美
的作爲標準答案。測驗時，由受試者從兩幅國畫中，選出他認
爲較美的一幅。例如：本測驗第一題兩幅國畫中樹木、窗戶和
籬笆的構圖不同，要受試者選出認爲好看的一幅。

4. 色彩感覺測驗共有三十五題，全是彩色的圖形，包括色與形、
色與明度、色與面積、色與統調、色與彩度的關係、及色彩的
和諧等情境之辨別。這一項分測驗又因做答方式不同而分成三
類。第一類包括十五個題目，每題有四個立方體的圖形，每個
立方體上的三面配有三種不同的色彩，並且每一題都有一個標
題。例如：第一題的標題是華麗（鮮艷）的感覺。測驗時，受
試者要根據這一個標題的意義，將該題內四個不同配色的立方
體圖形，按照順序，排列成一、二、三、四的等第。第二類測
驗題則有十二題，每題各兩個或三個不同色彩配合的圖形。測
驗時，要受試者選出其中最符合題意的一個圖形。最後一類測
驗題，每題都有兩個由不同色彩配合的正方圖形，測驗時要測
驗選出其中一個自認爲較好看的圖形。

5. 根據心理學上的研究，視覺記憶是「想像」的基礎。一個人平

常所貯藏的視覺記憶愈多，則在想像測驗上所表現的內容愈豐富，並且畫面的造形也愈有變化。因爲在三分鐘內要受試者儘量畫出更多的事物，故也能測量其「手的靈巧」。每一題均提示一個「基本圖形」，測驗時要受試者根據此一「基本圖形」作畫，所畫出的事物愈多愈好，但每一事物務必包含所指定的基本圖形。例如：基本圖形是「　」，受試者可以畫出　（眼鏡）或　（車）。

　　五個分測驗的全部試題均製成幻燈片，以便採用團體施測方式，測驗時間約爲一八〇分鐘，建有百分位數及 T 分數常模，重測信度在.48至.78之間，效度採用辨別效度。

五、音樂性向測驗

　　測量受試者學習音樂的潛在能力的心理測驗稱爲音樂性向測驗，陳淑美（民82）在所著「音樂能力測驗的發展」一文中，說明國外從1919年西袖爾音樂才能測驗（Seashore Measures of Musical Talents）是最早的音樂性向測驗，至1982年高登中級音樂聽力測驗（Gordon's Intermediate Measures of Musical Audiation）最新近的音樂性向測驗爲止共有十八個有名的音樂性向測驗，至於我國則有陳騰祥（民57）TC 音樂性向測驗、師大綜合音樂性向測驗、國小及國中音樂性向測驗第一、二種，以及致凡音樂性向測驗等。茲以國小、國中測驗性向測驗第二種爲

例說明如次（方炎明、陳茂萱、盧欽銘、陳淑美，民79）：

本測驗爲適用於國小三、四年級及國中一年級學生的音樂性向測驗，建立有 T 分數及百分位數常模，信度資料包括重測係數，與內部一致性係數，效度研究採用效標關連效度及辨別效度等方法。測驗內容因受試者年級階段而不同，但都各有十個分測驗，每個測驗各爲：

1.音高辨認測驗

要受試者判斷每題的兩個音，何者較高？

2.節奏辨認測驗

要受試者判斷每題的三組節奏中是否均不相同，或是有兩組是相同的？

3.音程比較測驗

每題有二組和聲，要受試者判斷何組音程的度數較大？

4.音程協和程度比較測驗

要受試者判斷每題的一組音程是否協和？

5.二聲部節奏辨認測驗

每題有兩組二聲部節奏，要受試者判斷是否相同？

6.曲調辨認測驗

要受試者判斷每題所演奏的兩組曲調是否相同？

7.一般速度比較測驗

要受試者從每題的三組曲調中，將速度最快的找出來。

8.音色辨認測驗

要受試者判斷每題所演奏的二組音色是否相同？

9.和絃色彩比較測驗

每題有二組和絃（由三個音組成），要受試者判斷何者色彩較亮些？

10.節奏記憶測驗

每題先有一組較長的曲調，然後有兩組較短小的節奏，要受試者決定何者曾在較長的曲調中出現過？

除了音樂性向測驗之外，尚有音樂成就測驗（陳淑美，民82），其中美國的研究所入學考試音樂進階測驗（Graduate record examination Advanced: Music）及我國高中音樂成就測驗較為著名。

六、創造性向測驗

目前國內正積極推展資優教育，因此創造性向測驗乃顯得格外重要。這一方面的測驗包括創造性向測驗（tests of creative aptitude）、創造成就測驗（tests of creative achievement）、以及創造傾向測驗（assessment of creative tendency）等三類。本書祇介紹創造性向測驗。創造性向測驗特別著重受試者流暢性、變通性、和獨創性的測驗。這些測驗中以基爾福（J. P. Guilford）的擴散性思考測驗（test of divergent thinking）、陶倫斯（E. P. Torrance）的創造思考測驗（Torrance Test of Creative Thinking, TTCT）及芝加哥大學創造力測驗（Chicago University Test of Creativity）為最有名，茲將陶倫斯創造思考測驗作一說明。

這個測驗最早稱為明尼蘇達創造思考測驗（Minnesota Test of Creative Thinking, MTCT）1950年改名為陶倫斯創造思考測驗，其後有許多的修訂，最新近的修訂為1981年版，它共有十二個分測驗，組成不同組合（葛樹人，民80）：

㈠用語文作創造思考（thinking creatively with words），即語文創造思考測驗包括七個不同的作業（即分測驗）：發問（asking）、猜測原因（guessing causes）、猜測結果（quessing consequences）、產品改進（product

improvement）、不尋常用途（ unusual uses ）、不尋常問題
（ unusual questions ）和試作假想（ just suppose ）等，共有
甲乙兩個複本。

㈡用圖畫作創造思考（ thinking creatively wite picture ）即
圖畫創造思考測驗包括圖畫建構（ picture construction ）、圖
畫完成（ picture completion ）、以及平行線或圓（ parallel
lines or circles ）等三個作業，也有甲乙兩個複本。

㈢用音和字作創造思考（ thinking creatively with sounds
and words ）乃新增的創造思考測驗含有聲音和意象（ sounds
and images ）、擬聲字和意象（ onomatopoeia and images ）
兩個作業。均用唱片施測，聲音和意象是利用受試者熟悉或不熟
悉的聲作刺激，要受試者作聯想；而擬聲字和意象是利用嘩啦
啦、轟隆隆等擬聲字作刺激物，要受試者聆聽之後作聯想。

　　最近又增加的一個部分是用行為和動作的作創造思考
（ Thinking Creatively With Action and Movement ），這是
特別為學前兒童設計的測驗，它是要學前兒童受試者以動作作反
應，如主試者要受試者假想成某種動物或物品，然後模仿該動物
或物品作動作，在另一作業中則要受試者說出紙杯的不尋常用途
（ 黃安邦，民80）。語文與圖畫的創造思考測驗在我國有許多不
同版本的修訂（陳明終、許勝哲、吳清山、林天祐，民77 ）。

　　陶倫斯對於上述測驗由實驗中不斷改善，企求更完美，而且
為縮短施測時間，並更新計分方法，乃有陶倫斯創造思考測驗的

簡式版本（TTCT, Ablreviated form），它包括六個作業，其中產品改進、發問、試作假想、不尋常用途是語文測驗，而圖畫完成、三角形是非語文測驗，我國林幸台將此簡式版本加以修訂，並改名為新版陶倫斯創造思考測驗。

在特殊性向測驗方面尚包括專業性向測驗（test for professions）、數量性向測驗、多向度注意力測驗等，有興趣者可參考其他測驗書籍。

第二節　多因素性向測驗

多因素性向測驗、綜合性向測驗、或性向測驗組合係指同時可以測量受試者多方面的潛在能力之性向測驗，更於個人內之比較。茲就其用途區分為一、教育導向的性向組合；二、職業導向的性向組合加以介紹如次：

一、教育導向的性向測驗組合

這類測驗組合是用在預測學生學業成就的，以區分性向測驗、多元性向測驗（multiple aptitude tests）、輔導性向測驗、高一性向測驗等著名，茲就其中選兩個測驗介紹如次：

㈠區分性向測驗

　　區分性向測驗（Differential Aptitude Test, DAT）原爲班奈特（G. K. Bennet）、西袖爾（H. G. Seashore）及威斯曼（A. G. Wesman）在西元1947年所編製，後來又在西元1962、1972、1982數次的修訂，而1986年又發展由微電腦實施和報告的版本。它主要適用對象爲初中二年級至高中三年級的學生，一共有八個分測驗（黃安邦，民80）：

1.語文推理（verbal reasoning）

　　用語文類比測量受試者對於語文的觀念、關係和推理。

2.數的能力（numerical ability）

　　測量受試者對於數的關係和數的概念之了解，偏重基本運算而非數學推理。

3.抽象推理（abstract reasoning）

　　用非文字材料進行推理，要受試者從一串不太規則的圖形中推論其中排列的原則。

4.文書速度與確度（clerical spetd and accuracy）

　　測量受試者對於文字、數字混合排列的反應速度與正確度，

著重細節的知覺和反應的速度。

5.機械推理 (mechanical reasoning)

測量受試者機械理解與推理方面的能力。

6.空間關係 (space relation)

要受試者能從平面的幾何圖形中覺知立體的構造來，屬於空間視覺的測量。

7.拼字 (spelling)

要受試者指出拼字是否正確，以了解其語文的應用能力。

8.語言使用 (language usage)

要受試者指出一句子的四部分中何者有誤，包括文法、標點或用字方面的錯誤。

全測驗可得九個分數，除八個分測驗各有一分數外，語文推理和數的能力之和是第九個分數，可供作普通學業性向之指標。全測驗約需三小時，測驗結果可製作側面圖。建立有男女生分開的百分位數常模。

這個測驗在我國有許多修訂版，提供不同年級學生使用（路君約，民81）：

1.中學綜合性向測驗

供國一至高一學生使用，由宗亮東、徐正穩修訂。

2.區分性向測驗

適用國二以上學生使用，根據美國1963年版 DAT 修訂。

3.修訂區分性向測驗

適用國二以上學生使用，根據美國1966年版 DAT 修訂。

4.青年性向測驗

以1974年 DAT 為藍本而編製，適合於專科與大學學生使用，由路君約、簡茂發與洪德鑫負責修訂工作，刪除文書速度與確度測驗，共有七個分測驗，可以獲得八個分數，建立有專科及大學男女學生用的百分位數和 T 分數常模。

㈡高一性向測驗

教育部中等教育司委託中國測驗學會編製的高一性向測驗是屬於教育導向的性向測驗組合，測驗結果可供學業諮商之用，當高一學生升入高二之際，面臨選組準備大學入學考試等問題時，輔導教師可利用學生參加本測驗所得結果與學生諮商，安排最適合其性向之學業計畫，然而對於不準備升學而準備就業之學生，

則需實施職業導向的性向測驗組合,如通用性向測驗。高一性向測驗共有五個分測驗,標準化樣本共1849人(男983人,女866人),建立有 T 分數與百分位數常模,重測信度介於.37至.74之間,庫李信度係數介於.62至.79之間,效度研究,採效標關連效度:與區分性向測驗,輔導性向測驗求相關,結果令人滿意。至於其五個分測驗簡介如下(簡茂發、吳鐵雄、吳清基、劉奕權、邱美玉、王俊明、潘慧玲、何榮桂,民82):

1.語文詞義測驗

共有五十題,每題都有一個關鍵詞(即題幹),下面有五個答案,要受試者從中選出一個意義和關鍵最接近的,做為正確的答案。

〔例題〕肇造

(A)生事　(B)啓用　(C)製造　(D)事端　(E)開始

2.數學能力測驗

共有三十題,其中包括有算術、代數和圖表的問題。每個問題都有五個答案,要受試者在其中選出正確的答案來。

〔例題〕士兵2人4天做2個碉堡,問10人8天可做幾個碉堡?

(A)6個　(B)10個　(C)16個　(D)20個　(E)24個

3.語文推理測驗

　　共有三十題，每一題的第一個詞和最後一個詞都是空著，要受試者從每題的五個答案（即選目）選出最適當的一對詞來，使這一對詞填在第一空格裏，而第二個詞填在第二個空格裏，剛好成為一個完整的句子。

〔例題〕＿＿之於頭，好像鞋子之＿＿。

(A)衣服——膝　(B)帽子——腳　(C)領帶——手　(D)手套——耳
(E)頭巾——臀

4.機械推理測驗

　　共有四十題，每一題包括一幅圖畫，和跟那幅圖畫有關的問題，每題都有三個答案，要受試者從中選出最適當的答案來。

〔例題〕那個滑輪比較省力？

（若一樣，則選C）

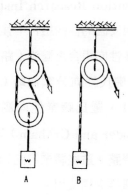

5.空間關係測驗

共有三十題，每一題最左邊的圖是平面圖，右邊的四個圖則是立體圖。其中只有一個立體圖是由平面圖摺疊而成的，要受試者將正確的答案找出來。

〔例題〕

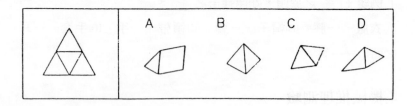

二、職業導向的性向測驗

在1930年代美國明尼蘇達就業穩定研究所（Minnesota Employment Stabilization Research Institute），曾發展一套為工商業從事揀選與安置的性向組合，強調職業能力組型的建立，是為工商業多因素性向組合之濫觴（路君約，民81），其後通用性向測驗組合、佛氏性向分類測驗（Flanagan Aptitude Classification Tests）、羅氏職業性向測驗（Aptitude Tests for Occupations, Roeder and Graham）等的編製，使得職業導向的性向組合十完齊整。這些職業導向的性向組合，在我國也都有引進，及修訂供職業機構使用。

在美國軍方編製測驗及使用測驗，對於民間學校也都產生影響，在性向組合方面也有另立一類爲軍事導向的性向組合，以介紹航空機員分類組（aircrew classification）、陸軍分類組合（army classification battery）、海軍基本測驗組合（naval basic test battery）以及武裝部隊職業性向組合等（路君約，民81），其中武裝部隊職業性向組合也提供學校學生使用，因此併入此小節作介紹。介紹兩個測驗，以供了解職業導向的性向測驗組合。

(一)通用性向測驗

中國測驗學會（民73）接受勞委會職訓局委記參考美國普通性向測驗組合（General Aptitude Test Battery, GATB）而編製適合我國國中及高中畢業之社會青年的性向測驗，是適合職業安置與輔導的測驗。該測驗共有十二個分測驗，其中分測驗一至八爲紙筆測驗，而分測驗九至十二爲作業測驗。

1.校對測驗

要受試者仔細比對橫線兩邊的符號、名稱、或數目字的異同。

例題1.ㄅㄇㄈㄌ——ㄅㄇㄈㄌ

　　2.青年商店——青年商行

　　3.835241──834251

2.計算測驗

　　要受試者回答一些包括加減乘除法的計算類之選擇題。

例題1.減法（－）　　　　　9
　　　　　　　　　　　　　－4
　　　　　　　　　　　─────

(A)2　(B)3　(C)5　(D)9　(E)上面答案都不正確

　　　2.加法（＋）　　　　2
　　　　　　　　　　　　　＋4
　　　　　　　　　　　─────

(A)2　(B)3　(C)4　(D)5　(E)上面答案都不正確

3.空間關係測驗

　　每題包括一個平面圖形，以及其摺疊而成的立體圖形之選目，作答時要受試者將正確的立體圖形選出來。

[例題]

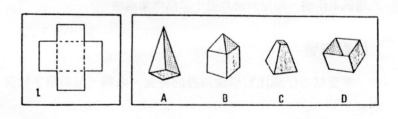

（正確答案：D）

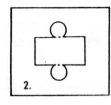 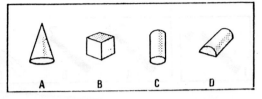

（正確答案：C）

4.詞彙測驗

每一題有四詞彙，要受試者從其中找出意義非常相似，或者完全相反的兩個詞彙來。

例1.a 平凡　b 庸碌　c 低能　d 卑下

在這四個詞裏，「平凡」和「庸碌」的意思是相同的，「平凡」的編號是 a，而「庸碌」的編是 b。因此 a–b 就是例1.的正確答案了。

例2.a 時髦　b 文明　c 往事　d 野蠻

例2.中 b「文明」和 d「野蠻」的意義完全相反，因此本題的答案爲 b–d。

5.工具辨認測驗

要受試者由右邊四個工具圖（選目）找出與左邊工具的基準圖（即題幹）完全相同的來。

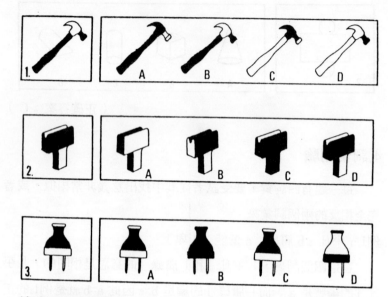

6.算術推理測驗

要受試者解答一些有關算術應用題類的選擇題。

例1.做一件工作需要半小時,那麼8小時可做幾件工作?

答案:(A)8件　(B)10件　(C)16件　(D)24件　(E)上面答案都不正確

例2.從家裏到公車站的路段,全長有1/6是水泥路,如果全長共有42公尺,那麼水泥路段有多長?

答案:(A)4公尺　(B)6公尺　(C)21公尺　(D)36公尺　(E)上面答案都不正確

7.圖形配對測驗

將左右（原題為上下）方格內形狀、大小完全相同的圖形，加以配對。

正確答案：1 B　　2 G　　3 A　　4 C　　5 F　　6 E　　7 H　　8 D

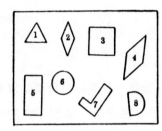 

8.畫記測驗

要受試者在60秒內在答案紙的方格內畫兩直一橫的三條直線如 Ⅱ ，越快越好。

9.移置測驗

10.轉動測驗

在實施時，分測驗9和分測驗10都是使用樺板（peg board）。分測驗9是要受試者用雙手各取一小木柱同時由上方

洞也移置到下方洞中，是用來測量雙手手肘移動的靈活程度。分測驗10是要受試者以慣用的手將小木柱逐一抽起，轉過頭再插回原來洞裏，是用來測量手腕轉動的靈活程度。這兩種測驗皆要求受試者站著受測，以符合實際工作情境，而且實施程序上都是示範一次，練習一次，測量三次。

11.組合測驗

12.拆開測驗

分測驗11和分測驗12是用裝卸板施測。分測驗11是要受試者一手拿上方的插釘，一手拿墊圈，將之組合後，插到下方的洞裏；分測驗12則恰好相反，是要受試者把它們拆開，放回原來地方。因此分測驗11和分測驗12要連著進行，亦即示範分測驗11作法之後，立即示範分測驗12之作法；然後讓受試者接著練習分測驗11和分測驗12，最後才正式施測。施測時受試者是坐著受測，此兩者都是用來測量手指靈巧的程度。

這十二個分測驗可以測出九種性向，其定義如下：

1.一般學習（G）

能瞭解別人的說明或掌握基本原理原則的能力，能作推理、判斷的能力；它與學業成就有密切的關係。此種性向可由空間關係、詞彙及算術推理等三個分測驗測量之。

2.語文（V）

能瞭解文字的意義，並有效使用文字的能力；能瞭解他人語言，掌握字與字之間的關係，以及整句或整段文字意義的能力。此種性向可由詞彙分測驗測量之。

3.數目（N）

能正確、迅速的作加減乘除運算的能力；能知道在何種情況下，應採何種數學運算以求得所要結果的能力。此種性向可由計算和算術推理二個分測驗測量之。

4.空間關係（S）

能看平面圖，而在思考時將它轉換成立體形像的能力；能由不同的角度認出同一物體的能力。此種性向可由空間關係分測驗測量之。

5.圖形知覺（P）

能覺察到實物或圖形的細節；能對圖形的外形與明暗上的差異，或線條在長、寬上的細小差別作正確的比較和辨別。此種性向可由工具辨認和圖形配對兩個分測驗測量之。

6.文書知覺（Q）

能覺察文字、符號、表格上細微差異的能力，能快速校對文字、數目、符號以避免抄寫或計算錯誤的能力。此種性向可由文字校對分測驗測量之。

7.動作協調（K）

能使眼睛和手或手指相互協調配合，作出快速且精確的細微動作的能力。此種性向可由畫記分測驗測量之。

8.手指靈巧（F）

能靈活運用手指，以雙手手指快速、精確的分解或組合小物體的能力。此性向可由組合和拆開兩個分測驗測量之。

9.手部靈巧（M）

能靈活運用手腕、手肘，以手將物體作快速、精確的移動或轉動的能力。此種性向可由移動和轉動兩分測驗測量之。

根據這些性向，建立了多特殊職種常模（Specific Occupation Norms, SON），以及職業性向組型（Occupation Aptitude Pattern, OPA），供職業選擇之用，我國勞委會職訓局自民國71年引進 GATB，迄今已累積百餘種的特殊職種常模（路君約，民81）。

(二)武裝部隊職業性向組合

美國武裝部隊職業性向組合（Armed Services Vocational Aptitude Battery, ASVAB）或譯爲三軍職業性向測驗爲美國國防部編製的，其目的在甄別軍事人員，但也免費協助學校施測，對高中提供有價值的參考測驗，成爲美國近年來學校輔導工作的重要工具之一。這個測驗有十四種版本，現行的版本包括十個分測驗（林幸台，民76）：

1.一般科學（general science）

測驗物理及生物科學的知識，共25題。如「日蝕是：(A)月球影子投於太陽上；(B)月球影子投於地球上；(C)地球影子投於太陽上；(D)地球影子投於月球上。」

2.算術推理（arithmetic reasoning）

測驗解答語文式算術問題的能力，共30題。如「欲以每平方公尺25元的防水帆布覆蓋一15公尺×24公尺的地面，需費多少？(A)360元；(B)900元；(C)3600元；(D)9000元。」

3.詞彙知識（word knowledge）

測驗選擇正確詞彙或同義字的能力，共35題。如「終結的意

義最接近下述何詞？(A)停止；(B)開始；(C)改變；(D)繼續。」

4.語文理解（ paragraph comprehension ）

測驗對一段語文敘述的理解能力，共15題。如「對建築設計師而言，屋主、建築物所在地、及屋主願意支付的費用三者爲最主要須考慮的重點。此段話的意思是：(A)它可蓋在任何一塊土地上；(B)它的設計必須符合建築師的收入；(C)它的設計必須符合屋主的收入與建築物所在位置；(D)土地未來的發展情況無關緊要。」

5.數字計算（ numerical operation ）

測驗運算數字的能力與速度，共50題，如「 $60 \div 15 =$ ？(A)3；(B)4；(C)5；(D)6。」（ 本分測驗僅供軍方計算三軍資格測驗分數之用，與職業組合分數無關。）

6.編碼速度（ coding speed ）

測驗依據指定的數碼資料將文字加以轉換的能力與速度，共84題。如「指定：刀—7150，屋—2859，書—3865，筆—7489，水—6456，紙—9645，球—6227，椅—4703，鳥—1618；問：書爲：(A)7150；(B)2859；(C)7489；(D)4703；(E)3865。」

7.工具知識（auto & shop information）

測驗有關車輛、工具及工廠專用的術語與實務，共25題。如「車子耗油與下列那一部分零件的磨損有關？(A)活塞；(B)活塞環；(C)活塞桿；(D)主軸承。」

8.數學知識（mathematics knowledge）

測驗中學程度的數字能力，共25題。如「若X＋6＝7，則X＝？(A)0；(B)1；(C)－1；(D)7/6。」

9.機械理解（mechanical comprehension）

測驗機械及物理原則的知識及理解圖示內容的能力，共25題。

10.電子知識（electronic information）

測驗電學及電子學的知識，共20題。如「下述何者阻力最小？(A)木頭；(B)橡膠；(C)鐵；(D)銀。」

全測驗部共334題，施測時間自3分鐘（數字運算）至36分鐘（算術推理）不等，十個分測驗共需144分鐘，連同說明約需三小時，測驗結果不個別計算分測驗得分，而以因素分析或迴歸分類法，找出有預測效度的分測驗，予不同加權後得組合分數。計有學業與職業兩種七項組合分數：

1.學業組合分數

(1)學業能力（ academic ability ）

測知未來接受正規教育的潛力，包括詞彙知識、語文理解及算術推理三個分測驗。

(2)語文（ verbal ）

測知從事語文活動的能力，包括詞彙知識、語文理解及一般科學三個分測驗。

(3)數學（ math ）

測知從事數學活動的能力，包括數學知識與算術推理兩個分測驗。

2.職業組合分數

(1)機械與工藝（ mechanical & crafts ）

測知從事機械與工藝方面工作的潛力（如機械師、車輛修護師、金屬工匠、木匠等），包括算術推理、機械理解、工具知識及電子知識四個分測驗。

(2)商業及文書（ business & clerical ）

測知從事商業及文書方面工作的潛力（如秘書、資料處理員、律師助理等），包括詞彙知識、語文理解、數學知識及編碼速度四個分測驗。

(3)電學及電子（ electronics & electrical ）

測知從事電子及電學方面工作的潛力（如電器修理匠、自動化設備維護師、工具技師等），包括算術推理、**數學知識、電子知識**及一般科學四個分測驗。

⑷健康、社會與科技（health, social & technology）

測知從事健康、社會及科技方面工作的潛力（如醫療技師、警官、航空技師等），包括詞彙知識、語文理解、算術推理及機械理解四個分測驗。

以運用外，為充分發揮測驗的功效，美國防部並編製彩色精印的軍事生涯指南，供學生與輔導人員參閱，其中除軍事生涯的一般情形、陸海空軍及陸戰隊、海岸防衛隊的簡介外，並參照美勞工部所編之職業展望手冊的分類方式，載有十二類134種軍職的說明，分別以文字與圖片介紹該項職業的工作性質、環境、體能要求、訓練、特殊條件、工作機會（供需情況），以及對照職業分類典與民間職業相當的職稱及編號。此外每一軍職均以某一最具預測價值的組合分數為準，以圖顯示不同百分位數之成功機率，**個人可將其該項組合分數之百分位數對照圖上曲線所指的機率，預測其從事該項職業的成功可能性。**

參考書目

方炎明、陳茂萱、盧欽銘、陳淑美（民79）：我國國小及國中學生音樂性向測驗（第二種）之編製。**測驗年刊，37**，15～24。

朱智賢（民78）：**心理學大辭典**。北京市：北京師範大學出版社。

李興唐、高金桂（民73）：**智力、性向與成就測驗**。台北市：中國行為科學社。

吳武典（民65）：**教育診斷工具評介**。台灣師大特教中心。

林幸台（民76）：美國三軍職業性向測驗（ASVAS）簡介。**測驗與輔導，82**，1572～1575。

倪亮（民53）：**心理測驗之理論與實施**。台北市：中華文化出版社。

國立編譯館主編（民72）：**心理與教育統計及測驗**。台北市：正中書局。

張春興（民78）：**張氏心理學辭典**。台北市：東華。

郭生玉（民76）：**心理與教育測驗**。中和市：精華。

郭為藩（民78）：**特殊教育名詞彙編**。台北市：心理出版社。

陳明終、許勝哲、吳清山、林天祐（民77）：**我國心理與教育測驗彙編**。高雄市：復文。

陳淑美（民82）：音樂能力測驗的發展、載中國測驗學會主編**心理測驗的發展與應用**，頁81～106。台北市：心理出版社。

陳榮華、邱維城、王秀雄、盧欽銘、范德鑫（民70）：我國國民中小學生美術性向之研究。**台灣師大學報**，26，279～303。

陳重美、程法泌（民63）：洪恩美術性向測驗的研究。**測驗年刊**，21，18～38，91～102。

陳龍安（民77）：**創造思考教學與實際**。台北市：心理出版社。

程法泌（民51）：**心理與教育測驗實施法**。國立教育資料館。

程法泌（民60）：教育測驗。**載雲五社會科學大辭典第八冊教育學**，頁321～345。台北市：商務。

程法泌、馮蓉珍（民62）：梅耶美術判斷測驗的研究。**測驗年刊**，20，19～60。

黃元齡（民78）：**心理與教育測驗的理論與方法**。台北市：大中國。

黃安邦（民80）：**心理測驗**。台北市：五南。

路君約（民52）：**心理教育與輔導**。教育部中等教育司。

路君約（民59）：**輔導測驗**。台北市：台灣書店。

路君約（民81）：**心理測驗**。台北市：中國行為科學社。

葛樹人（民80）：**心理測驗學**。台北市：桂冠。

葉重新（民81）：**心理測驗**。台北市：三民。

賈馥茗（民60）：國民中學適用五種能力測驗之編製。**測驗年刊**，18，1～20。

鄧永秦（民67）：**心理測驗**。台北市：文景。

盧欽銘、吳鐵雄、路君約、簡茂發、歐滄和（民79）：文書技能測驗編製報告。**測驗年刊**，37，3～14。

簡茂發（民76）：**心理測驗與統計方法**。台北市：心理出版社。

簡茂發、吳鐵雄、吳清基、劉奕權、邱美玉、王俊明、潘慧玲、何榮桂（民82）：高一性向測驗編製初步報告。**測驗年刊**，40，1～14。

韓幼賢（民78）：**教育心理學**。台北市：茂昌。

蘇英奇、張淑美（民61）：美術性向測驗（甲類）的編製。**台中師專學報**，2，264～300。

蘇英奇、張淑美（民62）：美術性向測驗（乙類）的編製。**台中師專學報**，3，152～170。

Anastasi, A.(1988). Psychological testing. Now-York: MacMillan.

Hopkins, K. D., Stanley, J. C. and B. R. Hopkins (1990). Educational and psychological measurement and evaluation. N. J. Englewood: Cliffs prentice Hall.

第十章

人格測驗

　　測量受試者人格特質的理測驗，稱為**人格測驗**(*personality test*)，而**人格**(*personality*)有譯成性格，因此人格測驗，性格測驗是相通的。人格係指個人心理能力、興趣、態度、氣質、情緒、動機、價值等特質的組合體，因此人格測驗所測量的心理特質頗為廣泛，但傳統上能力的測量是屬於**成就測驗**(*achievement test*)、**智力測驗**(*intelligence test*)以及**性向測驗**(*aptitude test*)的範圍，而人格測驗僅測量非認知的屬性（范德鑫，民76）。而本書已將興趣測驗(*interest test*)另成一章，因此本章的人格測驗係指測量態度、氣質、情緒、動機、價值，以及人際關係等特質的心理測驗。像性情、品格、自我制控、應付挫折、防衛機構、對權威的反應、職業成熟度等，莫不可納入人格測驗之中，近年來環境心理學及健康心理學的倡導，生態、環境及A型人格的測量等均可納入人格測驗之中。根據人格測驗的方式來分，人格測驗包括**人格自陳量表**(*personality self–report scale*)、**人格評定量表**(*personality rating scale*)、**投射法人格測驗**(*projective Psersonaity test*)，以及**情境測驗**(*situational test*)等四類，茲分四節加以介紹之。

第一節　人格自陳量表

　　自陳量表或人格自陳量表是指測驗編製者依據該人格測驗所

要測量的人格特質，編擬許多陳述式或問句的測驗題，要受試者根據自己的感覺或自認實際情形，對這些測驗題逐一作答，然後按照作答反應加以計分，從而衡量受試者所具有這些人格特質程度的工具或方法。本質上自陳量表是一種受試者自我評定問卷或量表，而下節的人格評定量表是主試者（即評定者）對於受試者（即被評定者）作評定的問卷或量表。有時候這種人格測驗就直接稱為**人格量表**(personality inventory)。

從西元一九一七年吳偉士(R.S. Woodworth)編製個人事實表格(personality data sheet)以來，至今人格量表為數眾多，根據林邦傑（民82）統計我國三十年來心理測驗約有二百餘種，其中人格測驗佔30％，足見其數之多。人格自陳量表所測量的特質大多與情緒、動機、態度等有關。其中祇測量一種人格特質的，稱為**單向度的量表**(unidimensional scale)，如鍾思嘉、龍長風（民73）修訂的情境與特質焦慮量表，莊耀嘉（民75）修訂的放縱求樂量表，楊賚芬（民76）修訂的刺激尋求量表，朱瑞玲（民78）的自我檢視量表均屬於單向度人格量表（見莊耀嘉：楊國樞，民82）。至於同一時間可以測量多種不同人格特質的量表，就稱為**多向度的量表**(multidimensional scale)，如林邦傑、翁淑緣（民75）編製的大專人格測驗，王俊明、黃堅厚和張景媛（民82）編製的大專學生個人需求量表等是屬於多向度的人格量表，陳彰儀（民83）編製工作適應人格量表，大體上說來單一向度的量表僅供研究之用，至於充作輔導學生之人格測驗大多

屬於多向度的人格量表，茲將上述三個多向度的人格量表略加說明：

一、大專人格測驗

民國七十五年林邦傑、翁淑緣等接受教育部訓育委員會之委託，參考美國人格研究量表（Personality Research Form, Jackson 1967）編製量表，以測量大專學生的二十二種人格特質：

1. 自貶性

顯現高度自卑，接受不應得之責備與批評；在各情境中自己常採取低姿勢；有自我貶損的傾向。

2. 成就性

熱望完成艱難的工作；維持高的工作標準，並朝長遠目標努力；對競爭有正向反應；願意努力維持傑出之表現。

3. 親和性

喜歡朋友，與一般人在一起容易接納別人；努力贏取友誼並與他人維持聯繫。

4. 攻擊性

喜歡與人爭辯；容易激怒；有時為達到目的會傷害別人；對於曾傷害他的人則會加以報復。

5. 自主性

企圖突破各種拘束、限制或束縛；喜愛自由自在、無拘無束；不願為人、地及責任所限制；當受束縛時會反抗。

6. 變異性

喜歡新的不同的經驗；討厭並避免例行公事；易適應環境的變化；在不同情境下易改變其觀點與價值觀念。

7. 認知結構

不喜歡含糊或不確定的訊息；希望完整回答所有問題；喜歡依據明確的知識作決定；不願根據臆測或不確定的資料下決定。

8. 防衛性

容易懷疑別人傷害或反對自己；隨時準備防衛自己；不易接受別人的批評。

9. 支配性

企圖控制環境、影響或指導別人；常強有力地表達其意見；

喜歡扮演領導者的角色。

10. 持久性

願意長時間工作；不輕易放棄問題；縱使面臨困難也不屈不撓；在工作上有耐心。

11. 表現性

想成為別人注意的焦點；喜歡有觀眾；喜歡從事易引起他人注意的行為；喜歡展示才華。

12. 避免傷害

不喜歡激烈的活動（特別是危險性的活動）；避免損傷個人身體的危險；尋求個人最大的安全。

13. 衝動性

常由於一時衝動，未經考慮而行動；容易向別人表露自己的情感或願望；能與別人自由暢言；可暢快地表露情感。

14. 撫助性

儘可能幫助他人；給予他人同情與舒適；喜歡照顧小孩、弱者與傷殘的人；在他人需求時伸出援手。

15. 秩序性

　　喜歡有秩序有組織地保持自己的財產及整理周遭的環境；不喜歡喧囂、混亂與缺乏組織；喜歡研究一些方法以有組織地保持事物。

16. 遊戲性

　　常只是為「好玩」做很多事；花很多時間參加運動、遊戲、社交活動及其他娛樂；喜歡開玩笑及有趣的事；對人生抱持著輕鬆和悠閒的態度。

17. 敏覺性

　　留意視覺、聽覺、味覺、嗅覺、觸覺等五官感覺到的東西；牢記這些感覺並認為其是人生的重要部分，對許多經驗形式很敏感；對人生抱著審美、享受的態度。

18. 社會認可

　　想得到朋友的高度尊重；重視名譽及別人對他的看法；為他人讚許和尊重而工作。

19.求助性

　　尋求他人的愛、保護、同情、忠告與保證；沒有這些支持會感到不安與無助；容易將自己遭遇的困難吐露給他人並尋求協

助。

20. 知性的探索

想了解許多領域的知識；重視各種觀念的統整及邏輯思索；特別想滿足知識上的好奇心。

21. 罕有性

由於粗心、閱讀能力太差或不願合作，而在問卷上隨便填答了一般人罕有的反應。本量表是用以確保測驗結果的可靠程度。凡得分超過4分者，表示其有隨便作答。

22. 讚許性

表示受試在回答問卷時，常有意無意地將自己做有利的描述，未必是根據自身真實情況回答。得分愈高，表示其分數離真實現象愈遠。

建立有T分數及百分位數常模，重測信度為.49～.91之間，效度採用效標關連效度。

二、大專學生個人需求量表

王俊明、黃堅厚與張景媛根據莫瑞(H.A.Murray)的心理需求理論，編製完全適合我國文化的大專學生之人格量表，定名為

大專學生個人需求量表，可測量大學生的十二種心理需求，測驗結果用百分等級表示，並可製作側面圖（如圖10–1）以作特質間之比較：

1. 卑遜性

對於自己的能力沒有信心，覺得處處不如別人。

2. 成就性

願意接受挑戰性工作，並全力以赴，以獲得成功。

3. 親和性

喜歡結交朋友，容易和朋友相處。

4. 攻擊性

喜歡公開批評和自己意見不同的人，或是對自己不利的人展開反擊。

5. 自主性

喜歡按自己的意思行事，而不在乎別人的看法。

6. 變異性

喜歡嘗試新鮮的事物，渴望生活有變化。

7. 支配性

在團體裏，希望能領導別人或影響別人。

8. 堅毅性

做任何事情都會堅持毅力做完，不會半途而廢。

9. 表現性

渴望在團體中展現自己，以吸引別人的注意。

10. 樂善性

富於同情心，喜歡幫助別人。

11. 秩序性

喜歡將物品安排有序，做事按部就班，一切按計畫行事。

12. 求援性

遇到有困難時，渴望獲得別人的支持、鼓勵與協助。

學校	西華大學		科系	機械	年級		姓別	
學號		姓名		測驗日期		年	月	日

分量表名稱	卑遜性	成就感	親和性	攻擊性	自主性	變異性	支配性	堅毅性	表現性	樂善性	秩序性	求擾性
原始分數	17	34	27	19	31	30	24	32	28	30	26	23
百分等級	15	89	27	59	90	71	54	92	74	59	44	16

百　分　等　級　側　面　圖

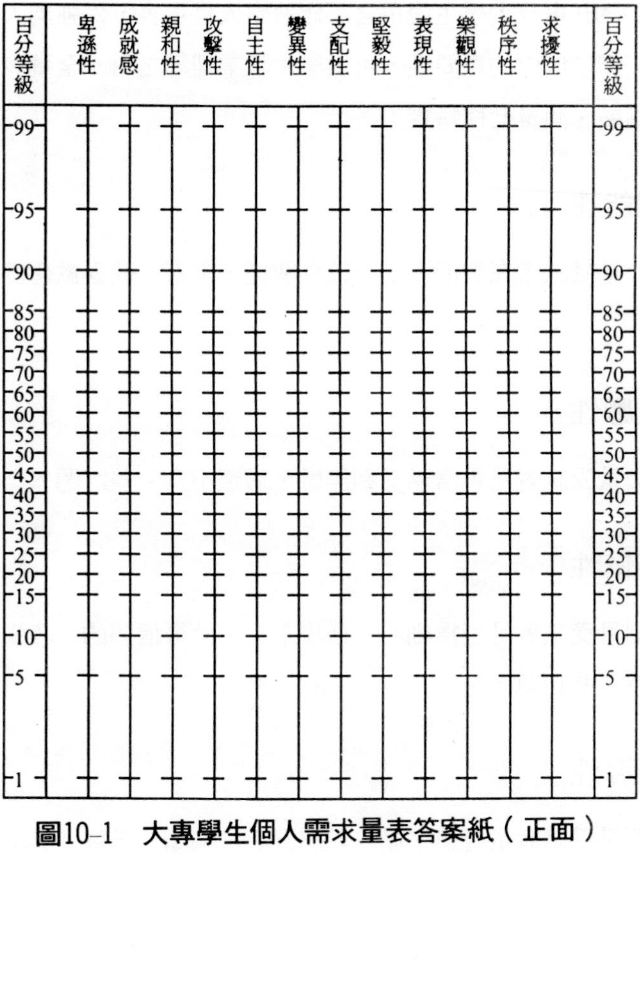

圖10-1　大專學生個人需求量表答案紙（正面）

三、工作適應人格量表

陳彰儀（民83）參考何根人格量表（Hagan Personality Invntory, 1989）、楊國樞工作性格測驗編製適合我國高中（職）、五專及大學生使用之工作適應人格量表，係強調人格特質在工作領域中的重要性，可供學生職業輔導之用。全量表含七個分測驗、測量七種特質：

1. 智能性

測量受試者在智能上是否較為敏捷、機靈、較喜歡想像。共20題。

2. 適應性

測量受試者是否常感受到焦慮、適應不良。共27題。

3. 審慎性

測量受試者是否為細心、循規蹈矩、值得信賴的、謹慎且有責任感。共10題。

4. 領導性

測量受試者是否為主動、具有野心、獨斷、激進。共30題。

5. 社會性

測量受試者是否爲外向、喜好出風頭、易親近。共22題。

6. 親和性

測量受試者是否爲友善、親和的、快樂高興的、寬容。共22題。

7. 社會期許性

測量受試者在本量表上的作答是否是依循社會所期許的行爲來作答。共17題。

編製人格自陳量表的主要方法有：(1)內容效度的方法，(2)因素分析法，(3)強迫選擇法，(4)效標決定的方法，(5)按照人格理論編製測驗等方法，然而這些方法並不相互排斥，有相互重疊之處。（路君約，民76）

一、內容效度自陳量表

這種測驗的題目是測驗編製者主觀認定的，像吳偉士由精神病理文獻上，及與精神科醫師作討論，從而蒐集有關精神病及其徵兆的共同特徵，而認定：「你說話不會口吃嗎？」「別人常常找你的差錯嗎？」等題目可用來測驗受試者個人的情緒穩定性，

而編製了「個人事實表格」。其後的康乃爾指數（Cornell index），貝爾適應量表（Bell Adjustment Inventory），加州人格測驗（Califorina Test of Personality）及孟氏行為困擾調查表均屬於此類。這些測驗在我國均有修訂，其中行為困擾調查表尤為目前學校輔導工作的重要工具。李坤崇及歐慧敏（民82）編製的行為困擾量表適用於國民小學四年級至國中三年級採四點量表式試題共五十三題，包括自我關懷困擾、身心發展困擾、學校生活困擾、人際關係困擾、以及家庭生活困擾等五個分量表，重測信度（間隔兩週）平均為.84，Cronbach α 平均為.81，包含驗證性因素分析等多種效度分析，均得滿意之結果。建有不同年級學生的原始分數與百分等級及T分數轉換者供測驗結果解釋之用。

二、因素式自陳量表

這種測驗係針對多數受試者施以大量的人格特質之試題，透過因素分析（factor analysis）而抽取若干測驗題的組合（即因素），然後依據其組合之特質命名而成的。基爾福（J.P. Guilford）、卡泰爾（R.B. Cattell）、艾遜克（H.S. Eysenck and S.B. Eysnck）、寇謀瑞（A.L.Comrey）諸氏均使用因素分析法編製人格量表，但各人編製方式並不一樣，如基晉性格量表（Guilford-Zimmerman Temperament Survey）有十個因素，卡泰爾16人格量表（16 Personality Factor Questionnaire）16有個因素，艾遜克人格量表（Eysenck Personality

Questinnaire）有兩個因素，寇謀瑞人格量表（Comrey personality scale）有八個因素，這些測驗在我國均有修訂。楊國樞等人編製的工作性格測驗可測量人際效能，優柔猶豫，審慎精確，偏好單純，堅忍犯難，獨處自為，世故順從等七種性格因素，再測信度（間隔二週以上）介於.85至.92之間，Cronbach α 介於.50至.95之間，採用構念效度進行效度研定，建立有高職學生及職種工作人員的百分位數常模。（楊國樞，民80）

三、強迫選擇式自陳量表

　　由於自陳量表的題意很明顯，受試者通常會就符合社會期望的答案圈答或作答，而不依內容的真實性作答，因此有些人格自陳量表改採用強迫選擇方式，以減少受試者按照符合社會期望性作答的引響。此種量表的選項係由兩個、三個、四個或五個項目組合為一組，供受試者選答以防止作偽。像愛德華斯個人偏好量表或譯為愛德華斯個人興趣量表（Edwards Personal Preference Schedule, EPPS），價值研究或譯為社會興趣量表（Study of values），高登人格問卷（Gordon Personal Inventory），高登人格側面圖（Gordan Person Profile）、麥布類型指標（Myers–Briggs Type Indicator, MBTI）均屬於此移類型。這些測驗在我國均有修訂。麥布類型指標為一適用於初中三年級至大學四年級學生及成人的人格測驗，它係根據容格（C. Jung）人格類型理論而編製的，含有 F G 兩種版本，各有166及

126個有關情感和行為愛好或傾向的兩個選目，要受試者選擇一個的強迫選擇人格量表，由外向—內向（extraversion vs. introversion），感覺—直覺（sensation vs. intution），思考—情感（thinking vs feeling），判斷—知覺（judgment vs. perecption）等四個兩極量表（bipolar scale）分數組合成16種可能的人格類型，其中如ISTJ類型的人，其主要模式為內向、感覺、思考和判斷。（路君約，民81）。黃堅厚引進此測驗G式，並定名為「麥布二式行為類型量表」，一共測量我國1059名大學生，結果發現屬於ISTJ，ESTJ及ISFJ三種類型較多，而屬於ENTP，ESFP及ESTP三類型者極少。（黃堅厚、黃琪恩，民81）

四、效標決定式的自陳量表

利用效標組與正常人（或稱控制組）在人格量表題目的作答反應之統計差異顯著性檢定，以選擇最能有效區別控制組與效標組的題目而形成人格自陳量表，也是編製人格測驗的一種方法。如明尼蘇達多相人格量表（Minnesota Multiphasic Personality Inventory, MMPI）、加州心理量表（California Psychological Inventory, CPI），明尼蘇達諮商量表（Minnesota Counseling Inventory, MCI）等都是屬於這種類型的測驗，我國均有修訂本。馬傳鎮（民70）少年犯罪量表為一

鑑別潛在的少年犯有效工具，共有八十一題，另含撤謊量表十六題，可使用於國二至高三學生，重測信度在.71至.81之間，採建構效度研究效度，建立有百分位數及 T 分數常模。

五、理論依據的自陳量表

根據人格理論而編擬題目而組成的人格測驗，有愛德華斯個人偏好量表（EPPS）、價值研究（SV）、詹金士活動調查表（Jenkins Activity Survey），賈克遜（D.N. Jackson）的人格研究量表（Personality Research Form）等都是屬於這種類型的自陳量表。李坤崇、林幸台及牛格正（民76）根據馬斯洛（A.H. Maslow）需求層次理論編製個人需求量表，以測量我國大學生的生理、安全、愛與隸屬、尊重以及自我實現等五種需求，建有百位數常模，重測信度（間隔三週）平均為.81，Cronbachα係數平均為.70。

人格自陳量表通常要受試者就測驗題作「是、否」、「是、否、？」作選擇，或在四點、五點、六點或七點量表上作自我評定，施測程序簡便、計分容觀，較不需耗費太多的時間、人力及主試者實務專業訓練，故廣為應用（林一真，民76），唯應用人格自陳量表常會遇到下列的問題（吳英璋，民67，路君約，民59）：

1.受試者的反應誠實可靠嗎？受試者在自陳量表上往往覺知某些

題目所代表好壞的意義，因此依據符合社會規範或價值標準作答，而不是根據自身情況來作答，為了減少受社會期望的影響，除了要求受試者據實作答外，有時會採用強迫選擇式，此外尚有驗證量表（verification scale）、測謊量表（lie scale）等設置。

2.受試者是否充分了解自陳量表上用詞的意義，要是受試者未能充分了解題意，便無從作答，有時可以用晤談，或評定量表，像「兒童人格量表（Personality inventory for Children）」，測驗對象為兒童，但卻由其雙親來回答題目。

3.如何減低默認的反應方式，對於測驗效度的影響？有些受試者在作答是人格量表上的題目時，不管題目內容如何，都選答是或同意的傾向，就是所謂「默認的反應方式」（acquiescent response style）。默認的反應方式甚至有時會使受試者對「我學校生活得很愉快」，與「我學校生活得很不愉快」兩個相反的陳述句都回答是。為了減少這種反應方式的影響作答，則有驗證量表的設置。

第二節　人格評定量表

人格評定量表係將所測量的人格特質，列舉出許多有關的題目或問句，由評定者根據他對被評定者（即受試者）的行為之多

方觀察結果，加以評定。上節自陳量表係由受試者自行答覆，因此有時爲了某種目的不免要作假，而評定量表係由他人評定，通常較爲客觀。

　　評定量表不祇用在人格測量上，就是能力、成就及發展狀態的評量也有使用評定量表者如文蘭社會成熟量表(Vieneland Social Maturity Scale)，卜里奇(K.M.G. Bridges)的兒童社會行爲發展量表等是。

　　由於形式的不同，評定量表有很多類別：如數字評定量表(numerical rating scale)、等級評定量表(rank-order scale)或優劣等級量表(merit ranking scale)、描寫式評定量表(descriptive scale)、圖示式評定量表(graphic rating scale)、核記評定量表(check list rating scale)、及強迫選擇評定量表(forced-choice rating scale)等均是常用的評定量表，甚至奧斯谷(C.E. Osgood)倡用的語意差別法(semantic differential technique)所使用之語意差別量表，哈特松(H. Hartshorne)、梅伊(M.A. May)和馬婁(J.B. Maller)所創用的猜人測驗，莫雷諾(J.L. Moreno)的社會計量測驗等，均可歸入此類。

　　使用評定量表方式的人格評定量表，早期有勒德(D.A. Laird)的「內外向品質測量表」(Scale for Measaring Introuersion-Extroversion Qualities)，「底特律適應量表」(Detroit Adjustment Inventory, Delta Form)，「費爾斯雙親

行為評定量表」(Fels Parent Behavior Rating Scales)、「仲斯人格評定量表」(Jones Personality Rating Scale)等,近期有德威烏爾斯基金會出版社(Deuereux Foundation Press)出版的「青年行為評定表」和「小學兒童行為評定表」,「文蘭適應行為量表」(Vineland Adaptive Behavior Scale),「柯能氏教育用行為評量表」(Conners Behavir Rating Scale)等是。在我國則有林一眞編製的「中國人A型量表」(成人他評),「兒童A型量表」(老師版及家長版)、林幸台、吳武典、吳鐵雄及楊坤堂等編製的「性格及行為量表」等。性格及行為量表為適用於幼稚園大班至國中三年級學生的人格評定量表,共有64題,包括人際關係、行為規範、憂鬱情緒、焦慮情緒及倫畸習癖等五大類問法,Cronbach α 介於.31至.87之間,效度採建構效度,由常模對照可篩選出在性格及行為方面正常及輕度、中度和重度與異常者出來。

一般說來由學校教師或家長對於學生或子女,由於相處時間久長,認識深遠,因而評定量表頗適用,但在使用評定量表時,仍須減少下列的偏誤(黃元齡,民78):

1. 月暈效果(halo effect)

評定者往往會因被評定者單一有利或不利的特質的影響,致使他對被評定者的其他特質的評定產生扭曲。如何減少月暈效果的影響,就是要求評定者逐項評定,以及將所要評定的特質作具

體的界定。

2. 中庸傾向的偏誤（error of central tendency）

評定者傾向於特被評定者置於等第量數的中間，而不作二極端的評定。爲減少這種偏誤，唯有由對被評定者有深刻認識者來評定。同時評定之前評定者需先接受訓練。

3. 慈悲偏誤（leniency error）或嚴苛偏誤（severity error）

前者係指評定者對被評定者避免作不好的評定，致使評定結果有一致性偏高的規定，而後者係指評定者對被評定者喜歡做不好的評定，致使評定結果有一致性偏低的現象，這需要求評定者作確實評定，必要時可由多個評定者獨立評定再取其平均數作爲評定結果。

第三節　投射法人格測驗

投射法人格測驗簡稱投射法測驗（projetive test）是指應用結構相當鬆弛或模稜兩可的測驗題材，給予受試者自由反應的機會，使他在不知不覺中投射出自己內在的慾望、思想、態度、情緒或衝突等，藉以探究其人格特質。這些結構鬆弛，意義曖昧的刺激，測驗目的隱晦不明，可避免或減少受試者作假，或使他無

從作假，比較能夠了解其人格特質，不過因爲這種非結構的特質，而使量化和解釋困難，因此施測、記分及解釋投射法人格測驗，需要有更多的實務訓練，不是一般學校教師所能勝任者。

　　林賽（G. Lindzey）依據投射法人格測驗反應類將此種測驗區分爲聯想法、編造法、完成法和表現法五類（韓幼賀，民78，路君約，民81）：

一、聯想法

　　受試者對於某些選定的字詞，或墨漬等刺激物，說出最先所引起的聯想或反應，藉以了解其內心衝突的範圍或思考的歷程，像榮格（C. Jung）的單字聯想，肯特（G.H. Kent）與洛桑諾夫（A. J. Rosanoff）的自由聯想測驗，以及羅夏赫（H. Rorschach）的墨漬測驗等是。

二、編造法

　　要受試者根據所有到的圖畫編造一套含有過去、未來和現在等發展過程的故事，從而衡鑑受試者人格特質的方法，如莫瑞（H.A. Murray）與摩爾根（C.D. Morgem）的主題統覺測驗含31張圖卡，其中有一張是空白的，其他是描繪一種情境和人物，按年齡性別組合成四套，每套20張，分兩次個別施測，要受試者每

看一圖（含空白卡），使憑想像按圖的主題講一個故事，故事內容包括「發生了什麼？」，「導致什麼？」，「後來如何？」這一類型的測驗尚有「兒童統覺測驗」（Children's Apperception Test, CAT），「長者統覺測驗」（Senior Apperception Test, SAT）或老人統覺測驗（Gerontological Apperception Test）等。

三、完成法

給予受試者一些不完整的文句，故事或圖畫等題材，要受試者補充之，使它完整無缺的方法，如洛特(J.B. Rotter)未完成語句測驗（incomplete sentence blank），羅聲威（S. Rosenzmig）挫折圖形研究（Picture-Frustration Study, P-F study）所用的投射測驗均屬於此類。羅聲威挫折圖形測驗有兒童、青少年及成人三種版本，每種有24張挫折情境的漫畫（其例如圖10-2），用兩人對話的方式，由一人對另一人施以挫折，而由受試者扮演另一人作反應，從而了解受試者對於挫折情境的反應情形。

圖10-2　羅聲威挫折圖形測驗

（引自韓幼賢，民78，頁228）

四、選擇法

　　給予受試者一些測驗題材，要他根據某一特定的準則（如最喜歡或最不喜歡，作選擇，從而顯露其人格特質的方法，如宋迪測驗（Szondi test），團體人格投射測驗（group personality projective test GPPI），均屬於此類的測驗。卡賽爾（K.N. Cassel）與康恩（T.C. Kahn）合編的團體人格投射測驗，共有90個描繪日常生活中不同領域的棒狀人形圖片，每一圖片各附有五個答案（如圖10-3），由受試者選擇其中之一，非常方便團體方

式施測，記分客觀，可得快樂、沮喪、助人、退縮、神經質、親和和求援等七項分數，並由快樂和沮喪分數計算緊張減縮商數（tension reduction quotient, TRQ），由緊張減縮商數、助人、退縮、神經質、親和及求援分數求得總分，根據總分可以區別正常人和住院神經、神經病患者，以及矯治機構中的不良份子和罪犯。

例1.

圖中的人在往那裏去？
a 渡假尋歡作樂去。
b 散散步而已。
c 他妻子正在醫院中生產，所以他很憂慮。
d 他工作完了正在歸家途中。
e 他正要去教堂聽人佈道。

例2.

圖中A在幹什麼？
a 另外三個人不要A和他們在一起。
b A是這個家庭的父親。
c A在憂慮他遭遇到一個重大問題。
d A在想組織一個社交團體。
e A是這家人的母親。

圖10-3　團體人格投射測驗

（引自程法泌，蔡義雄，民60，頁22）

五、表現法

要受試者藉著作畫、遊戲、玩木偶等自由行動或語言中表達

自己的心意，從而衡鑑其人格特質的方法，「玩具測驗」(toy test)、「畫人測驗」(draw-a-person, DAP)、「屋、樹、人測驗」(house-tree-person, H-T-P)及「畫樹測驗」等均是屬於此類的測驗。

通常個人常有許多不是意志控制的人格特質，不易使用問卷式人格測驗衡鑑，但都可使用投射法人格測驗來衡鑑，投射法人格測驗係探究受試者的整個人格，同時將人格特質的各部分以及其間的關係，它適合用來了解個人複雜的心理歷程及整體的人格。我國有不少的學者專家從事這方面的研究，成果豐碩，均發表於測驗年刊。

第四節　情境測驗

情境測驗就是預先佈置一種真實的情境，觀察受試者置身於這種情境下所表現的實際行為，然後對其人格特質加以評鑑的方法。情境測驗由於所佈置的情境不同，而有下列不同的測驗方式：

一、日常情境測驗(everyday life test)

係指所佈置的測驗情境與受試者的日常生活情境相似者，哈

特松（H. Hartshorne）與梅伊（M.A. May）所從事的品格教育探詢或譯爲品格教育測驗（Character Education Inquiry）就是屬於日常情境的情境測驗。他們在教室裡佈置實際情境，以測量受試者的誠實，自我控制和利他性等品格，其中應用最廣的是誠實測驗，下面將誠實測驗的幾種技術略加說明，至於自我控制和利他性的測量技術，請自行參考程法泌（民51）及路君約（民81）的著作。誠實測驗係在受試兒童上課用的教室要他們回答字彙，算術、句子完成等類試題，將測驗完畢收回的試卷複印一份，然後下次上課將未批改的試卷發還給受試者兒童，並附上標準答案，要他自行批改分數，事後將收回的試卷與複印表對照，便可發現學生是否有塗改答案以提高分數的不誠實行爲。又令受試兒童作握力競賽，每個人准許練習三次，主試者默記其最高記錄，接著任憑各個受試兒童連續而迅速地握五次，並自行將結果記下。由於在迅速緊握的試驗中，疲勞不利於記錄的增加，而且很難有增加至超出其最初三次嘗試記錄的可能。此受試兒童是否誠實，不難推斷。又如令受試者閉目作方迷或圓迷測驗，遵照指導進行，不得觸及周邊，如果受試者的分數超出標準以上必爲不誠實。例如圖10–4圓迷測驗，受試者必須自己緊閉雙眼在10個大小不同的圓圈上作記號，根據哈特松和美伊兩氏的研究，每次頂多不能畫中4～5圓圈，連續測量三次所得分數不應超過13分，三次總分超過十三分，則表示受試者有欺騙的行爲。

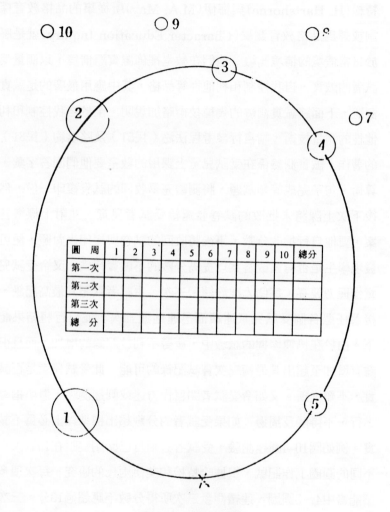

圖10-4　圓迷測驗

（引自黃元齡，民78，頁507）

二、情境壓力測驗(situational stress test) 或譯爲緊張情境測驗

係指在測驗情境中,安排有各種不同的壓力,包括電擊、跌落,使身體失去平衡,各種引起驚嚇的刺激,以及與主試者觀察者共同工作人員或助理人員的各種人事糾紛,而觀察受試者的行爲表現的情境測驗。像美國戰略服務局的情境測驗,壓力晤談法(stress interview)等都是屬於此類的測驗。美國戰略服務高的小河情境(brook situation)、牆壁情境(wall situation)等均是受試者以最快速最安全的方法將配備的人員及設備運送於一條小河或峽谷隔開的二個牆壁之間(Anastasi, 1988)。

三、無領袖團體討論
(leaderless group discussion, LGD)

在一個特定的時段裡,爲一群受試者指定一個主題進行討論,主試者觀察與評定每一受試者的表現,但不參加討論。雖然無領袖團體討論常被在非正式的或非標準化的情況下,以揀選軍官、文職人員、行政人員、教師和社會工作人員,但卻有許多相關的研究,在在顯示它是可用的人格測量方法之一。

參考書目

王俊明、黃堅厚、張景媛（民82）：大專學生個人需求量表編製報告。**教育心理學報**，26,125–144。

朱智賢（民78）：**心理學大詞典**。北京師範大學出版社。

余昭（民81）：**人格心理學**。台北市：桂冠。

吳英璋（民67）：測驗量表法。載楊國樞等主編**社會及行爲科學研究法**。頁587–621，台北市：東華。

吳武典（民65）：**教育診斷工具評介**。台北市：台灣師大特教中心。

李沁芬（民83）：國民中學應用測驗之現況與建議。**學生輔導**，31，53–57。

李坤崇、林幸台、牛格正（民76）：個人需求量表之編製報告。**測驗年刊**，34，67–78。

李坤崇、歐慧敏（民82）：行爲困擾量表的編製。**測驗年刊**，40，117–134。

林一眞（民76）：學校大量使用自陳式人格量表的省思。**測驗年刊**，34，193–194。

林一眞（民82）：國小兒童敵意，A型人格和身心適應。**中華輔**

導學報，1，25–27。

林邦傑（民82）：我國心理測驗的回顧。測驗與輔導，120，2444。

林邦傑、翁淑緣（民75）：**大專人格測驗指導手册**。台北市：教育部訓育委員會。

林幸台（民82）：高中資優學生生涯輔導之實驗研究。**中華輔導學報**，1，1224。

林幸台、吳武典、吳鐵雄、楊坤堂（民81）：**性格及行爲量表指導手册**。台灣師大特教所。

范德鑫（民76）：實施人格測驗要注意些什麼？**心理測驗通訊**，4，3及5。

兪筱鈞、黃志成（民73）：**曾氏心理健康量表指導手册**。台北市：中國行爲科學社。

洪儷瑜（民81）：柯能氏教師行爲評量表之因素分析。**測驗年刊**，39，175–185。

馬傳鎮（民70）：**少年犯罪量表（少年心理量表）指導手册**。台北市：正昇教育科學社。

倪亮（民53）：**心理測驗之理論與實施**。台北市：中華文化出版事業社。

國立編譯館主編（民72）：**心理與教育統計及測驗**。台北市：正中。

張正芬（民82）：**文蘭適應行爲量表修訂報告**。台灣師大特教

系。

張春興（民78）：**張氏心理學辭典**。台北市：東華。

郭生玉（民76）：**心理與教育測驗**。中和市：精華。

莊耀嘉（民71）：我國人格測驗的發展。載於中國測驗學會主編
我國測驗的發展，頁39-48，台北市：中國行為科學社。

莊耀嘉、楊國樞（民82）：性格測驗之發展與本土化。載於中國
測驗學會主編**心理測驗的發展與應用**，頁179-229，台北
市：心理出版社。

陳英豪、吳裕益（民79）：**測驗與評量**。高雄市：復文。

陳明終、許勝哲、吳清山、林天祐（民77）：**我國心理與教育測
驗彙編**。高雄市：復文。

陳彰儀（民83）：工作適應人格量表之編製。載教育部訓育委員
會**八十三年度專案研究論文摘要集**，頁253-263。

程法泌（民51）：**心理與教育測驗實施法**。台北市：國立教育資
料館。

程法泌（民60）：教育測驗。載於**雲五社會科學大辭典第八冊教
育學**，頁321-345。台北市：商務。

程法泌、蔡義雄（民60）：卡康二氏團體人格投射測驗的研究。
測驗年刊，18，21-46。

黃元齡（民78）：**心理及教育測驗的理論與方法**。台北市：大中
國。

黃安邦（民80）：**心理測驗**。台北市：五南。

黃堅厚（民67）：投射技術，載於楊國樞等主編**社會及行為科學研究法**，頁624-676，台北市：東華。

黃堅厚、黃琪恩（民81）：我國大學生在「麥布二氏行為類型量表」上之反應。**測驗年刊，39，**285-295。

程玲玲（民63）：三種學童焦慮量表的簡介。**測驗與輔導，5，**76-77。

路君約（民52）：**心理測驗與輔導**。教育部中等教育司。

路君約（民59）：**輔導測驗**。台北市：台灣書店。

路君約（民76）：人格測驗有那些？**心理測驗通訊，4，**4-5。

路君約（民81）：**心理測驗**。台北市：中國行為科學社。

葛樹人（民80）：**心理測驗學**。台北市：桂冠。

楊國樞（民80）：工作性格測驗簡介。載於行政院勞委會職訓局主編**職業心理測驗使用表手冊**，頁25-35。

葉重新（民81）：**心理測驗**。台北市：三民。

鄧永泰（民67）：**心理測驗**。台北市：文景。

盧欽銘（民78）：測驗法—測驗在科教研究中的應用。載國科會科教處主編**科學教育研究方法第一次研習會資料**，四1～四－33。

簡茂發（民76）：**心理測驗與統計方法**。台北市：心理出版社。

韓幼譯（民78）：**教育心理學**。台北市：茂昌。

Anastasi, A.(1988) Psychological testing. New York: Mac Millan.

Buros, O.K.(1970) Personality test and review. New Jersey: The Gryphon Press.

Hopkins, K.D., Stanley, J.C. and Hopkins, B.R.(1990) Educational and Psychological Measurement and Evaluation. Englewood Cliffs, N.J.: Prentice-Hall.

第十一章

興趣測驗

第一節　興趣測驗的意義與性質

　　興趣(interest)一詞，在教育上應用得非常廣泛，但缺乏一個明確的定義。在張氏心理學辭典（張春興，民國78年）中，係指以下幾個概念：1.個人對事務的正面態度。2.由人事物所引起的注意心向。3.個體在從事某種活動時所體驗到的愉快感受。4.在動機性行為活動中逐漸接近目標時的心情。5.個體所追求的目標達成之後的滿足。從這些概念看，興趣泛指一個人對其環境中的人、事、物所引發的喜愛程度。當一個人對於其所喜歡的對象、課程、活動、教育、職業或娛樂等活動產生興趣時，會全心全力地置身其中，從當中得到快慰與滿足。反之，如果一個人對於其所從事的活動缺乏興趣，即使對這些活動必須有所接觸，卻會覺得食而無味，無論對活動的參與度或滿足感都會大打折扣。

　　興趣測驗即在於測量一個人對某種活動喜愛或不喜愛的程度。在測量興趣這種特質時，有一些對「興趣性質」的基本假定（郭生玉，民國74年）：1.興趣不是天生的，而是個人從事某項活動結果而學得的；2.年幼兒童的興趣相當不穩定，現在20歲以後就趨向穩定，而25歲以後就極少產生改變；3.不同職業的人享有同樣的喜愛和不喜愛的活動；4.興趣的強度因人而異；5.興趣會引發個人行動的力量；6.在相同職業或工作領域的成功者，其

職業興趣組型相同；7.不同職業的成功者，其職業興趣組型亦不同。

一、興趣測量的發展

有關興趣的評量，以Strong(1927)的職業興趣研究為濫觴。Strong首先為現在不同職業的人，其興趣的差異可以由量表區分出來。這種測量技術稱為**常模性量表**(normative scale)，也就是量表測量出來的結果可以拿來和從事某一特殊職業的人作比較。這種用來作比較的職業團體也有可能是大學的主修科目。第一個規範性量表在一九二九年由Strong所發展出來，藉實證的方法歸納出對照的團體。

此後四十年間的興趣測驗發展，集中在兩份量表上，其一是以Strong為主導的史東興趣量表(Strong Interest Inventory, SII, Hansen, 1992)，其二為Kuder所發展的庫德職業興趣量表(Kuder Occupational Interest Survey, KOIS, Kuder, 1966)。自1965年以後，這兩份量表的發展隨著電腦科技的進步與評量方法的改進，彼此成了強勁的競爭對手。Kuder量表除了職業參照團體外，還加入了大學科系參照團體。這種經驗性量表的投資相當可觀，欲建立一個職業團體的資料，就必須蒐集至少兩百個以上具有代表性標本的資料。同時評分的工作也複雜到必須由電腦執行。這種標本資料龐雜擴充的結果，使得在應用上十

分不便，由施測到測驗結果的報告這中間的流程完全掌控在版權
商的手上。

這兩份量表強勢的發展與競爭形成了興趣量表近五十餘年的
傳統。這種心理評量法的傳統直到John Holland才有了突破。
相對於 Strong 與 Kuder 的繁雜，Holland 的信念是簡單
（simplicity）。Holland理念之實踐為其自行設計之職業自我探
索量表（Self-Directed Search; SDS）。SDS初版發行於一九七
一年，截至一九八五年的第四版發行之前，發行是已累積至七百
萬份。前述之史東職業興趣量表在一九七四年改版後，也加入了
Holland理論中六個生涯類型分類的方法，本研究即擬以
Holland六個興趣類型為編製興趣量表之架構。

Holland在1950年開發的研究方向，係從一個職業輔導實務
者的觀察心得出發，卻與Strong、Kuder的精準、高科技取向
背道而馳。他的方向是概念性的、理論性的、與實用性的、而非
心理計量性的（Borgen, 1986）。他的「簡單性」原則早期為學者
們所排斥，今日卻大受歡迎。有兩個調查報導了諮商中常用測驗
的排行榜，無論在高中（Engen, Lamb, & Prediger, 1982）或大
學（Zytowski & Warman, 1982），SDS 均與 SCII（SII 之前
身）、KOIS鼎足而立。

上述三種是目前美國最為著稱而且應用得最廣的興趣測驗。
除此之外，尚有許多不同性質的興趣測驗，有的應用在教育課程
的興趣評量，也有的應用在生涯決定上。近年來職業興趣測驗無

論是新修訂者，或是新編者，漸漸呈現出朝著以下幾種方向發展的趨勢（Anastasn, 1988）：

1. 強調自我探索（self-exploration）

　　愈來愈多的興趣量表在設計上傾向於提供更多的機會，讓使用者根據詳細的測驗結果，聯結上職業或教育的資訊，或配合其他的心理特質，進行對自我了解的探索。這些探索的最後的目的，指向個人的生涯決定。這種取向的改變和傳統的職業興趣量表設計理念是截然不同的。早期的職業興趣量表強調的是在「興趣」這一特質上，人與工作的結合務求精確。隨著生涯輔導的浪潮席捲職業輔導的趨勢走向，現今的興趣測驗開始重視個人的自我了解、自我探索、與生涯決定。

2. 強調拓展生涯選項（expanding the Career options）

　　自我了解是生涯選擇的必要條件，自我了解的範圍擴大，或更加明確，生涯目標的選擇範圍也會增加。因此，興趣量表的設計目標也作了進一步的調整，開始根據使用者的填答資料，提供更多的生涯選項，以供使用者進階性的探索，而這些範圍擴大的生涯選項，許多是測驗的使用者在過去未曾想過的。

3. 強調性別平等待遇（sex fairness）

　　此一趨勢是緊跟著生涯選項的擴展而促發的。一般而言，興

趣量表是將一個人在量表上呈現出來的興趣，和從事不同職業的人的興趣等來做比較。量表上的興趣，可能是單一的反應題項，也可能是較廣的興趣範圍。雖然評估個人興趣的過程是以客觀的與實證的測驗編製法則爲基礎，問題出現在與常模團體的比較上。如果某個職業團體的男女性別比例差距太大，如工業工程以男性爲主，護士以女性爲主，在測驗的解釋上就會產生很大的偏差。因此，測驗學界愈來愈重視興趣量表上性別偏差的問題，強調必須遵照性別平等待遇的原則。此項原則（Tittle & Zytowski, 1978, pp. 151-153)已成了新編測驗或修訂測驗的指導原則。

二、興趣測量的方法

興趣測量的方法基本上可以分爲下列四種（葛樹人，民國77年；Super & Crites, 1962)：第一，直接詢問一個人他或她最喜好或不喜好的人、事、物爲何；第二，從行爲上觀察一個人經常接觸的人和事以及其參與之活動，並推測其興趣之所在；第三，對一個人有關各種活動或職業的知識加以測驗，從其知識的多寡上去判斷興趣之高低；第四，使用已建立的量表去測量一個人的興趣。在這四類的興趣評量方法中，較常用的爲第一種與第四種。第一種又稱爲**口述的興趣**(claimed interest)，受測者以口述的方式，寫下或說出其所喜歡的事情或職業。如SDS在第一

部分，讓受試者寫出過去曾經憧憬過的職業。此法被視為是一種非正式的資料蒐集法，而且研究上證實它具有一定程度之可信性（Bartling, 1979）。有趣的是，有相當的證據顯示，當口述的興趣與**評量的興趣**(measured interest)不一致時，前者較後者能預測最後的生涯決定（Slaney, 1980）。

　　然而，一般學術界使用得最多的興趣評量方式是最科學的第四種，也就是上述的「評量的興趣」。通常，一個標準化的興趣量表包含了不同學習活動、休閒活動、或職業興趣的敘述語句，敘述方式或採單項敘述（單項作答），或採成對敘述（二選一），或採三項一組敘述（三選一），由選填者針對自己的狀況作反應。這種方法能兼顧測驗編製在信度與效度上的要求，可以大量團體施測，也可以個別施測；有手記分者，也有電腦記分者；既客觀，又科學，因此是目前使用最為普遍的興趣評量方式。

三、興趣量表的類型

　　興趣量表的編製，依編製方法之不同，可概分為兩大類：「**常模性量表**」(normative scale)與「**同質性量表**」(homogeneous scale)。「常模性量表」的歷史較為悠久，係以職業常模作為計分的比較基準。受試者在測驗上得到的測驗分數，必須拿來與職業常模作比較，以顯示出這個人的興趣與其他

不同行業的人相似的程度。第一個常模性量表在一九二七年由史東所發展出來，藉大量的職業團體資料以實證的方式建立對照的職業團體常模。

另一種是「同質性量表」，用來測量不同類別的興趣範圍。這類的量表通常以若干同質性（也就是內部一致性高）的題目組成一個特殊的單位（類似於分測驗），而以若干個單位組成一份量表，單位與單位之間又具有相當程度的異質性，Holland的職業自我探索量表是一個代表性的同質性量表。

在教育或輔導的應用上，雖則使用的時機或有不同，此二類型的量表各有其長處。「常模性量表」對於選擇特殊的職業有較佳的預測效度，而且題目的「透明度」較低，和「同質性量表」比較起來，較不易作假。而在同質性量表的應用上，則能協助受測者發現其特殊興趣組型，不只是偏狹的限定在找出對於某些特殊職業的興趣。由此看來，常模性量表比較適用於面臨生涯決定，有時間壓力需要縮小範圍選擇特殊職業的學生。而同質性量表則比較適用於需要一段時間自我探索，以發現一般興趣組型的學生。

第二節　興趣量表簡介

現今美國最負盛名且應用得最為普及的興趣量表，為史東

（Strong）、庫德（Kuder）、以及何倫（Holland）三位學者所分別發展出來的三種興趣量表，這三種量表又有三大（big three）之稱，可見其等量齊觀、廣受重視的程度。本節即在於對這三種具有代表性的興趣量表，做一簡單介紹，由於史東與庫德的興趣量表新修訂的版本均加入了何倫的理論構念，因此先行介紹以何倫理論所發展出來的量表。

一、大學入學考試中心興趣量表

㈠概述

　　本量表簡稱「大考興趣量表」，係由金樹人、林幸台、陳清平與區雅倫（民國82年）依照何倫的理論所發展出來的量表，適合高中與大學生使用。此量表的編製理念雖以何倫的類型論爲基礎，但鑑於國內直接根據美國職業探索量表修訂所得量表的結果，與美國地區所得之結果不盡相同，而與其他非美國地區的研究結果大多相似（金樹人，民75）。由此推測用以組成該量表的題目之行爲樣本可能具有文化差異，因此不適合國內直接或修訂後使用。故此份量表係以何倫的類型論的概念爲依據，蒐集本土性的職業活動資料，並據以轉化爲量表的題目。

(二)何倫理論概述

Holland將美國社會中的四百五十六種職業歸納為六大類型，基於「物以類聚」的假設，也有六種不同類型的人，會去從事和自己的類型相同的職業。這六個類型其字首的英文字母按照一個固定的順序排成一個六角形，即R–I–A–S–E–C，如圖11–1：

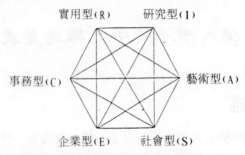

實用型(R)　　研究型(I)

事務型(C)　　　　　　藝術型(A)

企業型(E)　　社會型(S)

圖11–1：Holland的六角形模式

這六個類型的職業興趣，反映出六種不同從事該類職業者的人格屬性，茲列舉如下（林幸台、金樹人、陳清平、張小鳳，民81）：

1.實際型（Realistic）

實際型的人需要機械能力或體力，以便處理機器物體、工具、運動設備及動物有關之工作，比較屬於清楚、具體、實在及體力上的工作。大部份工作需在戶外進行，比較不需與人有深入

之接觸，所以其社交技能並不十分重要，智力及藝術能力也不那麼需要。這種人大概比較不善社交，屬於情緒穩定、具體化的人，適合從事技術、體力性工作——如農業工作、汽車修護員、飛機控制、電器工程、加油站工作……等。他們常有以下之特徵：順從／重視物質／溫和／坦白／自然／害羞／誠實／有恆／穩定／謙虛／實際／節儉。

2.研究型（Investigative）

研究型的人運用其智能或分析能力去觀察、評量、判斷、推理、以解決問題。他們喜歡與符號、概念、文字有關之工作，不必與人有太多接觸。從事如生物、物理、化學、醫學、地質學、人類學……等工作，具有數理及科學能力，但缺乏領導能力，常有下列的特徵：分析／獨立／溫和／謹慎／智力／精細／批判內向／理性／好奇／重視方法／保守。

3.藝術型（Artistic）

藝術型的人需要藝術、創造、表達及直覺能力，藉文字、動作、聲音、色彩、形式來傳達美、思想及感受。他們需要敏銳的感覺能力。他們喜歡從事的職業，譬如作曲家、音樂家、指揮家、作家、室內設計師、演員，具有文學、音樂、藝術的能力，但通常缺乏文書事務能力，常有以下特徵：複雜／崇尚理想／獨立／無條理／富幻想／直覺／情緒化／不實際／不從衆／善表達

／衝動／獨創性。

4.社會型（Social）

社會型的人具有與人相處、交往的良好技巧。他們對人關懷、有興趣，具備人際技巧，並能了解、分析、鼓勵並改變人類的行為。他們對自我肯定，並有積極正向的自我概念。喜歡從事與幫助他人有關的工作，如老師、宗教人士、輔導員、臨床心理學家、社工員……等，具有社會技能，但通常缺乏機械和科學能力，常有以下特徵：令人信服／助人／有責任／合作／溫暖／社會化／友善／同理／善體人意／寬宏／仁慈／敏銳。

5.企業型（Enterprising）

企業型的人運用其規劃能力、領導能力及口語能力，組織、安排事物及領導管理人員，以促進機構、政治、經濟或社會利益。他們喜歡銷售、督導、策劃、領導方面的工作及活動，以滿足他們的需求。如業務人員、經理人員、企業家、電視製作人、運動促進者、採購員、推銷員……等，具有領導能力及口才，但缺乏科學能力。通常有以下特徵：冒險／精力充沛／善於表達／野心／衝動／自信／引人注意／樂觀／社交／武斷／外向／熱情。

6.傳統型（Conventional）

傳統型的人需要注意細節及事務技能，以便記錄、歸檔及組織文字或數字資料。他們通常不是決策人員，而是執行人員；他們給人的印象是整潔有序、服從指示、保守謹慎的，他們喜歡從事資料處理、文書及計算方面的工作，如簿記人員、速記人員、金融分析師、稅務專家、成本估計師等具文書及計算能力，但缺乏藝術能力。常有下面之特徵：順從／抑制／實際／有良知／缺乏彈性／節儉／謹慎／有條理／缺乏想像力／保守／有恆／守本份。

Holland這六種類型，代表六種不同的興趣與人格性質，它可以幫助個體了解自己對那種類型的工作較適合，同時也協助個體了解工作環境及內容。然而人不是很單純只具備某「一」種特質或某「一」種興趣而已，常常是同時具備兩種或更多方面的興趣與特質；不過其中一種會最強，而其他則較弱。假如個體比較偏向其中某一興趣類型，則對在六角形中與其相鄰的類型之興趣，通常大過與其相對之類型。

㈢測驗內容

本量表分為兩部分：第一部分是「喜歡的事」，每類型廿一題，共一百廿六題；第二部分是「喜歡的職業，每類型十二題，共七十二題。根據喜歡的程度，受試者從「非常喜歡」。「喜

歡」、「不喜歡」及「非常不喜歡」中選出一項，並依序以3、2、1、0計分，每類型最高可得99分。

此外，過去有關「口述的興趣」與未來實際所從事的職業之關係的研究，均呈現出合理的預測效度，本量表亦增列這型題材以做為校核量表分數的效度題目。惟為了克服資料輸入和計量上的問題，及決定採用直接陳述各類型的定義及例舉具代表性的典型職業若干個，以供選答。為提高做答本題的興趣及兼顧我國傳統文化的特色，本量表以「抓週」的習慣為題幹來撰擬本題，因此實際題數增為一百九十九題。

㈣信度與效度

相隔四個月的再測信度，「喜歡的事」各類型的再測信度介於.78～.87之間；「喜歡的職業」各類型的再測信度介於.80～.83之間。此兩部份合併之再測信度介於.81～.88之間，「抓週」部份的再測信度介於.61～.82之間。內部一致性信度在各類型上的α係數介於.94～.95之間。

在效度研究方面，本量表無論在內容效度分析、聚斂效度分析、類型間的相關分析、及因素結構效度分析等方面，所得之結果俱屬理想。

二、史東興趣量表

㈠概述

本量表之前身為史東職業興趣量表（Strong Vocational Interest Blank, SVIB），目前已經過四次的修訂。本量表在一九二九年由史東首創，初版僅限於男性使用，女性版本稍後於一九三三年出版。第一次修訂在1938年（男用版）和1946（女用版），第二次修訂在1963年（男用版）和（女用版），第三次修訂在1974年，最近一次修訂在1985年。史氏於1963年去逝之後，SVIB的修訂工作由其弟子闞柏（O.P. Campbell）主持，故1974年的修訂本又稱為史闞興趣量表（Strong–Lampbell Interest Inventory: Fom T325），最近（1988）闞柏放棄了著作權，還原給史氏，故目前這份量表的正式名稱是：史東興趣量表：史東職業興趣量表的T325版（Strony Interest Inventory: From T 325 of the Strong Vocational Interest Blanks）。

經過六十幾年來不斷的累積資料，不斷的修訂，SII相關的研究著作已超過二千種以上，被一般人公認為心理測驗中少數的經典工具（葛樹人，民77）。目前這份量表是全美在生涯輔導上以及人事甄選上應用得最多的評量工具，在我國曾由張肖松與路君約兩位學者於民國58年修訂。

(二)測驗內容

SII之內容共有七個部分，由325個不同性質的題目組合而成。

第一部分為「職業」，包含131種不同職業的名稱，如：「演員」、「藝術家」、「圖書館員」等。

第二部分為「學校課程」，包含36種學校的學習科目或課程名稱，如：「簿記」、「化學」、「地理」等。

第三部分為「活動」，包含５１項一般尋常人的活動事項，如：「負責任」、「成人指導」、「調解糾紛」等。

第四部分為「休閒活動」，包含39種特別與休閒娛樂等有關的活動，如：「釣魚」、「打高爾夫球」、「橋牌」等。

第五部分為「人物類型」，包括24種日常生活中容易接觸到的人物，如：「軍人」、「音樂天才」、「傑出科學家」等。

以上五個部份的作答方式均為一致，即以「喜歡」、「不喜歡」、或「無所謂」的方式選擇其一。

第六部分為「兩種活動的偏好」，這部份的題目型式較為特別，共有30題，每題有兩種興趣活動，受試者必須在兩者中擇其所好。如：

飛機駕駛　　282　機票代售

計程車司機　283　警察

餐廳領班　　284　守燈塔員

第七部分為「個人特質」，包含14種描述個人特質的陳述語句，填答方式為「是」、「否」、或「無法決定」。例如：「很容易攀交新朋友」、「快速作決定，不經深思熟慮」、「鼓舞士氣」等。

㈢信度與效度

有關此份量表的信、效度研究非常多，均有詳細且完整的數據。一般而言，在信度方面，其重測信度甚高。史東興趣量表的評分共有四個部分：普通職業主題（General Occupational Themes）、基本興趣量表（Basic Interest Scales）、職業量表（Occupational Scales）、施測指數（Administrative Indexes）和特別量表（Special Scales）。1985年版的重測信度，「職業量表」部分兩週是.92，30天是.89，三年是.87。其他「普通職業主題」、「基本興趣量表」、與「特別量表」的重測信度在.81至.91之間。這些數據，與其他史東本人所作長達十年的興趣穩定性研究，都發現此份量表之重測信度甚佳。

在預測效度方面，過去Strong所進行長期縱貫式的研究，發現以大學興趣測驗的成績來預測未來所從事的職業，命中率大約在60－75％之間。惟新版的資料尚未建立。由於SII已經加入了前述何倫的六角形類型理論的分類系統，有關SII的建構效度研究也將會愈來愈多。

三、庫德普通興趣量表

㈠概述

庫德(G.F. Kuder)曾經發展出四種量表，評見表11-1：

表11-1 四種庫德量表

量表名稱	型式	對象	記分
庫德職業偏好量表 Kuder Perference Record-Vocational	CP與CM	高中生與成人	CP:手記分 CM:機械記分
庫德個人偏好量表 Kuder Perference Record-Personal	AH	高中生與成人	手記分
庫德普通興趣量表 Kuder General Interest Surrey	E	初、高中學生	手記分
庫德職業興趣量表 Kuder Occupational Interest Survey	DD	9-12年級以上 至成人	電腦記分

　　庫德興趣量表的發展歷史幾乎和史東興趣量表一樣的悠久。如上表所示，庫德職業偏好量表是最早的庫德量表，其所採用的評量方式，和史東的多程式評量策略有兩個基本的差異。首先，

庫德興趣量表採用的是一種：三合一式的強迫選擇（forced-choice triad items），每一個題項包括三個分屬於不同興趣範疇的活動題目，從中勾選最喜歡和最不喜歡的活動。其次，分數的組合並非以職業為單位，而是以興趣範圍為單位；各單位內題目的內部一致性高，而單位間的題目彼此相關則低。庫德普通興趣量表是庫德職業偏好量表的修訂與延伸，適用的年齡層更低，只要有小學六年級程度閱讀能力即可作答。因此，本量表之設計目的，並不在於職業的選擇，而側重在個人對於興趣的了解，以作為課程選擇等生涯探索的參考。

庫德職業興趣量表是最後發展出來的版本，與SVIB類似，係以效標為基準的方式呈現。但稍有不同的地方是，個人的興趣分數並非與單一的參照職業團體做比較，而是將個人的興趣組型，與參照職業團體的興趣組型來比較。以下分別就較常用的後兩種量表的測驗內容逐一介紹：

(二)測驗內容

1. 庫德普通興趣量表

本測驗一共有168個三合一的題項，504種興趣活動，分成11種分量表，分別為戶外（outdoor）、機械（mechanical）、計算（computational）、科學（scientific）、說服（persuasive）、藝術（artistic）、文學（literary）、音樂（musical）、社會服務（social

service)、文書(clerical)和驗證(verification)等。驗證分數
（V分數）是用來決定反應者的合作或坦誠的程度。各分量表的
題項不等，最少的是音樂（16題），最多的是70題（說服）。至
於題目的呈現方式，係以三個陳述句組成一個題項，反應者必須
經這三個活動中圈選出一個最喜歡的活動和一個最不喜歡的活
動，是一種強迫式的選擇，例如

		M O L
P.	參觀藝廊	O P O
Q.	到圖書館瀏覽	O Q O
R.	參觀博物館	O R O

　　上述這個例子，表示反應者最喜歡(M)是參觀藝廊，最不喜
歡(L)去圖書館。

　　測驗手冊中所呈現出來的重測信度，十個分測驗（一種除
外）的信度係數爲等於或大於.70，9至12年級組的係數高於6到8
年級組的係數。說服量表的信度稍低，在六週的重測期間所測得
之係數，6至8年級男、女性樣本上的係數各爲.69與.73。在內部
一致性方面，6 至8年級男生樣本之KR–20介於0.72至0.89之間，
女生樣本介於0.76至0.90之間。而9至12年級男生樣本之KR–20
係數在0.86至0.92之間，女生樣本至0.82到0.90之間。至於效度
方面，本量表的使用手冊中並未詳細地呈現，有待進一步的研

究。

2.庫德職業興趣量表

此量表使用的年齡層較高，適合生涯諮商與人員安置用，計有100題三合一的陳述句，所得到的分量表有四：

⑴可靠性(dependability)

以文字描述的方式呈現，包括驗證分數、無法電腦取讀的題數，以及職業量尺與大學科系量尺分數的高低等級。

⑵職業興趣推估(Vocational Interest Estimates，簡稱VIE)

包括十種興趣範圍（同前），這十種興趣的百分位數可以用表11-2轉換成何倫碼：

表11-2　VIE百分位數與何倫碼的轉換

VIE百分位數		何倫碼
（戶外＋機械）	2	R
科學		I
（藝術＋音樂＋文學）	3	A
社會服務		S
說服		E
（計算＋文書）	2	C

⑶職業量尺(Occupational Scales)

受試者的興趣組型與104種職業人員的組型相比較。

⑷大學主修系別量尺（College Major Scales）

受試者之興趣組型與39種大學科系學生的組型相比較。

較為特別的是，職業量尺與大學主修系別量尺的分數，係以入係數（Lambda Coefficient）說明受試者的反應和某一特殊職業或大學主修團體之反應間的強度。係數值愈高，表示這個人的興趣組型與某一特定職業或主修科系團體成員的興趣組型愈相似。

重測信度在VIE各分量表之係數介於.70至.84之間。預測效度方面，係以職業成員（membership）而非職業滿意度（satisfaction）為效標團體，所得的結果也是十分令人滿意。

在我國此份量表曾由行政院青年輔導委員會委託中國測驗學會（民72）修訂，惟只編製了上述「大學主修系別量尺」的部分。中文版可測量二十二種興趣範圍，包括：文學、音樂、美術、社會科學、法律、企業管理、會計統計、國際貿易、教育、體育、數學、物數、物理科學、電學、化工、建築、農藝、醫學、藥學等18種男女通用的興趣，外加男性適用的兩種：航海和機械工程；女性適用兩種：家政和商業文書。

第三節　興趣測驗之應用

興趣測驗在性質上係反應出一個人對不同事物的喜好程度，

非常適合在諮商初期用來與當事人建立良好的諮商關係，可以進一步協助當事人達成以下的輔導目標：

一、進行生涯探索

根據興趣測驗中的活動或職業題項所得到的分數，只能暗示當事人將來在這類工作上較能持久，或較能得到樂趣。諮商員可以協助對方縮小可能的職業生涯選擇範圍，或擴大探索以前所沒有注意到或訊息不完全的興趣範圍。在探索的過程中，宜加入其他的個人資料（如能力、價值觀等），一併考慮。特別是當諮商員發現在興趣量表上各個興趣範圍的得分差距並不是十分明顯時，宜鼓勵當事人多進行生涯探索的活動，從不同的活動中去發現自己真正的興趣。

二、協助教育選擇

如果我們將興趣測驗應用的範圍縮小，則興趣測驗可以用來協助個人決定升學科系或選修課程。以新近修訂完成的大考興趣量表為例，當學生從測驗的結果中找到其代碼時，即可依據代碼按圖索驥的找到一群大學科系名稱，供其選擇大學科系的參考。對於高一的學生而言，興趣測驗也可以用來協助學生決定未來是唸人文社會課程，還是自然科學課程。

三、拓展興趣範圍

　　有時學生最初要求實施興趣測驗是在於證實已有的興趣範圍，未料測驗之後卻發現以往所沒有注意到的興趣。對於國中、高中時值探索階段的學生，興趣測驗最大的價值也許在至協助學生發掘出新的興趣範圍，再加上配合對於工作世界的了解，以及蒐集有關自己各項特質的資料，做進一步的生涯抉擇。

參考書目

金樹人（民75）：何倫類型論之因素結構分析。**教育心理學報，19**，頁219-253。

金樹人、林幸台、陳清平、區雅倫（民82）：**中華民國大學入學考試中心—興趣量表編製之研究報告**。台北：中華民國大學入學考試中心。

林幸台、金樹人、陳清平、張小鳳（民81）：生涯興趣量表之初步編製研究。**教育心理學報，25**，頁111-124。

葛樹人（民77）：**心理測驗學**。台北：桂冠書局。

郭生玉（民74）：**心理與教育測驗**。中和：精華書局。

張春興（民78）：**張氏心理學辭典**。台北：東華書局。

Anastasi, A.(1988) Psychological Testing (6th ed.). New York: Macmillan.

Bartling, H.C.(1979) An eleven-year follow-up study of measured interest and inventoried choice. Unpublished doctoral dissertation, University of Iowa, Iowa city.

Borgen, F.H.(1986)New approaches to the assessment of interests. In W. Bruce Walsh & S.H. Osipow(1989) Advances in vocational psychology: Volume I: the assessment of interests. Hillside, N.J.: Lawrence

Erlbaum

Engen, H.B., Lamb, R.R., & Prediger, D.J.(1982). Are second schools still using standardized tests? Personnel and Guidance Journal, 60, 287-290.

Hansen, J.C.(1992) User's guide for the Strong Interest Inventory. Polo Alto, California: Counseling Psychologists Press.

Kuder, F.(1966) Kuder Occupational Interest Survey, General Manual. Chicago: Science research.

Slaney, R.B.(1980).Expressed vocational choice and vocational indecision. Journal of Counseling Psychology, 27, 122-129.

Strong, E.K., Jr.(1927). Vocational Interest Blank. Stanford, CA: Stanford University Press.

Super, D.E. & Crites, J.O.(1962). Appraising vocational fitness. New York: Harper & Row.

Title. C.K., & Zytowski, D.G.(1978). Sex–fair interest measurement: Research and implications. Washington, D.C.: National Institute of Education

Zytowski, D.G., & Warman, R.E.(1982). The changing use of tests in counseling. Measurement and Evaluation in Guidance, 15, 147-152

第十二章

適性測驗

電腦化適性測驗（ *Computerized adaptive testing* ）是當前較流行的一種測驗方式。傳統的測驗理論已有一段很長的歷史，它有許多優點，但是，也存在一些問題，缺點是無論受試水平是高是低，都接受同樣的試題測驗。同一套試題，對能力差的學生是很難的題目，根本無法作答；對成績好的學生，是容易的題目，浪費時間。這兩種情況都不能真正反映考生的真實水平。而適性測驗卻要求試題要與考生的水平相適配，在施測試題的難度和數量上，根據受試有的特點靈活變化。只有當試題難度與考生能力水平相適配時，才能提供最大的信息，比較能衡量出考生的水平和程度。

適性測驗的觀念早已存在，在最初發展階段由於沒有電子計算機可資使用，因此做起來很不方便。因為每位受試測試的題目可能不一樣，所以需要項目反應理論做適性測驗之理論基礎，其理由是項目反應的分析方法中，估計考生能力不受不同測驗的影響，所以雖然考生答不一樣的題目，考生能力之估計仍基於同一尺度，因而可以比較。

從教育測量角度分析，適性測驗效果甚佳，不但能測量受試者的能力，還具有複雜的診斷的功能，再者，速度快也是此種方法受人青睞的原因之一。

第一節　適性測驗的優、缺點

　　要適當利用適性測驗，必須瞭解適性測驗之優點缺點。本節將適性測驗之優劣點先加以簡單介紹。有意發展適性測驗者可根據這幾點來決定這種測驗是否適合他們的需要。

一、優點

㈠適應考生的能力

　　適性測驗能根據考生回答情況決定題目的難易。換言之，測驗適合考生能力，測驗結果就比較正確。如此，題目數也可少些。另外，還能保持考生心理上的平衡，不因題目太難而放棄作答或太易而無做答的動機。

㈡考試的實行可以標準化

　　測驗條件的標準化是很重要的，因為這樣才能達到公平競爭，適性測驗中，考試的環境條件可以標準化。適性測驗為了保持同等的條件，施行測驗時對測驗進行控制，使每一個測驗每一個考生都達到同樣的信度時方停止。而在傳統測驗中，一個試題

對每一個考生的信度是不同的，估計考生的真實水平的正確性會受到影響。

(三)能夠獲得其他資料

通常，傳統測驗對每個考生回答每一題的時間是不清楚的，也無法計算的，而在適性測驗中，不但可以記錄下每個考生回答某題所花的時間，而且也可以記錄下答題過程，以便做進一步的分析。

(四)能提供及時的回饋

適性測驗，能讓考生及時知道作答對錯的情形，若答對，則及時增強其信心，如答錯了，則給予指正。這種回饋，似乎把交談的方式置入計算機程序中進行，如此，考試的結果自然較傳統方式為優。這也能增進教學的效能。

(五)能使用一些新的題目形態

以往的測驗試題形式大都為是非題，選擇題，形式單一。適性測驗，因借助於電子計算機，故可以採用新的題型，從而更能了解一個考生的能力，例如可以用問答方式、繪製圖形、實際問題的模擬等，以考察考生的創造力。

二、缺點

㈠必須按序作答，不能跨越題目

適性測驗的考試題目根據考生答每一題之對錯來決定，所以如果考生不答某一題，考試就無法繼續進行。所以考生如對某題作答沒有把握，不能跳越此題先做後面的題目，然後再回頭補做。

㈡同時進行測驗的考生數量將取決於能提供的計算機的多少

從理論上講，適性測驗的明顯優點是無需要求所有考生都同時接受一個考試。如果要同時測許多考生時，就要同時有很多的電子計算機，因而使施測受到相當的限制。

㈢題目形式的多樣化能否實現取決於使用電子計算機的技術和能力

利用電子計算機測試雖可嘗試多樣不同的題目形式，但也並非毫無限制的，其限制一方面可能是硬體的，例如同時能在一銀幕呈顯的資料到底是有限的。另一方面可能是軟體的，那也就是說看軟體設計者的技術和能力。並不是任何人都可以利用任何題

形。

㈣適性測驗分數解釋的困難

適性測驗分數的解釋要依據項目反應理論，而不是簡單計算題目的對錯數而已，因此需要向考生及家長解釋項目反應理論，告知如何分析題目的難易度、鑑別度，從而正確估計考生的能力。這種能讓學生和家長了解的解釋卻是很困難的。

三、實施適性測驗的必要條件

由上面的描述可以看出要進行適應性測驗，必須考慮以下三個條件。缺乏任何一項條件，要實行適性測驗是很難的。

㈠掌握項目反應理論：

既然適性測驗需項目理論為基礎，這種測驗的發展者必須充分瞭解項目理論，以便發展有理論基礎的適性測驗。

㈡有充分的電子計算機可以利用：

有理論基礎的適性測驗。沒有計算機的適性測驗，效能不會很好。

㈢考生願意接受測驗結果：

　　如果考生因為不瞭解適性測驗的理論基礎，無法或不願意接受考試之結果，這種測試也將無法執行。

第二節　電腦化的適性測驗的組成要素

　　適性測驗系統的組成要素並不是固定的，往往依應用目的而增減。這裏只介紹簡單一般較常用的因素，詳情請參閱Wainer (1990)。

一、項目反應模式：單參數、雙參數或三參數。

　　適性測驗是根據題型決定採取那一種項目反應模式。一般來說，單參數考慮到題目的難易度而已，因此容易做，所以用得最多。其次是三參數，而用得最少的是雙參數。單參數分析時比較容易，如果是選擇題，要考慮假設是否符合單參數假設（假設鑑別度一致，猜測度為零），因此三參數較適合於客觀試題。

二、題庫

　　適性測驗需要有一個達到一定標準的題庫，按項目反應理論的要求，正確估計所有試題的參數，題目數需要相當大，且需包

括一些重要的特徵。這就是：難易度分佈最好類似矩形分佈，鑑別度要高，猜測度則愈小愈好。題庫包含各種類型，和各種特徵的題目，如此，施測時就可以靈活地從中選題。

三、測試的起點

所謂的「測試起點」（Entry Point）是指測驗從什麼地方開始，是先給容易的題，還是難題，還是難度適中的題目？目前不同理論提供不同的建議，但一般認為，如先給難度適中的題，考生作答的時間可以減少，但對估計考生能力正確性影響不大。

四、試題選擇方法

如何選擇試題題目，有好幾種不同理論，下面介紹三種常用的選擇方法：

（一）**能力估計值與試題難度匹配。**

根據考生答案，對考生能力進行估計，然後在題庫中選擇難度最近能力估計值的試題，進行下一步施測。如此進行，其理論根據為能力與難度在IRT裏的尺度是一樣的。

（二）**訊息最大的試題。**

同一個試題在測驗不同能力水平之受試者時，它所能提供的訊息量是不一樣的。根據這個方法，是在估計考生能力之後，以該考生之能力估計值，在估計還未用過的試題之訊息，然後選出訊息量最大的試題作下一步施測。

㊂**能力估計標準誤最小的試題。**

考生每考完一題，就有一個新的能力估計值。以此新的能力估計值，去估計還未用過的試題之標準誤。這種標準誤有兩種：一種是假定答對了，一種是假定答錯了。一般是把將這兩種標準誤之平均，當作該題之標準誤，然後選出標準誤最小之試題作爲下一步施測。

這個指標和試題訊息有密切的關係，因爲測驗訊息（試題訊息之和）是能力估計值標準差之倒數。

$$標準誤 = \frac{1}{\sqrt{該題訊息}}$$

五、適性測驗的評分方法

在此簡單介紹最常用的三種方法：

㊀**最大可能性估計法**（Maximum Likelihood）：這種估計法起碼要有一題答對和有一題答錯才能對能力進行估計。所以一般是從題庫中隨機選出中等難度水平試題。如考生答對了，下一題就選題庫中最難的一題。如果答錯了，則選最容易的一題。根據考生答題型態（例如對錯的順序是100111010），來決定那種能力的考生，最有可能作這樣的答案。

這種方法因效率很高，故最早爲人所用。然而，考生如果全部答對或全部答錯時，則無法估計考生的能力，這就是所謂無法

收斂的問題。

㈡**貝氏估計法（Bayesian）**：這種方法假定預先知道考生的能力分佈進行能力估計。根據考生之答案及預先的分佈去估計考生能力（事後分佈）及標準誤。由選題方法決定下一題後進行施測，然後將事後分佈變成預先分佈，以便和考生之回答一起來估計新的能力。如此類推，直到考試終止。

這種方法不會有無法收斂的問題。但缺點在於能力估計值之偏向無法擺脫能力預先分佈的控制。換言之，如果用不同的預先分佈，同一考生可能得到不同的能力估計值。

㈢**典型的貝氏估計法（Modal Bayesian）**：這種方法是前兩種方法之混合使用。本來最大可能性估計法是不用預先能力分佈的。然而，但如果將預先分佈加入計算，這種方法就不會有無法收斂的問題。但這種方法卻無法擺脫貝氏估計法會受到預先分佈的影響之缺點。

六、測試終止標準

到什麼情況下這種考試才要結束呢？最常用的有下列兩種方法：

㈠**測驗訊息達到預定的標準**。用此種方法需將每一試題之訊息量在施測後加起來，這便是所謂的測驗訊息。每一題施測之後，將測驗的訊息和預定的標準比較。如果和標準相等或超過，測試便可停止，否則繼續進行。

㈡**能力估計的標準誤低於預定的標準**。隨考試題數之增加，能力估計的標準誤相對減小。所以每考一題，標準誤重新計算，然後和預定的標準比較。如果此值等於或小於預定標準，測試便可停止。舉個例子來說，如果預定的標準誤是0.25，則能力估計值的誤差是0.0625。這個標準大約等於0.98的信度及16的測驗訊息。

實際操作時，往往加上另一個方法，那就是訂定一個最大的測試題數（例如K＝25），意思就是萬一考了25題，還未達到預定標準，考試仍然停止。為了避免無法收斂的問題，加上這個標準是有必要的。

第三節　適性測驗研究的領域

適性測驗還是一個很新的課題，因而可研究的題材很多，這裏提供一些例子，以供參考。

一、項目反應理論（IRT）模式的比較

比較IRT不同模式的特點，以及在那一種情況下，那一種模式比較適當，還需要進一步研究。尤其是適用於二分以上記分法的模式和雙參數模式，用於適性測驗之可能性尚未充分開發。

二、優良題庫的特徵

什麼是一個優良的題庫，適性測驗用的題庫應該有些什麼特徵？如何分析試題？如何校準試題以便估計難度，鑑別度，及猜測度等等？題庫中最起碼應有多少題？這些題目涉及題目的性質，題目數與題庫特徵有關。有效的題目，題數不必太多；題目較差，則題數宜增加。有些學者建議對某一行為的測試，至少應有100題。最近的興趣似乎在試題的曝光率之控制方法，目的在避免只有少數題目常被選用。

三、測試的起點之選擇

雖然研究的結果顯示，測試的起點不致影響能力估計值之正確性，但卻影響測試題目之多少。所以這還是一個值得研究的課題，特別是用不同的能力估計法，該用那些不同的起點。

四、發展新的試題選擇方法，以及不同試題選擇方法之比較

除了心理測量理論，如何控制內容之代表性也是一個重要的課題。如何將內容控制方法加進試題選擇方法，還有待進一步的研討。

五、發展新的評分方法，以及不同評分方法性能之比較

如果有新的試題選擇方法，舊的評分方法可能不適合。所以

試題選擇方法與評分方法關係密切。

六、測試終止標準，是否有其他更好的方法？

什麼是適當的最大題數？最大題數對能力估計值之精確性的影響如何？這些都是值得研究的課題。

七、適性測驗對考生心理產生的影響

適性測驗的理論再好也沒用，除非這種測驗不會對考生有不良的影響。適性測驗對考生心理上的影響，還有待更進一步的瞭解。這一方面的研究還不夠。

參考書目

Wainer, H., （1990）. Computerizzed adaptive testing: A primer. Hillsdale, N.J.: Lawrence Erlbaum Associates.

第五篇

測驗的實施

第十三章

學校測驗計劃

在台灣，心理測驗在許多學校未受到運用這是不爭的事實，有些學校實施測驗純粹是爲了各種評鑑（如訓輔評鑑）而累積資料。這種做法並非使用測驗的原意。因此，如要正確使用心理測驗，必須有一套完整的測驗計劃。本章主要針對測驗計劃的功能、特質、中等教育階段學校測驗計劃以及如何擬訂測驗計劃加以討論。

第一節　需要與目的是測驗計劃之基礎

測驗通常是爲蒐集資料或解答問題而舉行的，愈是急切的資料愈需要優先蒐集。例行實施測驗徒浪費學校公帑、耗費學生精力和虛擲教師時間。只有能清楚指出學生需要和如何運用測驗結果時，測驗計劃才能發揮其功能；而測驗結果之能否作充分利用端視教師對測驗的了解程度而定。唯有配合學校需要或學校資源，測驗計劃始能發揮最大作用。因此，倘未能把重點放在測驗結果的建設性運用和提供增進學校教師對測驗計劃的了解的任何計劃必一無是處。測驗應是爲需要而做，並非爲存檔、評鑑而實施的。是故，計劃如何用測驗資料遠比測驗施測哪些測驗重要得多。實施測驗目的像是一匹馬，應先予以界定，測驗計劃是馬車，馬應該永遠在馬車之前的（Thorndike & Hagen, 1979）。

第二節 測驗計劃的功能

表13–1 良好測驗計劃的功能

班 級 功 能	輔 導 功 能	行 政 功 能
1.診斷學習困難	1.作為與學生父母討論之依據	1.學生分班之依據
2.評量潛能與成就之間的差距	2.協助學生作抉擇	2.安置新進學生
3.評估成就的成長與獲得	3.協助學生訂定教育和職業目標	3.協助鑑定學生進入特殊團體之資格
4.分組教學	4.增進輔導員、教師和父母對學生問題的了解	4.評鑑課程
5.設計教學活動		5.增進公共關係
6.鑑定需要進行特別診斷研究和補救教學生之學生		6.提供校外機構資料
7.訂定每一學生合理之成就水準		

　　所謂測驗計劃就是有系統的全校性實施標準化測驗的計劃，一個精心設計的、有系統的年度測驗計劃。適合作為收集學生能力與需要和學校教學效能資料的方法（Wardrop, 1976）。Thorndike和Hagen（1979）認為良好測驗計劃具有表13-1所列之多項功能：

　　事實上，表13-1所敘述之功能可視為了解學生需要之檢核表；但是，功能之運用必須配合學校或地區情境。

第三節　良好測驗計劃應具有之特質

　　一個良好的測驗計劃大體上具有下列三個特性：(1)運用性：擬定測驗計劃的第一個步驟是先了解上表或其他標準化測驗的功能，並決定如何運用測驗結果。即，任何測驗的實施必須顧及有效運用的原則。(2)完整性：測驗計劃應視為一個完整的計劃，各個年級，甚至各教育階段所需測驗資料之運用皆需密切配合。不同教育階段學校各項測驗記錄也應相互連接。唯有能在擬定測驗計劃的同時，考慮前後的測驗配合運用，每一個別資料始具有較大的貢獻。(3)連續性：測驗計劃的潛在價值隨著其連續多年實施而增加，測驗計劃連續實施的好處在於學生資料的累積，進而有助於了解學生現況和建立較適用之學校常模。

第四節　中等教育階段典型學校測驗計劃

在擬定學校測驗計劃時，除了必須顧及自己學校特有的目標與需要外，同時也須衡量學校財力與是否有測驗方面之專業人員。儘管各個學校情況有差異，測驗類別之優先順序對所有學校來說都是一致的。筆者就中等教育階段提出有關典型測驗計劃之建議，俾供施測之參考。

中等教育階段的學生需要面臨較多選擇（如選課、升學與就業等），課程也從基本技能轉變到強調特殊化的教材；種種的轉變使得測驗領域逐漸加大，學校測驗計劃自然有異於國小測驗計劃。在中等教育階段，使用測驗包含如下：

一、學業性向測驗

國小升國中、或國中升高中，所謂教育階段的變更時，許多決定需要仰賴學業性向測驗的分數與學業成績；教師也需要學業性向測驗之結果，以解釋學生進步情形或訂定期望之成就水準；學生也需靠它，以了解自己的學習能力並作爲選課、教育與職業計劃之基礎（路君約，民83）。高中階段學業性向已相當穩定，在此階段，若因限於財力只能實施一次時，從實用觀點言，在高

一實施可謂是適當的年級。

二、閱讀測驗

　　對升學或不升學的國中或高中學生言，閱讀能力皆十分重要。如果一個學校有發展和補救閱讀計劃，這個階段實施閱讀測驗應是相當有用的，閱讀能力的培養需要時間，因此，盡可能在國中或高中二年級上學期或三年級上學期實施。

三、多因素性向測驗組合

　　特殊性向測驗包括兩種類型，一為單一測驗測量各個不同的特殊性向，另一為測驗組合，可同時測量多種不同的性向。對計劃升學或擬在大學主修某一特殊學門的學生而言，特殊性向與學業性向在輔導與諮商過程中皆極為重要。特殊性向測驗通常要在國中二年級以上實施始有價值。何時需要運用此種測驗結果，原則上需視學校輔導計劃而定，通常是在國中二年級或三年級實施。在這個階段，教育導向的測驗（如區分性向測驗組合）十分適當。如果已經實施區分性向測驗，普通學業性向測驗即可免實施，因為語文與數學兩分測驗組合即可作為學業性向之估計值。對不擬升大學的學生，職業導向性向測驗（例如：通用性向測驗組合，GATB）應在高二或高三實施較為恰當。

四、成就測驗

　　與課程內容有關之標準化成就測驗有助於協助學生對將來教育計劃的抉擇，亦有助於學校課程各方面的評鑑。因此，成就測驗結果是學校師生共同需要的重要資料。這種測驗通常在學期開始或學期之中實施。

五、興趣測驗

　　在職業與教育抉擇上，雖然興趣扮演十分重要的角色，但在中等教育階段測驗計劃中卻不必優先考慮，主要理由有二：⑴學生的興趣相當不穩定，尤其是對那些想升大學的學生，許多依據職業興趣的各類決定，必須延到高三階段，因為此時興趣組型才稍為穩定。⑵適用於中學階段的興趣量表很少能提供測驗分數效度資料。國中三年級學生剛開始想到或討論工作世界，若要實施興趣測驗，以一般興趣領域的庫德職業興趣測驗較為恰當，若能在高二或高三繼續實施工作導向興趣測驗（如史創職業興趣量表）則更能發揮興趣測驗的功能。

六、人格與適應量表

擬定測驗計劃時，應注意普遍性原則，有些測驗資料全體學生皆需要它，有些則限於某些人。對中等教育階段所使用的紙筆式人格量表的實用價值應採保留態度，測驗學者們通常不主張對全體學生實施此類量表；但在受過訓練的諮商人員或學校心理學家使用在研究個別學生時，此類量表仍有其運用之價值。

根據上述，將中等教育階段學校測驗計劃中包括之測驗的優先順序摘要如下表13-2：

表13-2　中等教育階段學校測驗計劃優先使用測驗之順序

測　驗　類　別	優先考慮順序
學業性向測驗	1
閱讀測驗	2
特殊性向測驗組合	3
綜合成就測驗	4
興趣測驗	5
人格與適應量表	6

幾年前，苗栗農工職校陳素琴老師完成全省高中、高職測驗實施調查，其中高中部分共寄發六十三所學校，收回四十六所的問卷，實施測驗的類別、測驗名稱及學校數等資料見下表13-3：

表13-3　高中高職使用各類測驗之情形

類別＼名稱	測　驗　名　稱	實施學校數
智力測驗	加州心理成熟測驗 歐迪斯智力測驗 學校能力測驗 皮亞傑認知發展測驗 非文字普通能力測驗	38 3 3 3 2
性向測驗	區分性向測驗 理工性向測驗 邏輯推理測驗 羅氏職業性向測驗 輔導性向測驗 通用性向測驗	38 8 3 2 2 1
成就測驗	高中英文科成就測驗 高中數學科成就測驗	1 1
興趣測驗	修訂白氏職業興趣量表 大專科系興趣量表 職業興趣測驗	42 10 1
人格或適應量表	基氏人格測驗 修訂石爾斯頓性格量表 青年人格測驗 孟氏行為困擾調查表 柯氏性格量表 愛氏性格測驗	42 7 5 5 2 1

　　根據表中資料顯示，我國現階段測驗的實施有以下之缺點：
(1)典型學校測驗計劃中列為第二優先順序，在教學中扮演極為重
要角色的成就測驗，幾乎被學校忽略。(2)不需普遍實施，優先順
序最末的人格或適應量表卻被大部分學校所愛用。(3)白氏職業興
趣量表是屬一般興趣領域測驗，幾乎每所高中都實施，但卻未見
到有任何學校實施工作導向的史創興趣測驗。(4)仍有兩所高中全
面實施非文字智力測驗。倘此兩校已經實施語文智力測驗，全面
實施非文字智力測驗徒造成人力、物力的浪費；若以此取代語文
智力測驗，則必造成測驗的嚴重誤用情形。

第五節　如何擬定測驗計劃

　　學校測驗計劃因每個學校的特性、大小、學生特質及輔導員
品質而異。因此，測驗計劃之擬定不能假手於校外人士，更不能
抄襲他校。為了使測驗計劃能發揮應有的功能，學校務須先決定
由那些人來負責擬訂與實施，這些人主要的任務包括決定如何運
用測驗結果，使用何種測驗、施測年級、何時施測、測驗計分與
測驗報告等事宜。

一、參與設計

測驗結果的使用者包括學校教師、輔導員、行政人員等，對於測驗計劃的擬定，這些人自然是責無旁貸。由於測驗計劃結果需要適合於所有可能的使用者，因此測驗的選擇與施測時間需要互相協商。同時為了使測驗計劃具有前述連續性與完整性，除了各教育階段的各自計劃外，更應邀請各教育階段的有關人員共同參與擬定貫穿各教育階段的測驗計劃；在選擇使用何種測驗方面，參與的人員中，誰應扮演主要角色，需視選擇何種測驗而定，例如選擇成就測驗時，對課程內容、教材或是教學目標熟悉的老師，應負主要之責；輔導人員對於測驗專業知識較豐富，在選擇測驗及對測驗的運用價值方面扮演主要角色；至於行政人員與測驗計劃之關係在於測驗計劃的有效性的評鑑，和測驗的預算、人事的編列等。換言之，測驗計劃需賴全體教師與行政人員通力合作，只有在參與實施過程中，才能瞭解計劃的目的與意義並提高計劃的責任感（郭生玉，民76）。

二、測驗計劃負責人

雖然測驗計劃之擬定牽涉許多人，中學階段資料組組長應該是測驗計劃負責人，需負責計劃、協調與實施之各項事宜。詳細

工作包括：(1)協調擬定計劃委員會之活動。(2)持有最近的測驗資料。(3)定期檢視測驗計劃與測驗結果的運用。(4)編列測驗計劃預算。(5)完成行政方面的事物，例如訂購、保存、分裝測驗、訂定施測時間及安排閱卷事宜。(6)計劃計分事宜。(7)設計與監督測驗結果之處理與分析。(8)負責訂定報告測驗結果辦法。(9)教師與行政人員實施、解釋與運用測驗之在職教育。

由上述項目可知，測驗計劃負責者想使測驗計劃有效發揮功能，需要投下相當多時間。筆者認為資料組組長之授課時數須再減少，俾使其有更多的時間以從事測驗方面之工作。另外，上述的工作也顯示，測驗計劃負責人必須具有相當測驗、統計的專業知識及行政的領導能力，否則難以勝任。因此校長在聘請資料組組長時應慎重考慮人選。

三、如何選擇測驗

學校使用何種類別的測驗需視學校所需何種資料而定，類別決定後，再從此類中選擇一種測驗實施。選擇成就測驗時，除需注意一般的測驗應具之特質外，尚需遵守兩項原則：(1)測驗內容是符合教學目標及課程重點。(2)測驗是否具有能保證學校使用測驗結果之適當的心理計量特質。智力與特殊性向測驗主要需根據心理計量的特質去選定。心理計量特質包括下列幾個重點：①測驗編製者為各類使用之效度提供那些證據，對測驗結果之解釋提

供那些證據，而這些證據之正確性又如何？②測驗信度是否適合將來測驗結果之各種解釋與各類之運用，③常模適合測驗使用的目的與否？這些心理計量特質有賴具有相當測驗與統計知識的資料組組長來判定。

　　計劃中之各類測驗暫定之後，需要作全盤性的檢視，以了解從每一測驗所能獲得多少新的和不同的資料，避免重複實施測驗以杜絕人力、財力、精力的浪費。

四、施測的次數與時間

　　施測的次數，哪一年級和一學年內何時實施亦是擬定測驗計劃需要考慮的問題。測驗的性質與施測時間有密切的關係，如果是一個幾何內容的成就測驗必須等到三年下學期，學生完全學過幾何之後再來實施，始為合理。而一個基本學習技能的成就測驗則在任何時間皆可實施。在前面雖曾大略提到各種不同測驗在中學階段施測的年級與施測時間。其實，何時需要利用到測驗結果、何時需要這些資料才是決定在何年級、何時實施的決定條件。

　　在擬定施測次數時，應該考慮過度施測問題。舉凡測驗結果利用不到的，即為施測過度；重複施測功用相似的測驗即是施測過度的例子。另外，目前國內中學除了須做學校規定之各類測驗以外，還需經常接受一些研究者為研究而實施的測驗，以致造成

學生對測驗產生厭惡感而影響到測驗信度與效度，這是值得各學校注意的問題。

五、測驗閱卷計分與測驗分析

測驗如何計分與進行何種分析也是擬定測驗計劃必須考慮的問題。可以重覆使用的測驗，答案紙與題本總是分開的；僅使用一次的測驗，受試者必須直接作答在題本上。如果請外面的機構閱卷，應採用答案紙和題本分開的測驗較爲適合。有些校外閱卷服務單位（例如行爲科學社）已購置科學閱卷機和可以處理資料的電腦，旣能提供正確計分服務，又能提供一些基本統計資料，且收費甚廉，對工作繁忙的教師而言，委託閱卷計分統計是一相當可行的方法。

至於作何種測驗分析需視使用測驗目的而定。中國行爲科學社亦接受各種測驗結果之統計分析，要記住，委託校外單位作測驗分析的先決條件是測驗負責人必須眞正懂得統計分析的結果。

六、訂定報告測驗結果之辦法

有了測驗結果，就需決定誰有權利接受測驗結果的報告、如何報告測驗結果。標準化成就測驗結果應讓所有與學生有關的敎師知道，這一點學者意見較爲一致。至於是否需向班級各任課敎

師報告智力測驗結果，則意見十分分歧；從各任課教師都需擬定
學生學習活動和診斷學生學習困難的觀點而言，實無理由限制教
師知道該班學生之智力測驗結果。但是，有許多學校却如此做，
其所持理由是擔心教師可能誤用測驗結果。其實，消極禁止閱讀
測驗結果，只有限制測驗的運用價值。由學校提供有關測驗的在
職訓練，以提高教師了解、解釋和運用測驗結果的能力才是建設
性的作法。標準化測驗結果是否需向父母及學生報告，亦是爭論
的問題。Coslin（1967）曾經對此問題作過調查研究，結論是：
報告辦法因測驗類型與教育階段而有異。一般而言，中學向父母
和學生報告成就測驗結果之情形較小學為多，但也有學校採用父
母、學生要求時，始讓他們知曉的辦法。中學與小學都反對向父
母及學生提供智力與性向測驗結果。另一項調查也顯示：教師與
輔導員對是否提供學生、父母標準化測驗的結果意見與學生、父
母意見極不一致。根據Thorndike和Hagen（1979）的看法是：
任何與學生有關的人，都應例行接受學生在所有標準化測驗之結
果報告，是否向學生有關的人報告測驗不是問題，問題在如何向
他們報告測驗結果，使得他們能真正了解與積極的使用才是要顧
慮的問題。

　　總而言之，測驗資料是屬私人秘密，不能隨便讓與學生無關
係的人知道，這是教師與輔導人員的專業道德。筆者曾見到過有
些學校將測驗結果與學生姓名公佈欄，或公佈在學校所出版的刊
物上，類似這些作法都應絕對禁止。

第六節　擬定學校測驗計劃時其他需要注意的問題

　　學校測驗計劃之實施是相當繁複的工作，下面是討論有關實施測驗計劃時一些較爲重要的問題。

一、安排施測時間表

　　要施測哪些測驗，哪一年級實施，全學年中什麼時間實施等決定之後，就應訂定正確施測時間。施測時間表應盡早送達所有教師與行政人員，俾使學校其他活動與測驗時間錯開。測驗時間盡可能不要安排在國定假日之前一日或後一日，尤其是有多日的假日（如春假）。如果是安排在第一學期，盡量不要在學期開始的第一個月實施。標準情況下實施和這些情境是否能讓每一受試者作最大表現是安排施測時間尤其需要考慮的問題。所安排的測驗時間需足夠從容完成一個測驗的實施。特殊性向測驗組合或綜合成就測驗所需時間較長，不必一次或一天全部作完。必要時，可將這些測驗分成幾次或幾天實施，以維持受試者的測驗興趣，對年幼或對測驗感到困難的學生尤其必要。經濟與方便也是訂定施測時間需要注意的事情。可重複實施的題本由於可作多次實

施，具有較大的經濟效益。當這類測驗被使用在幾個班級時，爲了能重複使用，測驗時間需作較複雜之安排。測驗時間的長度若能配合學校每節五十分鐘時間，的確有其方便之處，事實上，許多測驗需要時間超過一節課。遇到這種情形就必須改變作息時間，使有足夠時間完成測驗的實施。

二、缺考者補行測驗的安排

需要幾天或幾次才能完成的測驗，缺考情形極可能發生。學校應提供這些學生補測的機會，俾使學生資料盡可能完整。

三、學生測驗前的準備工作

學生實施測驗前需要一些準備工作，其目的在於：(1)建立測驗動機和合作的態度。(2)保證學生熟悉測驗的步驟。適當的動機能使受試者在無過度焦慮與緊張狀態下認眞作答。在測驗前與學生解釋與討論測驗之實施，將有助於提高學生測驗動機。需要讓學生知道測驗的目的及其重要性，但千萬不能讓學生誤以爲測驗就是生死之判；要強調的是測驗結果在個別輔導和敎育的調整上之建設性運用。

由於測驗是用來測量學生性向與成就的，而不是測量做測驗的技巧，因此應該預先充分給予所有的受試者熟悉測驗題目和做

答方法的機會。測驗前的練習將有利於測驗的實施，學生第一次接觸到題本與答案分開的測驗時，應事先提供與正式施測的答案紙與題本相似之樣本給予作答練習。

四、測驗環境

適當的測驗環境應該具有下列幾項特質：(1)受試者生理上感覺舒服，心理上覺得輕鬆。(2)受試者不受干擾與分心。(3)受試者能方便的操作測驗材料或作答。(4)座位之間有充分的間隔，受試者不致於抄襲他人答案。燈光與通風條件至少需與日常上課的教室一樣。爲防止測驗期間意外打擾，必須在門口掛上「實施測驗中，請勿干擾」等字牌，尚有減少延誤時間與受試分心的其他方法，包括：(1)測驗實施前，確定每位受試者是否已經準備足夠的作答鉛筆。(2)測驗開始前給予受試者入廁之時間。(3)對於那些提前做完的受試者應如何做有清楚的交待。(4)座椅的大小是否有足夠空間擺置題本與答案紙，座位是否舒適等皆需考慮。

五、主試者的挑選與準備

團體式的測驗施測較爲簡單，教師只要稍作準備和經過訓練即能勝任主試的工作。每個測驗的主試者皆需經過講習或訓練，其目的在於：(1)使主試者徹底熟悉測驗和測驗手冊。(2)標準化測

驗過程，教師間相互施測是獲得主試經驗和了解測驗內容最好的方法，一方面可以發現學生可能的問題，另一方面能增加主試者臨場的經驗。

主試者須了解測驗手冊的指導與說明，並逐行逐字照讀，絕對不能刪改、或增加、或遺漏。一些學者的研究指出：改變指導語，對於學生作業有不同程度的影響，改變手冊中的指導語是違反測驗的標準化情境，因而使得原常模失去正確性。

在測驗實施過程中，經常會碰到受試發問的情形，主試者處理這類問題的指導原則是：學生對自己應該做什麼有清楚的認識，不應該為施測的方法或測驗本質是什麼而困惑。因此，在測驗開始之前，主試者應盡全力使得受試者對作答方法與應作什麼有清楚的了解。主試者如發現學生有了問題，可以重複指導語，或改變語調表達，重做練習例子，必要時可再補充一些題目。在您指導與說明之後，正式測驗開始之前，應鼓勵學生發問，並盡力讓受試者了解作答方法。一旦測驗開始，主試就不應鼓勵發問。明顯地，對於試題本身的問題，主試者不應給予協助，學生答案對錯與否，主試者也不應提供任何線索。對一般作答方法之疑問，主試者應該以重複或改用語詞表達原意來協助他了解；如果受試者對某一特定題目感到困惑時，主試應說「對不起，我不能回答這個問題，如果你被這題困住了，不妨繼續作下一題」。

由於速度測驗的時限很短，每一位主試者應備有跑錶，至於其他測驗，只要具有秒針的手錶就可以了，使用一般手錶時，主

試者應記錄正確的起迄時間，以免遺忘。

　　主試者在測驗正式開始後應即刻巡場監督，以了解學生作答情形，應該檢查確定每位受試者作對試題本頁碼，填對答案紙位置。鼓勵未作畢者繼續作答，已作完者回頭檢查。

六、計分與登錄結果

　　目前國內中學由於財力有限，閱卷計分工作大都還是由導師或輔導處負責請人計分，為了力求計分之正確，採取一些管制辦法是必要的，例如隨機抽取答案祇若干份，若發現任一份計分錯誤則需全班重閱；通常計分錯誤是發生在答案卡套錯位置、總分加錯、或原始分數與常模分數之轉換錯誤。外國學者調查研究一再指出，教師計分經常發生錯誤情形，因此為求測驗結果之正確起見，學校應盡可能委託專門機構進行電腦閱卷。

　　由於學校測驗計劃目的之一在於建立學生發展的累積資料，因此所有測驗結果應該登錄在學生綜合記錄表上，登錄項目應包括：(1)測驗全名和式別（如甲式或乙式）(2)測驗日期（年、月、日）(3)測驗時的年級(4)使用的常模團體(5)對分析有用或有意義的分數。

七、矛盾結果的檢核

　　測驗結果系統誤差來源有多種方式：主試者計時錯誤、學生作答位置錯誤、使用錯誤的常模換算表、用錯答案卡等皆可能造成不正確的測驗結果。在使用測驗結果前，應詳加檢視分數的一致性與合理性。如發現測驗結果有異，在登錄分數之前則應從上述或其他誤差可能來源作週詳檢視，設法找出錯誤之來源。

八、如何向學生或父母報告測驗結果

　　學校讓學生或其父母知道學生所有在校實施測驗的結果不是問題，如何報告測驗結果才是值得探討的。導師或輔導老師向家長或學生報告測驗分數，最好依據下列三個原則：(1)由於心理特質測量正確性並非百分之百，因此以類別或分數帶的方式報告較報告實際分數爲合理。(2)導師或輔導老師應主動向父母或學生解釋測驗分數，以免父母或學生誤解。(3)測驗分數的解釋者應受過心理與教育測驗解釋的訓練。

　　解釋學生測驗結果通常有兩種方式。一是個人內比較，一是個人間的比較。所謂個人內比較就是個人在使用相同的衍生分數的各種作業結果互比較，指有些方面較強，有些較弱。採用這種解釋方法，一個低成就的人，一個高成就的人，其分數解釋可能

完全一樣。因此用這種方法作爲解釋個人分數的唯一根據時，要格外謹愼。

個人間的比較通常需要仰賴全國常模、地區常模、能力水準常模或特殊團體常模。使用上述種種常模需視欲達之目的而定。例如，協助學生或其父母訂定合理的期望成就水準，就應使用能力水準常模；欲讓學生或父母了解比起一般同年齡或同年級的學生如何時，則應用全國常模。

學校最好爲學生設計一種測驗結果報告表，報告表內容包括學生在測驗組合之各分測驗的地位和測驗性質與目的。由於分數並非百分之百的正確，和父母與學生可能有過度解釋的現象，報告表內分數的解釋最好採容易了解的分數系統，例如，定義寬廣的類別（你的女兒的分數和她同年齡中等程度兒童分數相同）或百分等級（你的兒子的分數勝過百分之七十的同年齡兒童）。常模參照測驗，可將百分等級爲95的分數或更高的界定爲「高」類，百分等級爲76的分數列爲「中上」類，百分等級25到第75的分數爲「中等」類，百分等級6到24的分數界定爲「中低」類，而百分等級爲5的分數或更低的列爲「低」類。

在測驗分數解釋時，許多種的測驗（如人格或智力）結果極易引起高度的焦慮。因此導師在解釋時必須謹愼用詞，以免引起學生的情緒反應。一般而言，測驗分數的解釋應具有三項特質：(1)在個別學生參考架構下進行解釋，根據對學生的性向和教育與職業目標的了解解釋測驗分數。(2)解釋應能產生積極和建設性的

行動，盡量強調測驗側面圖中的優點。當成就低於依據性向所得之期望水準時，所作的解釋盡可能引起補救行為。(3)解釋需公正而確定，同時在協助學生與其父母了解共同目標而非對學生下斷語。事實上，一個優良測驗解釋者並不一定需要呈現任何測驗之數據資料，如果能善用語文技巧，亦能達到良好的溝通，例如「你的分數像是在大學會有困難的學生一樣」。

　　學校測驗計劃是學校計劃的一部分，也是相當費時的工作。對於整個學校各方面決定具有重大的作用，因此學校教師在擬定測驗計劃時，應該作縝密而週詳的考慮，並有賴於全體教職員共同努力實施，方能發揮最大的功能。

參考書目

路君約（民83）：心理測驗（下冊）。台北市：中國行爲科學
　　社。

Thorndike, R. L., Hagen, E. P. (1977). Measurement and
　　evaluation in psychology and education (4th ed.) N.Y.:
　　John Wiley & Sons.

第十四章

測驗結果的運用與倫理

本章將介紹測驗結果的運用及測驗使用之倫理。第一節述及測驗結果的運用，包括有下列各項：安置與升級、同質分組、診斷與補救教學、諮商與輔導、評定成績、課程評鑑、引起動機、特殊兒童的確認與研究、向社區說明學校的績效、學校人員的改善、教育研究。而第二節則述及有關使用測驗的倫理問題。

解釋測驗得分是測驗結果最基本的運用。測驗分數本身並無意義，它必須轉換成衍生分數（例如，標準分數、百分等級）才有意義與價值。在討論各類測驗結果的運用之前，應先了解一個有助於測驗解釋的設計——**側面圖**（*profile*）。所謂側面圖，簡言之，就是使用圖表的方式來表示個人或團體的施測結果的一種方法。側面圖通常是顯示成就測驗組合（如史丹佛成就測驗），性向測驗組合（如區分性向測驗）或各類職業興趣量表分數（如史創職業興趣量表）的結果。雖然側面圖也是分數常模的一種，但是它是藉由圖表方式進行個人內與個人間的比較，見圖14-1。

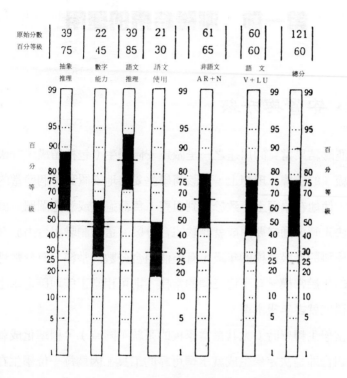

圖14-1　百分位數帶側面圖

（引自郭生玉，民76）

第一節　測驗結果的運用

一、安置與升級

測驗結果常見的用途之一是做為安置學生（包括留級、升級或跳級）的依據。理想上，應該將學生妥善地安置到某個適當的層次，使他在學習上不致於感到沮喪、負荷過重或意態闌珊。做這類決定時，通常要用成就測驗組合分數。這些測驗組合由於有各個學科的年級常模的年級，有整個組合分數的常模，有分數轉換成的年齡常模。有了這三類的常模，則可相當正確地確定學生各學科成就之年級水準。

當學生轉學時（尤其是當學校的系統不同時），標準化成就測驗組合即是決定學生成就水準可靠的工具。因為每一位學生在不同的學科或測驗組合中，各個測驗並非總是相同的，所以根據成就測驗組合不同學科測驗的分數所繪成的側面圖，通常並非一條直線，而是折線。

另外，普通智力測驗也能提供父母或學校人員進行學生安置決定有關的資訊。在安置學生時，對於學生的教育發展與心理發展情形而一併考慮。了解學生成就的年級水準，實際年齡及IQ

等資料，則可依據客觀的資料進行決定。倘能獲得學生以前的學校記錄，測驗組合或許是一較正確的測量工具。

　　這類資料當然也適用於留級或跳級的學生。關於留級的效果如何，研究結果並不很清楚。過去有些資料顯示，留級對於學生的成就表現和適應並無太大的幫助，然而，運用測驗的結果（尤其是標準化成就測驗）能有效地找出成就低落的學生和造成學習缺陷的原因。

　　跳級問題與留級有關聯。S.L.Pressey瀏覽相關文獻，發現：跳級學生或被允許提早完成大學教育的學生，在課業及社會適應上的表現都很好，健康情形也未因跳級而受到影響和阻礙；然而，許多保守的學校教育工作者則不願接受這樣的看法，而父母親通常都希望自己的小孩與他的同儕團體在一起，害怕跳級會傷害孩子的社會適應。心理與身體發展遠較同年齡快的學生和一般學生一樣，仍然被要求坐在課堂上一般的課程。事實上，跳級不僅可節省許多時間，而且也可避免這些學生感到無聊。

　　當成就測驗及心理測驗顯示學生在成就上及心理發展上可以加速學習，且如果此學生無身體和社會適應障礙時，學校就應該考慮針對些學生的水準而給予加速學習的機會。此外，要鼓勵這些學生儘快完成中學和大學，在每一階段，應給予與其能力相適配的課業，也要適當的要求其高工作標準。

二、同質分組

　　根據能力將學生分組的方式有許多種。下面所述便是一種簡單的方式：一種是不正式、有點主觀的方式，例如，一位二年級的教師，根據學生閱讀能力，將三十名學生分成十到十五人的閱讀團體；另一種是較正式的方式，根據普通心理能力，將五年級一百名學生分成三個班級。

　　在美國，小學進行能力分類或同質分組非常普遍，教師常將閱讀、吟誦或其它學業表現相似的學生分在同一組。然而，在小學，學生分組之情況和高中大不相同。因此，認為不民主而反對聲浪並不大，在小學，班上同學即使是按閱讀、算術、或其他學科分組，仍有相當的機會可以相互往來。

　　以往，學校是根據學生的能力與成就測驗結果將學生作適當的分組，最近則出現不同的分組方法。Herbert Thelen曾建議，應依據學生、教師所喜歡的學與教的風格來配合。其它學者則認為，應根據他們的認知學習風格來進行分組教學。假如這些新的方法被證明有效，則在學校測量的需求上又加入了一個新的向度了。

　　關於分組問題過去曾引起爭論。反對者認為安置在「高能力」組的學生，可能會變得很自傲，而分在「低能力」組的學生，則可能被標記為「阿達」而自卑。反對者也認為同質分組不

合邏輯，因為即使根據某項標準（如IQ）而將學生分組，同組中的學生在其它方面，如成就（或許這個標準與IQ同等重要）等仍是異質的。

最近幾年來，資優學生的教育品質已深受重視，贊成同質分組的人認為實施分組教學之後，可以提供給資優生多一點的酬賞與挑戰的教育，如此，他們可以有更充實的計劃以加快腳步前進。另外，實施同質分組對學習較緩慢的學生也有益處，因為他們可以依自己的能力來學習。在同質的班級中，大家能力相似，可以避免沮喪和失敗的感覺也是優點之一。

有關同質分組的研究很多，較早的報告指出，大部分的父母、學生和教師都很樂意見到同質分組的措施，至於反對同質分組者所關心的主角——學習緩慢者，也表示喜愛在同質的班級而不願在異質的班級。Elizabeth Drews以四所高中四三二名九年級的學生為實驗對象，依據其閱讀、語言、成就表現、學校成績及教師判斷，將學生分成優等、中等和學習緩慢三個組別，然後將同質班級的學生表現與同等的異質班級學生做比較。

由態度問卷的結果中發現：在同質班中，有83%學習緩慢的學生對同質班級給予正面的反應。在異質班中，則有60%的學習緩慢學生對異質班級給予正面的反應。而在同質的班級中，73%優等學生給予同質分班級正面反應，然而異質班中則有33%的優等生給予這種班級正面的反應。

綜合同質分組之研究，就整體而言，研究結果未見一致。有

半數之研究發現有利於這項做法，然而也有一半的研究不利於該項措施。無論如何，要想成功實施同質分組，必須注意下列幾個重要因素：

1.既然按照學生能力分組，教師必須按各組學生能力，採用不同的教學方法和教材，否則無法顯示分組的好處。

2.任何分組方案對學生的分派應能適時更換及調整，不可讓學生感覺分派到某一組就永遠不能改變。此方式雖在行政上有些困難，但卻能反駁反對能力分組者認為不民主的說法。

3.側面圖的結果顯示，學生在不同學業領域的成就表現參差不齊。因此，較恰當的作法是，某一個學生在某一學科可能被安置在「高能力」組，在另一學科可能被歸為「中等能力」組，甚至第三個學科是在「低能力」組。為了使分組有效，應考慮個人各方面能力的差異。同一學生可能因不同學科或活動而在不同的組別，這種彈性的做法似乎有助於消除或降低對學生標籤作用。

在過去，儘可能地採個別化教學的理念和師生比例的限制，因而在異質的班級內多少需要使用同質分組。這些年來，國內外學者專家都認為不管能力或引起障礙的本質為何，所有小孩都應在最少限制與其能力相當的環境下接受教育，這就是所謂「回歸主流」的教育方式，是將特殊兒童安置在一般教室以進行部分的教學。然而，大多數班級，學生之間有相當的個別差異時，則更需要採行同質分組。

三、診斷和補救教學

　　前面所謂的兩項測驗之運用是屬測驗的行政功能，而為了診斷而使用測驗則是屬於教學功能。診斷測驗的目的在發現學生學習的缺點和優點。在一份針對高中教師測量實務和偏好的問卷調查中，發現教師常使用標準化測驗結果以做為診斷和補救教學的依據。約有40-50％的老師使用標準化測驗的目的即在此。而一九七○、一九七六年密西根州學校的調查研究也發現相同的情形。

　　我們可以將教育領域的診斷歷程視為從廣闊、一般領域到較狹窄、更明確的知識或技能的一個過程。例如先給國小六年級的學生一份測驗，包括國語、社會、數學和自然。計分、分析結果之後，我們可能會發現，整體來說，全班的成績除了國語，其餘的都在可接受的標準以上，而更進一步的施測國語，可能顯示出字彙、閱讀都在標準之上，但在文法、句子結構、標點有極大的困難。當明白這些困難之後，便可施予診斷測驗，以確定哪些基本的地方未精熟或需要進一步研究與練習。雖然在診斷之前的所有工作都是最後步驟的基礎，但真正的診斷只有在測量的最後階段才實施。然而，一個老師也可能直接進行診斷工作，無需經歷稍早的步驟，換言之，診斷測驗可以用在任何時候，以發現學生學習上的優點和弱點，如此一來，便可對先前教過而未精熟的地

方，予以更多的注意。

　　設計和建構一個眞正的診斷測驗時應該考慮這個功能。雖然很多成就測驗也可做爲診斷之用，但是採用專門爲診斷而特別設計的測驗，如果眞能發揮功能時，將可省下很多時間和精力，並且能有一個更有系統的分析。使用診斷施測程序必須遵守以下幾個重要的步驟：

　　1.測驗欲測量的法則、原則、知識或技能應有詳細的分析。

　　2.一個好的診斷測驗應事先設計、計畫，如此一來，每一法則或原則才能夠適切地、均等地透過客觀題目測量出來。

　　3.通常將測驗試題編排在一起，有助於分析及診斷。換言之，如果每一法則包含四個題目，較佳的作法是將測量相同法則的四個題目放在一起，而不要將它們分散在整個測驗中，這樣在分析結果時，較易確定明確的缺點。

　　除了上述，診斷測驗的結果也可以用圖表來表示，這將使所得到的團體和個人的優弱點的診斷一覽無遺。

　　複本（equivalent forms）對診斷測驗極爲有用。使用診斷測驗最常用的程序爲：施測、補救教學、重測、進一步補救教學，重覆實施，直到精熟爲止。由於此過程需要一再施測，因而每個測驗必須要有許多的複本備用。唯有如此，重測時才有包含相同目標不同版式之測驗可用，並能降低或消除學生因對題目熟悉而得分之情形。

　　至目前爲止，討論的內容著重於診斷測驗之價值和益處。事

實上，教師也可用常模參照標準化成就測驗之結果進行診斷。將
學生在測驗組合各分測驗上的題目之反應繪製成圖表，即可確定
個人或團體之優缺點。雖然這種方法不若為診斷而設計的測驗所
得之結果來得完整而系統，但是可提供教師更多有關學生補救教
學有用的資料。

　　最後，我們必須了解的是，診斷施測未必一定能顯示造成缺
點的原因。一個算術診斷測驗可能顯現某些明確的缺陷，例如，
兩位數與兩位數的相乘，學生不會相乘可能是因缺乏九九乘法表
的正確知識，或無運算的能力，或無加法的概念等等。然而知道
學生無法正確執行一個或其他的這類的運算，並不能保證在這個
特定過程中的補救工作和練習能產生預期的進步，因為學習上的
缺陷可能來自於不同的原因，包括聽、視、家庭狀況、與同儕和
教師之關係、能力等等。在所有診斷和補救工作中，試圖找到缺
陷的原因，並針對這些缺陷加以處理是極為重要的，否則實施補
救也是徒勞無功的。

四、諮商與輔導

　　廣義言，諮商員或輔導工作者的功能在於幫助學生圓滿地解
決問題。John Darley在一九四三年對一個大城市高年級的高中
生進行調查，結果發現學生需要協助的問題類型依序是：(1)職業
的(2)教育的(3)社會或個人的(4)財務的(5)家庭適應的(6)健康的。當

然這些問題的重要性因不同年級或不同社區而有不同，過去與目前情形可能有些微的差異，但是這些類別似乎包括所有年青人與一般人所關心的問題。在這些類型中，最普遍的問題分別是：(1)職業目標和能力之間的差距(2)教育目標與能力之間的差距(3)自卑感(4)外務太多和經費不足(5)在教育與職業計畫上的家庭衝突、想要獨立、人格與年齡差異(6)健康狀況不佳。

在諮商員所使用的工具中，測驗十分重要。這可由一九五八年美國國防教育法案而了解，因為此方案對諮商與輔導方案之測驗之實施予以相當財力支持。在諮商與輔導中，測驗的價值也可在諮商員訓練方案中要求測驗為必修課而顯現。

在沒有智力、成就、性向、興趣和人格測驗的情況下，一個諮商計畫是很難發揮其功能的。當目標與能力間有了矛盾，若能謹慎、技巧地與學生討論其智力測驗的結果，則能幫助他重新調整計畫，以符合能力。學生在學校的各科成績和測驗分數是代表他在學校的成就，這些資料也可作為學生職業選擇的參考。與家長討論時，普通學業能力測驗的結果也有助於個人進行較實際的教育和職業目標的決定。使用這種諮商程序，將可避免諮商時的挫折和不愉快的情緒。

另一方面，學業能力測驗也可能顯現相反性質的差距。這種情況經常發生在學生在智力測驗上得到高分，而在學校學科分數卻不佳時。雖然，對低成就者有很多的研究報導，對於如何才能有效地引起這些低成就者想要縮短能力與成就間差距的方法卻少

為人知。然而，可用標準化智力測驗確認低成就者，並提供諮商員其他方法無法獲得之事實和了解。換言之，標準化智力測驗雖不能提供解決方法，但至少可用它們來確認問題。

當學生因教育或職業問題而需要輔導時，性向和興趣測驗是極其有用的工具。這些工具在諮商與輔導上的應用也十分明顯，特別是，有關教育與生涯的方面的決定。

若能充分瞭解測驗的結果，並做適當的運用，性向測驗在諮商上是相當有用的工具。在機械性向測驗上得高分，並不保證在需要機械能力的工作上一定能成功，同樣的，任何音樂性向測驗上得高分者，未必能保證他將來能成為一個偉大的音樂家。因此，在做決定時，除了性向因素外，許多其他因素亦應納入考慮，例如興趣、努力、毅力、及機會等等。雖然如此，諮商員可鼓勵在性向測驗上得分高的人充分發展其才華，並且協助他們了解想要在這特定領域成功，還需要哪些的條件和特性。對於那些在性向測驗得低分的學生，諮商員應給予他們更多的鼓勵與培養其信心。

「預期表」可用來估計成功的可能性，而且可用來向學生解釋測驗分數。表14–1就是一個例子。在這個表中，受試者在普通文書測驗的分數和表現之評定以圖表方式顯現其關係。

表14–1顯示所有得分高於200之受試者，其表現將可預測獲得中等或優等;得分低於100分者，則其表現有55%被評為中等或優等。

表14-1　預期表

普通文書測驗分數	次數	表現被評定為中等或優等之人數	被評定為中等或優等人數之百分比
200-200 以上	5	5	100
150-199	18	15	83
100-149	31	23	74
50- 99	11	6	55

＊修改自 Noll，Scannell，& Craig（1989）

　　有了這些資料，諮商員可以告訴分數落在50-99的學生被評為中等或優等的可能性約有二分之一。然而，預期表預測的準確性取決下列兩個因素：(1)樣本的大小及代表性(2)測驗和效標（如此例中為主管評定）的信度。此外，諮商員也須考慮測驗以外的因素，如個人特質、計畫和性向。預期表雖然有其使用的限制，但是，諮商員在協助學生做合理的教育和生涯決定時，它卻是極其有用的工具。

　　興趣量表能補充其它類型測驗的不足。它比性向測驗更需要強調的是：個人在興趣測驗的得分組型並不能保證他將在某一個領域獲得成功。我們唯一能說的是個人在興趣測驗的得分組型和某一職業工作者的分數組型相似或不同。

　　在美國，高中及二年制專科學校皆廣泛使用興趣測驗。當諮商員能細心地與當事人討論測驗結果，對當事人裨益甚多，尤其

是在引導學生洞悉自己的潛力，並使其能謹慎地思考決定與選擇方面。如能與其它測驗的結果和有關家庭背景、社經地位、學業記錄及健康等資料相結合，將使我們對當事人有更完整的瞭解。

　　學生在適應及人格方面也可能產生問題。John Darley的調查報告指出，自卑感、缺乏信心、家庭中人格衝突是高中生常遇見的問題。有時候，當晤談或其他方法失效時，運用人格測量將可顯示出問題所在。

　　不同類型的人格測驗在團體中使用或多或少能鑑定嚴重不良適應的案例。在美國，每一百名學生中約有2-5人需要協助，並轉介至診所或這種案例之訓練單位。而諮商員也可使用測驗為那些前來尋求協助者提供更多的訊息，以協助解決個人、教育或職業的問題。對於那些在家中或學校有困擾的學生，人格測驗除了可以提供了解的訊息，也可藉由晤談，軼事記錄、評定量表及其它資料，提供了解與協助，以彌補測驗之不足。

　　人格測驗也可藉由提供其對適應問題的了解及與其他人相處而幫助學生善加利用其才華。知道問題的性質，諮商員或許能幫助學生發展較好的情緒和社會行為。簡言之，這種測驗幫助個人獲得較佳的自我瞭解，並且了解個人在某些情境下行為的理由。

　　至於財力及健康狀況不良，諮商員是藉由工具來獲得這類問題本質之訊息。這些困難，特別是健康問題，通常需要專家的協助和治療。因此諮商員的主要工作是找出這些個案，並將他們轉介給相關人員。諮商員或許可以協助學生利用課餘時間賺錢，但

是這些並非測驗扮演的角色。學生智力測驗結果可幫助諮商員和學生決定要花多少時間工作賺錢，才不致於荒廢學業。

最近幾年在美國很多學校將生涯教育列為課程之一，當然這並不是諮商員的唯一責任，不過，生涯教育和本節所討論的內容有直接的關係。年級安置和課程主題的次序隨學校不同而有異。然而，一般模式包括小學覺察階段，國中階段生涯機會的密集研究，高中時期經常觀察及實際的經驗。

生涯教育的主要目標是幫助學生透過謹慎研究職業領域之性質及必備之條件，及對自己才華、興趣、能力及人格特徵作真實的評量，進而作較明智的決定。其他測量方法能大大增加生涯教育方案之有效性，也能幫助學生更了解自己。由於大部分之生涯教育方案有賴於各個教師，因此，所有教師應對各類測驗有相當的瞭解與認識。

五、評定成績

測驗和評量都是教師教學工作的一部分。每位教師均有責任對學生的成就和其他各方面之發展進行判斷。這些判斷結果可用各種不同的方式表達，其中以成績最為普遍。學生、家長及行政人員都需要分數資料，以傳達學生成就之評鑑結果。職是之故，教師應儘可能做好評量和成績評定的工作，並不斷地改善評分方法與措施。

　　測驗具有評定成績的重要功能是不言而諭的。教師一般利用標準化的測驗或自編的測驗評定學生成績，尤其是測量學科內容的成就。然而，能力測驗（如智力測驗）對於學生表現是否已達其能力能提供判斷的基礎。一般可使用兩種符號表示，一是顯示真正的成就（如A、B、C、D、E），另一是與學生能力相較，工作表現令人滿意或不滿意（如S或U）因此，一個高學業性向的學生可能在代數上得B和U，然而另一個學生則得C和S。很多學校使用這種二元體系的評分類型，指出學生成就的品質和其發揮潛能的程度。

　　使用標準化測驗作爲評定分數之唯一依據是不合理的，因爲在學校中，沒有一個標準化測驗可以提供表示所有科目學習結果的適當量數。對於完全仰賴或大部分仰賴標準測驗評量學生成就的教師中，滿意的並不多。雖然如此，標準化測驗在幫助獲得學期或學年成績方面仍極爲有用。換言之，當教師判定某標準化測驗是一個或多個地區性教學目標之適當測量工具時，則無正確理由不用它們測量教學結果，以便和其他方法得到的結果共同評定成績。因此，標準化測驗可以彌補依據教師自編測量工具評量之不足。對每位學生的成就作最佳評量是每位教師的目標。事實上，謹愼編製的標準化測驗常比一般教師更能提供較佳的教學結果之量數，例如，國小技能測驗就是。

　　學校應對每位學生之全面發展而負責，不但包括各學科之成就，也含蓋氣質與人格、生理發展與健康，以便爲將來職業選擇

和計畫作準備，選擇終生的伴侶等等。以上之任一領域，教師應
對學生地位及發展加以判斷與評鑑。每一測量工具皆有其貢獻，
人格測驗，興趣量表，生理發展之量數，健康與體檢之記錄，不
管是用分數或其他方式表示，對於教師之評鑑皆有相當之助益。
換言之，在評鑑學生成就和成長方面，測驗扮演了某種程度之角
色。

　　如何界定評分系統類別一直是個問題，對這個問題的看法也
異常紛歧。有些人主張A（或類似的符號如甲）只能用作表示少
數學習者能達到的極優成就。而另一極端者認為應完全廢除這些
符號。無疑地，前述觀點目前已被教師們修正。許多的報告顯
示，各級學校，教師給學生「普通成績」大大增加。雖然，一般
界定C為「普通」，然而實際上許多學校普通卻給B，甚至超過
B。對於這種「膨脹成績」之作法深受雇主，大學入學審查人
員，父母等的關切，因為成績有那麼好，程度卻無此水準。目前
我國大專院校部分教師因某些原因普遍給學生很高的分數，難怪
有心學者大嘆我國高等教育素質低落了。

　　大部分教師仍採用A、B、C評分系統，使用此種系統令教
師頭疼的是：各不同類應佔多少比例。有良心的老師儘可能要做
到對所有學生公平，同時又要符合良好評分原則。要同時達成此
兩目的是相當困難的。對這種兩難的問題，有人認為可利用常態
曲線的概念來解決。在任何一個班或群體裏，除了人數非常少外
（如少於20），學生之能力和成就之分配的型態可能接近常態分

配。若此假設適當，則分數應接近常態曲線之比例。換言之，大部分的學生是屬普通（通常得C）；在C之上（B）或之下（D）者應屬少數。兩極端比例（即得A與F者）則應更少。

　　許多不同的評分系統符合這種原則，其中最廣為人所用的是根據標準差。如圖14-2所示：中間群體（得C）佔平均數上下半個標準差，而此部分約佔全部圖形面積的百分之三十八。而在平均數之上或下半個標準差與一個半標準差之間分別為B和D，此面積皆約佔全部面積之百分之二十四。而在平均數之上或下1.5個標準差以上或以下者分別得A與F，皆佔全部面積之百分之七。

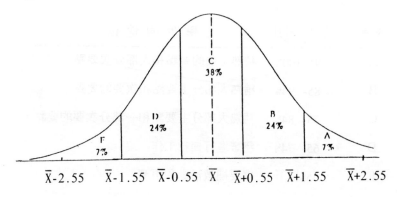

圖中橫軸標示：$\bar{X}-2.5S$　$\bar{X}-1.5S$　$\bar{X}-0.5S$　$\bar{X}$　$\bar{X}+0.5S$　$\bar{X}+1.5S$　$\bar{X}+2.5S$

曲線各區分別標示：F 7%、D 24%、C 38%、B 24%、A 7%

圖14-2　依據標準差之成績分配

　　雖然，大部分班級測量結果並非完全與理論上的分配相符合，但是如果一個未經高度選擇的班級，所用之測量工具對班上

各能力水準的學生又皆適合，則二者理應相當接近。特別是有理由相信群體性質與所使用的測量工具不合上述條件時，沒有一位教師會按照理論分配來評定學生成績。不過，常態分配的概念可作爲指針，能幫助教師避免給學生明顯超過合理的分數。

　　至目前爲止所談論的，再加上對人類能力和成就的了解，可以提供評分的一般基礎。下面是這些原則簡短的敘述。建議各位在閱讀和思考這些敘述時，應牢記：教師在評分時，沒有嚴格規定，每位教師在每一情境，應使用個人的明智判斷，因爲，一般言，評分是一項不能與其他人共同分擔的責任。一項清楚的評分法則是在可能範圍內對學生公平。

成績	答對百分比	學 生 的 地 位
A	95-100%	精熟主要的要點和大部分次要點
B	85- 94%	精熟大部分主要點和次要的要點
C	75- 84%	精熟大部分主要點和一部分次要的要點
D	65- 74%	建議進行補救工作
F	65%以下	需要補救活動和再測

　　1.評分應依據比較，最好的學生應得最高的成績（A），次好的學生應得（B）等……這一點是普遍被認同的。在大部分的學校情境，這種做法的確較「先設定某任意的或不實際的標準，表現未達標準則不讓他通過」的做法要好。有一點必須指出，在

使用精熟學習模式和標準參照測驗的班級，相對計分系統恐怕不適當。事實上，有些作者認為應該使用包括主題之技能與概念之檢核表，以取代成績及報告卡，同時也建議報告應指出學生已經精熟哪些部分。這種方法限用於教學目標或欲發展的技能可明確完整地列出之學科。雖然如此，當能為廣泛不同的科目發展較完整的教學目標明細表時，則此種方法較普及且實用。

雖然有各種不同之評分系統可用來給予標準參照之字母成績，但沒有一種方法是被公認為最佳的。如果是如此設計的測驗因很少有誤差，分數的界定則能依據答對的百分比。例如，這種系統可使用下面的方式表示。前面已提及，標準參照法對於可分析相當細小和同質之技能或過程之科目最為有用。因此，一些其他系統，例如，相對（或比較）評分法無疑地較適用於大部分的學科和大部分的年級水準。

2.目前實施上，一般較喜歡使用少數類別之評分系統，例如字母，整數，或標準九。使用字母分數有幾項優點：(1)容易使用和解釋，(2)使用五點量表較百點間隔量表易評定。明顯地，使用百分制，很少有人能正確判斷之百分數所表示之意義。已有實驗證明，教師能區分五或六個不同品質或成就水準，但對過多間隔的百分數就不容易了。

3.評分應儘可能依據客觀的測量。前面幾章已提及論文式之考試信度相當低。雖然，想要為學習結果找到或編製客觀之測量工具實屬不易，但是教師應朝此方向努力，並儘可能增加測量之

客觀性。

4.成績應儘可能表示特定目標之成就而非全部或整個評量之結果。一個無法提供正確區分之評分系統是沒有多大用處的。而且，不應試圖將學科之成就分數和其他特質如禮貌，守時，努力……等合併在一起(Bloom, Madaus, & Hastings, 1981; Noll, Scannell, & Graig, 1989)。雖然這些特質在評量上很重要，但是如果學生在算術科得S，此成績應眞正表示在這學科之成就。必須給這些特質表現之分數時，則應該分開表示之，否則，兩個學生同時得B，其中一個分數表示成就是A，而努力是C，另一個分數代表成就C，努力爲A。倘都給B，對學生或以後的教師、學生父母及其他無法知道分數眞正代表什麼意義的人是很不公平的。

范德鑫（民83）曾調查台灣地區二三八位國中二年級數學科老師如何評量學生日常考試分數，結果發現：學生日常考查分數中有將近一半的分數是屬於學生學成就以外的因素。各因素之加權值如表14-2。從表中明顯看出，學習成就以外因素之加權值幾佔總加權值的一半，這些因素倘不加以區分表示，學生日常考查分數代表意義無法清楚，還有可能與其他項目相重疊的情形，例如，對教師態度部分可能與德育分數重覆計分。

此法則同樣適用於生長與改進的評量。像這種結果不應與學生成就合併成一個成績。爲了說明起見，假設給兩位學習如何打字的學生成績，甲開始時，一分鐘打10個字，一年後，一分鐘可

打40字。乙開始時每分鐘打30字,而一年後可打50字。甲進步30字,而乙進步20字,然而乙卻較甲有效率。是否應給甲高的成績,因為甲進步較多?事實上,並非如此。如果兩位學生都得相同成績,則要顧用打字員的雇主可能被誤導。然而,若能使用下列兩項成績,分別表示地位及進步,則較為正確與公平。

表14-2 評定學生分數時,教師給予各有關因素之加權值

因　　素	百分比
1. 成就(知識與技能)	51.54
2. 努力與動機	20.57
3. 智力、認知能力或性向	10.14
4. 對學科、班級教師或學校之態度	7.26
5. 對學科、學習、學校之興趣	6.45
6. 氣質或品格	2.91
7. 其他	1.11
總　　合	100

學生	地位	進步
甲	C	B
乙	B	C

基本上，成績應代表所要代表的。英文成績應能道地表示在英文這一科的上之成就，應它能分別指出作文的、美國文選、英國文選、或其他特定科目或科目之部分成就。如果要評鑑其他重要的特質，如努力，品行等，則應分開標示報導，如此才不致於混淆及令人誤解。

5.較理想之成績評定需靠使用各種不同之測量而達成。使用愈多量數表示學生成就，測量方法及設計上愈有變化，則成就之抽樣可能愈好。即使測驗之性質十分相似，合併幾個測驗的結果比單獨只用其中一個，較能正確評量學生學習結果。理由非常簡單，這純粹是統計抽樣法則之應用。使用的樣本愈多，測量將愈正確，因為沒有常誤介入。尚且使用各種不同的測量工具，我們可能獲得較廣泛的樣本。例如，想要測量公民科之教學結果，教師可能會發現不只需要用測驗，而且評定量表，軼事記錄，有系統之行為觀察等，對於公民科成就之評量皆有相當之助益。

其實，上述這些法則並非意謂成績之評定純粹是機械化過程，完全無主觀成份在內。即使使用最客觀的測量，將這些測量結果轉換成成績時，教師還是需要自己的判斷。教師在決定學生失敗或留級時，除了測驗分數外，許多其他的因素也都需要考

慮，特別是國小階段，學習者的利益是不容忽視。教師心地與情緒化也會影響測量的正確性。

　　茲舉大學修「測驗與測量」一科的班級之給分，說明前述之原則。這個課共有三十六位同學修習，其中大部分是準備將來在國小或國中服務的大三與大四學生。指定作業與測驗包括一組簡單的統計問題；顯示內容與客觀測驗測量目標之藍圖或雙向細目表；學生編製之測驗；七十五個題目之期中考試題，及七十五個題目之期末考試題。其中指定作業部分（如統計問題部分），也可用字母分數，但是需將字母分數根據A＝50，B＝40……轉換成點數。最後，學期結束時，學生分數或成就是以點數表示。表14-3即是學生總分之次數分配及所獲得的成績。表中資料有幾項十分明顯。第一，若以圖形表示，顯然不呈鐘形之常態分配。事實上，此分配呈現雙峰（衆數）分配，因爲有些學生在某些指定作業上做額外的工作而獲得分數的關係。第二，指定作業與與測驗造成分數的差距。有些學生所得之點數爲其他人的兩倍。因此，此分數明顯地有區分作用。第三，所給的不同分數之比例與理論分配不一致。例如，得A的人數是得F人數之兩倍多。而得B的人是得D的人的四倍。此科目是爲將來要爲人師者開授的較高層次的選課，研究生與大學生共同選習之科目，這兩個事實之關係可清楚地由分配中，高分者佔多數和不同分數之比例而了解。

表14-3　選修「測驗與測量」三十六位學生得分與成績之分配

總　分	次　數	小　計	成　績	百分比
200-204	3	5	A	14
195-199	2			
190-194	2			
185-189	3	12	13	33
180-184	2			
175-179	5			
170-174	2			
165-169	3			
160-164	1	14	C	39
155-159	5			
150-154	3			
145-149	0			
140-144	1	3	D	8
135-139	1			
130-134	1			
125-129	0			
120-124	0			
115-119	1			
110-114	0	2	F	6
105-109	0			
100-104	0			
95- 99	0			
90- 94	1			

　　讀者也要注意：不同分數之間的中斷，儘可能置於分配中之縫隙處。表中C與D之間，D與F間就是例子。

　　我們必須承認，沒有一個評分系統是完全客觀的。即便是採用7％的學生得A，24％得B，38％得C，24％得D，7％得F之計分方式的教師，也是要先認為這種系統是合理的，才決定用它。就上面這個例子而言，主要的主觀成份是發生在各種成績之間分割點之選擇，當然，上面提到的一些其他因素也會介入主觀判斷成份。然而，瀏覽了說明的過程，顯示此過程遵循和應用上述之良好評分法則。若在較大的班級，較低層次少有選擇和較異質的學生之必修科目中，使用根據常態分配概念之成績理論比例之評分及評量系統是可能的。然而，讀者要牢記。評定成績的基本目的並非要遵循某種理論，而是將學生學習成就儘可能地正確地、公平的、真實地、傳達予有關的人員即可。

六、課程評鑑

　　在測驗和評鑑中最困難的領域之一，或許就是課程或方案(program)。由於教育目標和內容經常是很廣泛且不同的，因此，課程工作者和評鑑者難以一種有意義的方式相互溝通。況且要設計或獲得測量和評鑑課程或方案結果的有效方法是不容易的一件事。

　　一般來說，課程評鑑者的工作重點包括兩方面。第一，他們設法評鑑正進行中的課程或計畫。因此，他們藉由測驗或其它工具發現教學未達到的目標，因而設法找出更好的教學方法。第

二，課程評鑑將重點放在最後的結果，以確定整個教學過程是否有效。這種課程評鑑就是分別稱為「形成性評鑑」和「總結性評鑑」。

總結性評鑑的型態已在改進且成為一項標準化的措施。第一步驟是確認和釐清目標。事實上任何評鑑工作都以此開端。目標應儘可能以行為術語來叙述，它們必須能指出教學後有哪些行為改變了。當目標已形成，隨後就需發展測驗試題和其他評鑑的程序來測量。這個步驟通常是最困難的，因為目標相當廣泛和分歧。甚至，某些內容無法使用傳統的方法來測量。至於評鑑程序，客觀的和其它類型的測驗、評定、晤談、觀察紀錄和軼事記錄及追踪等皆是。

形成性評量與課程評鑑有關，而且可視為是課程評鑑的一部分。藉由形成性評量，教師可蒐集學生的學習資訊並據以判定學生是否需要額外，或不同形式的學習機會。此外，形成性評量的結果能適切反映教學效果，並且提供教師改進教學之建議。目標叙述的發展和測量目標的測驗試題對所有各類教學方案是非常重要，對於根據精熟和標準之個別化教學方案也是不可少的。個別化精熟學習順序之模式如圖14-3：

由圖14-3可知，個別化精熟學習順序中，有幾個點牽涉到評量。首先，教師依據前測的結果挑選適合學生能力的教材和活動，其次，教師依據學生進步的情況來認定這是否需要進行補救教學，或是否能進入新的學習主題。

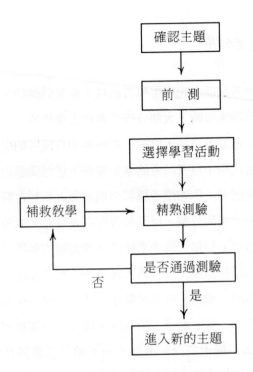

圖14-3　個別化精熟學習順序

　　評量對於課程發展與教學之各階段均有極大的助益。事實上，達成教學目標是重要的。已有證據指出，對於課程和教學評量的態度正在轉變，而較有系統的評量將是未來學校方案發展的特色。

七、引起動機

一般人認爲考試能引起學生學習動機。毫無疑問的，如果學生有能力，面臨期末考時，大部分學生會努力準備的。然而，有關學習動機的問題並不單純，例如，在學期中有段考的學生，期末考的表現是否比期中沒有段考的學生要好。這個問題很複雜，因它牽涉到各種因素，例如段考種類與期末考之種類之關聯性，是否告訴學生段考後的分數，以及是否有事先宣布考試等。

動機的問題並不簡單，很多老師僅強調測驗的動機價值，卻沒有考慮其他相關的問題。有一爲人接受的心理學原則，即：讓學生知道自己錯誤、成功、進步等結果，比不給學生學習結果之任何資訊較能產生進步。的確，也有研究顯示，一個簡單技能的練習，例如，畫一條十公分的直線，若不給是否畫得準確的資訊，則所畫的準確性永遠未獲改善。換言之，在這種情況下的練習並不能產生任何的效果。只有在學習者知道自己的錯誤爲何？且曉得如何做較好？這種練習才能帶來顯著的進步。

也有實驗證明，隨堂考可增加期末考的成功。在一個實驗中將受試者分成兩組，其能力與先前的準備度都相等。兩組都由相同的教師使用相同的教材和教法來進行教學。期末時，兩組也都施測相同的考試題目。唯一的差異是實驗組在學期中給予考試，然而控制組則沒有。因此，期末考所測量的成就差異或許可以說

是期中考所造成的。而且性質相似的許多次實驗的結果綜述如下：

1.第一，使用測驗結果方式不同，其所獲得的效果也不同。如果測驗是專作為補救教學之根據，則結果似乎很有用處。當測驗在計分後發回，而沒有說明要用於教學目的，則其價值就很小。另外，在大學階段，大多數的研究顯示：即使與學生討論測驗結果或邀學生一起使用測驗結果，學生期末成績卻無影響。

2.第二，有一兩篇研究報告指出，測驗對能力較差或平均數以下的同學的幫助比成就優越者為大。

3.第三，年輕或較無責任的（如中等學校學生）學生隨堂考較年長的大專生學生容易引起或促發其較高的學習動機。

另一個問題是學生對隨堂考的反應。有一研究給大學生單元考試和期末考試外，另加十四週的週考。而這些試卷評完分數後，隨即發給學生，並且由授課教師檢討。在學期終了，學生必須要做一個有關週考和對測驗結果討論的反應調查問卷。結果發現，80％的學生認為隨堂考幫助很多，而只有20％說沒有幫助。93％則認為隨堂考可以引起他學習的動機，另有三分之一的認為隨堂考會使他們產生焦慮。當然在肯定回答中，有87％贊同週考的措施。而在成績的效果方面，31％的學生認為隨堂考使其分數提高，55％認為沒有差別，14％則認隨堂考使其分數降低。也有89％表示經常測驗可幫助檢核進步或學習情形，而11％則認為沒有差異。

總而言之，這個研究結果顯示：學生對經常考試的知覺是相當好的。雖然有75%學生認爲討論測驗結果可避免技術上的錯誤，但極少數的學生認爲這種討論是有幫助的。

爲了引起學習動機而使用測驗時，成就測驗扮演相當重要的角色。很少有人能在事先提高學生的智力、性向、興趣或人格測驗的分數。在這些測驗上唯一能關心的是，使學生在測驗時間內有儘最大努力的動機。消除任何補習、學習、或是先前的測驗知識也是我們關心的。因爲這些因素將造成測驗結果的不公平，也會造成對學生能力的誤解。使用成就測驗基本的目的在於測量教學結果，任何可促進學習的東西皆是所要的。因此，如果段考能刺激興趣，和引起學生更努力及獲得更大成就的動機，那麼使用測驗就算是合理了。

八、特殊兒童的鑑定與研究

在學校中，大部分的學生都是屬於正常的。然而幾乎在每一個班級或團體中都會有屬於正常範圍之外的學生，包括很聰明的或很笨的。這些人可能有適應上的困難，問題可能很輕微，但也可能很嚴重。諸如此類的小孩，在教育界稱爲「特殊兒童」。

對於這些智能特殊的人，過去許多測驗提供甄選和鑑定資優和智能不足兒童的依據。而最有效的程序是配合教師提名，利用團體心理能力測驗做爲初步的甄選，然後再由學校心理學家對這

些初步挑出來的受試者進行個別測驗（如比西量表）。Pegnato
及Birch研究中，有七個不同程序可用來鑑定資優兒童。而其發
現最有效的程序是先利用團體智力測驗甄選出可能資優的，再施
予個別測驗確認其是否爲眞正資優生。

　　這些年來，學者注意力則放在創造力的研究，也設計出一些
創造力測驗。關於普通能力和創造力間的相似性，心理學家們彼
此有不同的意見。有些人主張這些是本質上有別且分離的實體；
其他人則認爲雖然不屬於相同的東西，但是却有密切的關係。在
此討論目前能得到而且能鑑定資優生之智力和創造力測驗。

　　對於有明顯身體殘障（如跛腳、或因大腦受傷而導致神經異
常）的兒童鑑定較無問題，因爲缺陷的眞正性質可透過醫學工具
加以診斷和治療。較不明顯而同等嚴重的殘障（就學校學習需要
而言）是聽覺和視覺的缺陷。這些缺陷通常都不太受教師和父母
的注意，而且有時兒童會設法將它們隱藏，或是根本不曾察覺
到。然而，這種缺陷可藉標準化測驗，準確地將它們偵測。

　　視覺敏銳度可由史乃倫視力檢查表（Snellen Wall
Chart）檢測色覺與色盲，也可透過爲這個目的而設計的測驗測
量出來。所有視覺功能可用Ortho–Roter, Sight Screener和
Telebinocular之類的工具來測量。聽覺敏銳度或聽覺喪失可藉
由低語或鐘錶滴答（Watch–tip）作粗略的測量，主試者只要確
定小孩可聽到低語或手錶滴答聲音的最大距離即可判斷。而較正
確可靠測量聽覺敏銳力或聽障之方法是使用聽力計。純音

（pure-tone）聽力計能檢查聽力是否喪失，只要知道要比一般正常所需的音調要大多少即可確定。

對於身體障礙兒童而言，傳統的紙筆成就測驗必須以某種方式修改後才可使用，對視覺障礙者，需用較大之字體；對於盲童要用口語或點字教學；對聾或聽力困難之學生，需改變指導語；爲適應跛的孩童而改變測驗程序。上述皆在說明必須改變測驗的方式來適應殘障學童。同樣地，個別測驗（如比西量表）應用於殘障之學童時，也同樣需要修改。

測驗對測量特殊方案的結果亦十分有用。通常殘障孩童受鑑定及診斷後，緊接著對這些殘障者礙進行處理，或調整。當個案需要時，可利用特殊學校、特殊班級、補救工作、各種不同的治療，和使用較徹底的方法改正其缺陷。在教育的、心理的和情緒的進步量可使用適當的測驗加以測量。所謂適當的測驗是專爲此目的而設計的，或是將現有的測驗稍作變更。

另外一類的特殊兒童是資優兒童，比起一般兒童、資優兒童較不受教師的注意，甚至受忽略。未能給予資優生特別的注意和鼓勵是一短視的觀念。在學校中，因標準化智力測驗和標準化成就測驗的發展，使得正確鑑定與測量資優生較過去更有可能。有了人格測驗，研究他們個人和社會特徵也較爲方便。人格測驗顯示：智能優異的孩童通常是正常的，適應良好的，至少和一般群體是一樣，這一點與一些人的觀念不相符合。資優生使用測驗已打開新的研究領域，此新領域是對社會產生相當重要的貢獻。

　　近些年來，我國由於許多教育官員和學者對特殊教育十分重視，除了有特殊學校之設置外，也成立特殊班。至於各種資優班也已設立，對資優兒童十分重視。在甄選資優生時，皆經相當嚴謹之程序，其中標準化測驗亦扮演相當重要的角色。美術資優班的候選人須做美術性向測驗。音樂資優班的候選人須做音樂性向測驗。數學資優的候選人要同時做團體與個別智力測驗。總而言之，政府付出相當教育經費支助特殊教育的發展，目的在充分發展這些資優生之才華與潛能。這些措施，表面看來，似乎只對資優生個人有好處。事實上，對社會、國家皆有莫大的助益。

　　近年來，由於回歸主流的觀念盛行，即使許多屬於學習缺陷的小孩也留在一般班級，接受大部份的課程教學。這種情況下，教師需要充分了解班上所有學生的進步與需求。在鑑定哪些學生應接受額外測驗，哪些應分派到資源教室接受額外教學時，測驗與其他工具是非常有價值的。

九、向社區說明學校的績效

　　教育上，最近的發展趨勢之一是大眾對學校事物的關心，或感興趣，甚至參與。這些發展影響到學校所有人員的工作，特別是校長和其他行政、督導人員。因為他們通常須要回答民眾所提出的問題與接受批評，解釋學校所要完成的東西，要出示學校已達成這些目標的證據。

　　評鑑及測驗在下列狀況下也特別有用。當家長要求提出兒童在學校學些什麼之證據時，測驗的結果自然是要出示的第一項目，因此，評鑑和測量是向社區解釋學校的最佳工具。

　　然而，如前所述，需要了解測驗結果的使用存在著一些問題。其中之一是，若測驗結果沒有支持或增強個人或社區所認為的，則他們對測驗結果會有負面反應的傾向。如果個人或社區大眾認為小孩在測驗分數應該高，結果令他們失望時，則他們自然會挑剔測驗。如果個人或兒童在測驗上表現很差，那麼就會說這個測驗有偏倚或不公平。

　　有一看似有某些優點和可接受的方法是為不同鑑別團體發展各獨自的預測方程式。然而，這個方法雖無法去除所有學校或方案選擇最有可能成功的兒童的所有問題，但是的確能消除某些隱藏用於所有人之方程式泛文化因素的影響。

　　使用測量結果以解釋方案和學校成就的另一個問題是：要讓外行人甚至教師了解測量中所使用的一些術語和概念及不同類型測驗分數之意義。除非對這些東西有充分的理解，否則解釋測驗結果，不但沒好處反而會誤導。為了避免誤解，應發展一套向社區團體解釋測驗結果之詳細內容，以提供大眾有關測驗計畫之性質與範圍，施測測驗之種類，所要測量之技能，使用分數及常模之種類。唯有如此，家長與教師才可能對學校的成就和目標有較深的瞭解，也解釋有個別學生測驗分數之基礎。也只有適當呈現和了解，才能說標準化測驗和其他測量工具測量的結果在向社區

解釋學校績效時極為有用。

十、改善學校教職員

　　測驗和其它測量技術對教師許多方面專業的發展有相當的助益。首先，多一個測驗計畫，透過共同的計量，組織或執行，因而增加了專業能力。為了能主動地參與，教師必須學習與測驗相關的資訊、一個好的測驗工具的特徵、確定測驗有多好的方法、和提供作決定的基本資訊來源。而且一些老師也必須學習施測，計分，解釋測驗，如何將結果做最適當的運用。教師所有的這些經驗和技能都可因參與測驗計畫而獲得。

　　另一個測量有助於改善教職員的方法和地區用之測量是透過編製測驗工具。在這活動中，教師必須確認教學的目標並且設法建構可測量進步情形的工具。這不僅要直接注意目標，同時也要考慮達此目標之教材和教法。而且也因教師在編製測驗中，不斷地思考，測量學生在教學中改變的方法，因而對學生有深刻的了解。

　　了解測驗結果之後，教師藉由在教學中哪些表現不錯及哪些未做到的而提升其專業成長。評鑑教法和教材的有效性將有助於教師以新的眼光檢視它們。測驗計畫也可協助教師，因顯現個別的優缺點，及鼓勵教師改變觀念而相互學習。

　　教育測驗亦可透過教師對個別學生能力興趣、成就、人格問

題、需求的了解而有助於其專業的成長。因更加的了解，將使教師在做一個教師，一個朋友，甚至專家上更為有用及有效率。

透過人類特質的正確測驗和過去在此領域先驅們努力的評價，問題有良好的瞭解，測驗方法的知識和使用將有助於學校人員的專業成長。而教師所做的研究和調查也能改善他們自己所編的測驗和測量工具。教師和諮商員所使用的評鑑方法愈好，教學和諮商愈將有效果。

最後，在很多方面；使用測量工具有助於行政人員和督學。測驗可用於選擇教師或其它職位的人員。而且對教師的在職教育方面，學生的成就測驗，觀察及評定量表對督學亦十分有用。而各種測量和評鑑工具，如檢核表和計分卡也有助於對物理設備之合理判斷。

十一、教育研究

在美國某些證據顯示：學校中已逐漸強調教育研究。這可從各種不同支持小、中學教育之國會法案而得知，因為獲得資助的方案不斷地受到評鑑。另外，教育研究量的增加是因研究計畫和教育研究者訓練的聯邦基金的直接結果。無疑地，大眾需要學校效能和教育目標達成程度之證據，刺激了提供此證據之研究。而在這大部分的活動中，測驗扮演了一個主動且重要的角色。

在學校調查中，測驗是下列各項之良好工具：研究年級安

置，基本原理原則的成就，學校給予社區需求的關係，及達到學校或社區教育目標的成功程度。能測量學校或社區所訂之教育目標之工具不易獲得，但是目前所有的測驗也已慢慢改善、推陳出新。在其它領域如社會適應，則可能需要設計獨特的測驗。而且這對教師而言，這是一個頗值得研究的類型。尤其是他們有專家的建議與協助時，測驗亦可用於不同教學方法之比較。大部分教師都想要找到有效的教學方法，這不僅是因為可增進教學效率，和可省時省力，而且較好的教學方法可以導致學生較高的學習成就。一般的教育研究類型是：找到兩組相等之班級，再比較兩種不同之教學方法，一組實施一種教學方法，另一組使用另一種教學方法。如果兩組開始時是相等，則最後學習結果之差異是因為教學方法不同所造成的。當然，所有其他會影響學習結果之額外變數皆需控制，否則，結果就難以解釋了。在所有這類的實驗中，測驗扮演極為重要的角色，例如實驗前為使兩組相等需參考測驗資料，及實驗後了解學習結果也需要測驗資料。

第二節　測驗使用之倫理

　　心理測驗能否發揮功能，完全取決於使用測驗的人是否使用得當。正確使用測驗將有助於受試者解決問題；反之，運用不當，對受試者將有不利的影響，甚至受到嚴重的傷害。心理測驗

是一相當複雜的過程,使用時除非有相當的專業知與技能,否則極易造成誤用與濫用的情形。

路君約(民80)曾指出:我國測驗誤用濫用之情形包括:(1)超出常模的運用,(2)超越信度研究和誇張效度證據的運用,(3)未充分了解測驗內容、目的、編製程序和標準化進程後才運用測驗。至於濫用情形,則包括:(1)不可以用測驗而竟然用測驗,(2)不依測驗計劃而實施測驗,(3)未針對問題而選用測驗或不注意心理計量特性而使用測驗。

隨著社會的變遷,人權的高漲,各行各業對其社會責任日益重視,因此,強調測驗使用之倫理實有其必要性。近年來,國內外對於測驗使用之規範都十分重視,例如,美國心理學會（APA）曾於一九五三年出版〈心理學者倫理標準〉,一九八一年出版〈心理學者倫理戒條〉都列出有關測驗編製、出版和應用的責任。一九六六年,美國心理學會、美國教育研究學會（AERA）,全國教育測量學會（NCME）出版了〈教育與心理測驗及手冊標準〉,一九七四年又出版了〈教育與心理測驗標準〉,一九八五年,上述三個單位又將一九七四年版重新加以修訂。

在台灣,民國七十九年,中國行為科學社曾依據美國一九七四年版〈教育與心理測驗標準〉加以翻譯。民國八十一年,黃國彥等曾參照一九六六年的〈教育與心理測驗及手冊標準〉、一九七四年和一九八五年的〈教與心理測驗標準〉、民國六十二年

〈心理測驗的編製、出版和應用準則〉及其他資料，並根據我國實際狀況及測驗學者的意見，編製〈心理測驗使用規範〉，此規範對於下列九項都有詳細的規定：(1)測驗的效度，(2)測驗信度與測量誤差，(3)測驗的發展與修訂，(4)測驗分數、常模與解釋，(5)心理測驗的出版，(6)使用的一般原則，(7)專業使用原則，(8)受試者權益保障和，(9)測驗的取得與保密。

　　茲因篇幅所限，本節僅對下列幾項與測驗使用者和發行者有密切關係的部份加以討論。

一、測驗使用者資格

　　一般言，標準化測驗必須由具有適當條件者才能使用。換言之，心理測驗使用者應具有適當的專業知識與技能者才有資格使用。然而，測驗種類很多，實施、計分和解釋複雜性也大不相同。因此，實難對使用者的資格訂定一嚴格的標準。性質單純，計分和使用容易的測驗，使用者無需太多的訓練，只要了解測驗手冊之說明與規定即可實施，例如，成就測驗、孟氏行為困擾調查表等是。一般學校導師若能嚴格遵照測驗手冊及參加測驗實施講習即能勝任。然而有些測驗結構複雜，計分麻煩，材料繁多，使用者須具相當測驗專業知識才有資格使用，例如興趣量表、性向測驗、適應量表等是。使用這類測驗時，使用者除需測驗編製和使用的知識外，尚需其他課程，如統計、輔導學等之知識。曾

受過測驗專業訓練的學校輔導人員對這類測驗應可勝任。另外，如個別式智力測驗、投射測驗等性質極為複雜，非一般受過幾個學分心理測驗導論者有資格使用。使用者必須接受過針對此類測驗課程和實習訓練，具有測驗能力與臨床技巧者方能勝任。

二、測驗發行者與持有者的責任

防止心理測驗的誤用與濫用，測驗使用者與測驗發行者都有責任。測驗發行者應予測驗購買者的資格的限制。此限制的目的除了防止測驗的濫用之外，測驗保密是一項重要的考慮。只有對測驗加以保密，受試者測驗結果才有可能正確，才能發揮測驗的功能。值得在此一提的是，以往，國內常有盜印測驗，違反智慧財產權的問題發生。要了解的是，編製一份測驗實在不容易，所耗人力、物力及腦力無法計算，因此，測驗版權應受到尊重，否則隨便盜印使用，只有令測驗發行者無法生存，停止編印，最後的結果是無優良測驗可用，吃虧者還是測驗使用者。

三、保障受試者的權益

受試者隱私權在美國是相當受到重視，它是指受試者有權決定是否在測驗中透露其思想、感覺、或有關其個人事實，甚至作何種程度的透露亦屬其範圍。若出自受試者的自願，則不構成侵

犯；違反受試者之意志，要受試者透露其個人資料，則構成侵犯隱私權。換言之，除了下列三種狀況外，必須獲得受試者及其法定監護人之同意，才可實施測驗：(1)政府規定或法律容許的施測（如全州的測驗計畫），(2)為學校定期活動之一部份（如全校測驗計畫及建立常模或研究所需），(3)明顯地顯示受試者同意時（如應徵職業或入學許可）。一般言，除了上述三種情況外，沒有受試者或其監護人「了解的同意」（informed consent）是不能對受試者施測的。了解的同意是指受試者或監護人曉得測驗的理由，使用測驗的理由，使用測驗的種類，如何使用，運用結果與範圍，哪些資料可以讓人知道，哪些人可以知道等。

四、測驗結果的保密

　　受試者測驗資料之保密性應受到適當的保障。所謂保密性是指受試者測驗結果只能讓有關需要的人員知道，不可向其他無關人員透露。此一原則同時適用於測驗資料的搜集、保存與應用。測驗結果除了供給與個案直接有關的人員參考外，任何其他人想要獲得資料必須徵求受試者或其監護人的同意。

　　心理測驗是一種科學的工具，在學者們共同努力下，此工具已愈來愈精確。雖然有些學者對測驗大加鞭伐，但不可否認，目前它已經被普遍使用於各行各界測量心理特質的可靠工具。特別是在學校的使用，它充份發揮了班級功能、諮商與輔導的功能和

行政的功能。

心理測驗是否能發揮應有的功能，取決於使用測驗者是否有測驗的專業知識與訓練、責任感與職業道德。惟有此三條件兼備，才能保證心理測驗服務的品質，避免測驗的濫用與誤用。

測驗使用的倫理是與測驗結果使用有關的重要問題。這一方面，國外學者極為重視，國內學者也已開始大聲疾呼，所幸，目前已有心理測驗使用規範的誕生。相信在重視人權和智慧財產權的潮流下，今後國人使用測驗之素質必將逐漸提升。

參考書目

台灣省教育廳（民83）：**台灣省國中數學科教師課堂評量生態之調查研究**。

Noll, V. H., Scannell, D. P., & Craig, R. C.（1989）. Introduction to educational measurement（4th ed.）. N. Y.: University Press of America.

第十五章

教育測量的最新動態

　　此章主要目的在介紹教育測量的最新動態。讀者在瞭解教育測量最新動態之前，應先瞭解美國教育測量的歷史背景。本章共分為五節敍述。

第一節　美國教育測量簡史

　　美國教育測量之演變，可由下列幾項重要的教育測量事件之演進窺見一般。美國最早提出「測量」一詞的是心理與教育學家凱特爾（Cattell）。凱氏於一八九一年提出「**心理測驗**」（mental testing）這個概念。他雖然沒有明確提出「教育測量」的概念，但他的工作卻開美國教育測量發展之先河。其實，在教育測量的歷史上，心理測量與教育測量往往很難劃分清楚，許多教育家本身就是心理學家，況且教育測量本身就是從心理測量中分化產生出來的。第一位眞正把測量方法運用於教育情境的學者應該首推萊斯（Rice），他於一八九四年編製了一份有關拼字方面的測驗，用以測量學生的能力，當時很多學校教師採用此種測驗；雖然萊斯的測驗不算是標準化的測驗，但是卻爲學校評量工作開闢了一條嶄新的道路。正因爲如此，一八九四至一九〇五年間，許多心理學家和教育學家投入這項新的研究領域上，並已編製大量的測驗供學校使用。一九〇五年是世界教育測量史上一個劃時代的新紀元，法國醫生和心理學家比奈（Binet）和

西蒙（Simon）編製「比奈－西蒙智力測驗」。過去的測驗，是以團體施測的，而「比－西測驗」則為個別施測的。「比－西測驗」傳到美國後，一些心理學家對它進行修訂，以美國兒童為樣本，對部分題目進行修改，使其更適合美國國情。「比－西測驗」對美國教育測量影響至深，直到現在，在美國本土，許多研究仍使用「比－西測驗」的修訂版本。

　　一九一一年，美國國家教育協會（National Education Association）同意使用大學入學考試的方法來甄選學生。美國哥比亞大學師範學院教授組成「大學入學考試委員會」（College Entrance Examination Board, CEEB）負責這項研究工作。後來，CEEB與美國教育測量服務社聯合從事這項工作，目前普遍使用的SAT測驗就是從這個組織發展出來的。

　　一九一七年後，第一次世界大戰爆發，美國國家軍事機關徵調大批心理學家和教育學者，編製大量各種類型的測驗，用以了解軍事人員的各種心理特質，以便將他們分配到合適的軍事單位服役。在這個時期，教育測量工作有了相當的進展，因為他們首次面臨如何編製大量的測驗，並且須在短期間內整理出結果。這個時期的測驗，出現了現在常用的是非題、選擇題等所謂的「客觀式」題型的測驗。到了一九二八年，美國出現了大約一千三百多種各式各樣的測驗，其中有些是屬於「標準化測驗」。一般所謂的標準化測驗係使用客觀式題型，其實施、記分和解釋都遵循一定的程序的。

　　一九三三至一九四一年，美國開發大規模的「八年教育研究」工作，其目的是要了解全國中小學生的教育程度。這種研究包含了許多評量的意義。爲了了解學生程度的需要，編製了不少測驗，因而促進教育測量工作的發展。一九三〇至一九六〇年間，是教育測量成長與成熟的時期，在這時間，由於第二次世界大戰的發生，測驗被廣泛地應用到軍事上；同時，這個時期的教育測量理論也有了長足的發展。被我們稱之爲「古典測量理論」在此時已經非常完備，並且統計學和分析法在教育測量上也被普遍採用，成爲教育測量學的理論基礎。此外，客觀式試題和標準成就測驗也普遍被教師採用，許多學校還規定在某一時間內，學生必須接受某些測驗。到了一九五六年，教育心理學家布魯姆（Bloom）發表「教育目標分類學」（Toxonomy of Educational Objective）一書，教育目標問題又引起人們廣泛地注意。這個理論不但給教育測量理論注入新生命，而且給教育教學理論帶來極其深遠的影響。

　　一九七〇年後，美國教育測量界又出現一種新的理論——**「標準參照測驗」**（criterion-referenced test）。這個理論與傳統的測量理論有所不同，過去的測量結果都是利用已建立的常模來加以解釋，根據常模中的衍生分數，推論受試者成績或在群體中的優劣，成績處於群體成績分佈中的什麼位置，但此方法無法說明受試者對於學習內容了解的程度。好壞的標準只是建立在與別人的比較中決定，這對教學工作的改進並沒有明顯的效果。相

反地，「標準參照測驗」卻能提供受試者對教學內容掌握程度的訊息。在七〇年代，「標準參照測驗」這一概念往往被濫用與誤用，有人以為「標準參照測驗」主要是確立學生通過與不通過考試的標準，其實「標準參照測驗」不但需要定出這個標準，而且還需要對試題的內容進行修正與設計，使其更合於這個標準，同時，領域（domain）要界定清楚，也是這種測驗之必備條件之一。

　　在七〇年代，還有一個對教育測量產生巨大影響的事件，那就是電子科技對測量工作的衝擊。一九七〇年前後，教育測量領域裡，還有一個新的理論值得注意，那就是「**概推度理論**」（generalizability theory）。這是一個有關信度方面的理論，它有兩個特點：一是對於測量誤差的估計。我們傳統總是以為誤差是由某一變項所引起的。但「類推性理論」卻以為誤差的產生往往是由多個因素（或變項）所造成。就以教師對學生評價的誤差而言，教師評價本身的不準確性會引起誤差，同時，測量工具的不準確，學生身體狀況不佳，以及考試環境的干擾等因素，同樣也會引起測量誤差的產生。其二是，「類推性理論」採用分析法來分析變異數。這個理論彌補了傳統信度理論的不足。

　　八十年代美國教育測量上的頭等大事，當推美國教育研究學會（AERA）、全國教育測量學會（NCME）及美國心理學會（APA）聯合頒布有關測量工作的一些標準。這些標準可供測量工具使用者參考和遵守，例如編製試題應該合於什麼標準，在

測驗過程中，使用者應該注意哪些事項，測驗所得的結果應如何解釋等等，我國測驗學者（路君約等）有鑑於國內使用標準化測驗之種類與次數與日俱增，咸認爲對測驗發展與運用應加以規範，乃於民國七十九年將一九八五年版之「教育與心理測驗標準」加以譯註，由中國行爲科學社出版。理論上，全國有統一的標準，可使教育測驗不致於被誤用或濫用，這對整個教育測量工作的實施，有相當的助益。順便一提的是，美國教師聯盟（AFT）、全國教育測量學會和全國教育協會（NEA）於一九九〇年訂定 "Standard Competence in Educational Assessment of Students"。此標準，已由范德鑫翻譯，刊載於中等教育月刊第四十四卷第三期，是項標準對今後我國教師評量能力的定位有相當的幫助。

　　八十年代，美國教育與教育測量方面還有一個龐大的研究，那就是全國性中小學生成就測驗（National Assessment of Educational Progress）。這個研究與「八年教育研究」有相似之處。研究中發現，美國中、小學生畢業成就與外國相較之下遜色不少，尤其是數學這科。這個研究結果引起美國學界巨大檢討聲浪。目前，全美上下都十分重視這個全國性的研究工作。此外，八十年代美國教育測量方面，還有兩件大事值得一提，那就是「**項目反應理論**」（item response theory）和認知心理學運動。及九十年代初期最熱門的**實作評量**（performance assessment）。

第二節　電子科技對教育測量的衝擊

　　無疑的，電子計算機及其他電子技術給社會各方面帶來了深遠的影響。然而，電子技術給教育測量帶來那些影響呢？我們又該如何去利用這些新技術呢？

一、電子計算機的特殊性能

　　要了解電子計算機給教育測量帶來的影響之前，先要了解電子計算機具有哪些特性。一般而言，電子計算機的特性有三：第一，運算速度快。由於計算機的這個特點，我們可以利用計算機快速處理大量的數據或資料。第二，能儲存大量的資料。當我們有大批的資料而大腦又無法記住時，我們可以利用計算機儲存之。第三，能重複處理過程。當我們需要處理一批計算方法和計算過程雷同的數據或資料時，人工對一、二次同樣計算過程還能勝任與容忍，但要處理幾百次，上千次時，人往往容易產生疲勞，這時即可利用電子計算機的這個特性，來處理需多次重複計算的數據或資料。

二、應用電子計算機於教育測量的可能方向

　　應用電子計算機於教育測量工作上有兩個可能的方向，換言之，當利用電子計算機爲教育測量工作服務時，可以從兩個向度去思考。第一個方向是利用它來改進及提高原有測量工具、施測方法的特性和品質。例如，以往，是將測驗試題印在測驗卷上，將卷子分發給受試者，然後要求受試者用筆答題，經過記分後，提供數據或結果。目前有人用電子計算機代替原來的紙和筆，把全部試題輸入計算機中，受試者不需用筆在紙上作答，可以直接將答案利用鍵盤輸入電子計算機中，而計算也不像過去那樣需要一段較長的時間，才能提供結果。第二個方向是創造新的測量方法。過去在編製測驗時，因考慮到受試者程度的不同，在測驗題本中往往需要有不同難度的題目。就理論上言，這並不是個理想的測驗，因爲測驗中較簡單題目對程度高的受試者言，可說是浪費時間，而較難的題目，對程度低的受試者，可說是多餘，而受試者又必須將全部試題作答完畢。因此，這種測驗對受試的特質的了解並非十分有效。理想的測驗是不同程度的學生可以自行調節試題的難易度，如此可以更實際，更準確地反映受試者所具有的特質。現在，這種測驗已經利用電子計算機的功能創造出來了，我們稱它爲**電腦化適性測驗**（computerized adaptive testing）。利用電子計算機於教育測量研究工作開始時可以順

著第一個方向進行，然後慢慢的移轉到第二個方向上。

三、目前電子科技在教育測量上的應用範圍

以下應用有些已為美國學者們普遍採用，有些仍處於實驗階段。

㈠評分，計算與分數報告

利用計算機進行試題的評分、統計及報告分數等，大約在一九五〇年代就開始了，不過，當時的效率不如現在。

㈡分析試題

運用計算機進行試驗分析，如試題難易度和鑑別度之分析，很早以前就已開始。但現在的許多分析方法與過去有很大的不同，如上面提到「項目反應理論」就是一個利用電子計算機進行試題分析的新理論。這些理論需要利用許多複雜的數學及統計學的知識，因此，現在運用電子計算機進行試題分析已與過去大不相同。這也可說計算機的便利，促進了新的計量理論的發展。

㈢執行考試

運用計算機執行考試是目前一種很普遍的做法，監理所的路考筆試就是很好的例子，考生只要坐在電腦旁邊，把自己的答案

輸入電腦，他們旣不需要在紙上作答，也不需要用筆來答題。應用電子計算機來執行考試有很多種類型，其中較重要的一種是：把原來的測驗題目輸入電腦中。這種方式之實施與紙筆作答無差別，因此，可以說這種方式只是使用電子計算機替代紙和筆而已。這種方法不宜大力地提倡，因爲，如果只是單純的利用電子計算機替代紙和筆，倒不如把印好的測驗題本發給受試者，這樣，同時間就可施測許多人。相反地，用電子計算機反而受試者人數受到限制。

㈣運用於適性測驗與診斷性測驗

關於適性測驗，前面有專章討論，在此不必重述。所謂診斷性測驗，就是當主試者要測定受試者未具某一特定的特質時使用的測驗。如一位老師想了解某一位學生在某種技能，或某一方面的內容有沒有學會時，即可使用診斷測驗。這類測驗的主要目的在發現學生某些心理特質或知識之不足。同時，這些測驗（包括適性測驗）是無法用紙與筆來完成的，只能透過電子計算機來進行，因爲電子計算機可以根據學生作答的情況適當地調整試題。

㈤編製題庫與測驗

題庫並非等於把題目簡單地放在一起。題庫英文爲「item bank」，bank原意爲銀行。我們都知道，銀行裡的錢存在帳戶裡，有一定的編號，也就是說，按一定的方式，將它系統地排

列。題庫中的試題也一樣，每個題目按不同的特徵分類、排列並註明各種參數（如難度、鑑別度）估計值。當需要試題編製測驗時，這些試題可以按其特徵抽取出來。編製測驗也一樣，可以根據自己的測驗構想，把各種特徵、條件、參數輸入電子計算機，然後抽取電腦中存儲的試題，組成你所需要的測驗題本，而這些工作即可利用電子計算機來完作。

㈥撰寫試題

在撰寫試題、評閱主觀題、人工智慧與應用等方面，電子計算機之運用都還處於研究階段，尚未被普遍地採用。運用計算機協助撰寫試題，目前已有多種研究報告，但卻還未被普遍接受。科學家擬研究建立一個程序，只要把內容輸入電腦中，再把要求和注意事項輸入，即可得到所需要的試題。

㈦評閱主觀題

利用電子計算機幫助人們評定主觀試題（如作文）時，只須編寫一個程序，包括文章結構、內容的選擇和句子的構造等各種標準和條件，電腦就可以進行判斷。利用電腦評定主觀試題可以彌補人主觀試題評定時產生的不一致的結果。

㈧人工智慧與應用

利用電腦的人工智慧，不但可以幫助我們完成前面所提的那

些工作，同時也可以做一些與人腦功能相似的工作。如作判斷、選擇最佳實現的方法和途徑等。人工智慧在教育測量上運用的前景是無可限量的，對我們前面所敍述的一切工作，例如撰寫試題、評閱主觀題、分析試題、適性測驗等工作，都將產生深遠的影響。

第三節　認知心理學對教育測量的挑戰

教育測量一向只注重計量理論，以計量理論爲理論基礎。但實際應用時，卻發覺光靠計量理論，仍有欠缺之處。認知心理彌補了這個缺陷。

一、傳統測量與認知心理學：相關法與實驗法

近幾年來，認知心理學理論對傳統教育測量提出多次的挑戰。他們認爲傳統教育測量理論很不完備，它不能有效地反映受試者眞實的情況。其中，最大的批評是傳統教育測量通常採用相關法，而這種相關法是建立在下列這個基本假設的：兩變項的關係是呈直線的。這種方法往往用線性的模式去確定各種關係，例如要確定一個測驗的信度，傳統的教育測量理論通常使用的方法是利用同樣的測驗對同一個群體前後施測兩次，計算相關係數；

如果相關係數高，就說信度高；相反地，相關係數低就說信度低，這種相關法對測驗中的某一個題目往往只注意受試者是否答對，至於為什麼答錯，為什麼答對，都無法了解；換言之，用這種相關法，研究者只能了解結果而不能了解過程，所以認知心理學家認為這種方法無法對受試者作全面的了解。事實上，測驗不能使用相關法，應該使用實驗法。所謂實驗法，就是把測驗，甚至每個題目都視為是一種實驗處理，如此，當一個試題出現後，看受試者如何反應和為什麼如此反應，以便找出它們之間的因果關係。認知心理學把試題當成因，把答案看成是果，他們認為應該結合這兩方面來考察它們之間的關係，因此，認知心理學的理論對教學理論具有相當的啟示作用。因為以教學理論而言，考試並不是目的，實施測驗的目的主要在了解學生在哪些方面不足，以便採取補救方法加以改進。

二、認知心理學對教育測量的貢獻

認知心理學對教育測量所作的貢獻主要顯現於三個方面：即結構效度、設計新的測量方式、和改進性向、學習與成就的測驗理論。

(一)認知心理學對結構效度的觀點

結構效度是指一個測量工具，能測量到所要測的心理特質之

程度。傳統測量理論往往採用相關法來估計結構效度。例如，當
要估計一個有關創造力測驗的結構效度時，按照傳統的做法，往
往先將此測驗給學生測試，然後請專家，特別是了解這些學生創
造力情況的教師，對這些學生的創造力進行評定。然後把學生測
試所得的結果與專家評定的結果進行統計處理，求出它們之間的
相關係數。假如相關係數高，就認定這個測驗的結構效度高，反
之，則說結構效度低。認知心理學對這種效度的估計法提出了批
評，認爲按照這種方法所估計出的測驗結構效度並無法說明什
麼。按認知心理學的觀點，應該把測驗結構效度的估計看做是一
種實驗，即把每一個測驗試題看成是一個實驗處理，這些試題逐
步經過適當的實驗控制處理後，將所得的結果經過分析，才能了
解這個測驗的結構效度是如何。現在許多教育測驗理論在談論結
構效度及其估計時往往採用這種說法。

㈡認知心理學對設計新的測量方式所作的貢獻

認知心理學對創造新的測量方式產生很大的啓示作用。如我
們前面所說的診斷性測驗即是一例。以往在編製這類測驗時，往
往用相關法。例如，我們要編製一個測量學生數學方面的診斷性
測驗，了解學生在那些方面已經學會，那些方還沒有學會，一般
的作法是給學生施測這個測驗，然後把所得的結果與所訂的標準
相比較。但認知心理學認爲這種方法編製的診斷性測驗，並不能
完全反映學生的眞實情況。他們認爲：應當把編製測驗的過程看

作是一個實驗過程，編製者對每一個題目都應視爲一個實驗處理看待，看看它的性能、品質是否能達到預期的目標。目前，許多認知心理學專家已投入新的測驗編製工作。

㈢改進性向、學習與成就測驗的理論

　　最近幾年，認知心理學在許多方面影響一些傳統的測驗形式，如性向、學習與成就測驗等。因爲認知心理學一方面對傳統測量理論提出批評，指出其中的不足，另一方也對一些概念，例如什麼是性向、什麼是學習或成就，都提出自己的看法。有些人反對用性向測驗，因爲他們認爲性向測驗的題目與成就測驗的題目沒有什麼不同。那麼，究竟性向測驗試題與成就測驗試題有什麼區別呢？僅憑目視是很難區別的，唯有靠認知心理學的方法才能區別。例如，認知心理學家認爲，人的反應速度是人類性向的一個基本成分，所以當人們在編製性向測驗時，往往把反應速度看作是一個不可少的性向因素。因此，認知心理學確能彌補計量理論之不足，目前正在改變人們對傳統測量理論的看法。

　　近年來，美國教育測量理論正著手進行一個大規模的運動：將傳統教育測量理論與認知心理學觀點統合起來。如此顯示，人們已經普遍地看到傳統測量理論有其不完整的一面。因此，對改進傳統測量理論而言，認知心理學的觀點的確扮演相當重要的角色。

第四節　實作評量

　　教師在課堂中，除了使用紙筆式測驗收集學生重要的學習結果外，當學生學習的行為涉及某種活動，例如演說、實驗、製作成品（如做書架）的行為時，用紙筆式的評量技術評估學生這種學習行為就不適宜了。為能正確評估這些技能和行為的表現，老師應該觀察和判斷每一個學生實際表現或結果。這種教師觀察和判斷學生進行一項活動或製造一項成品過程或結果的評量方式，稱為**實作評量**（performance assessment）。實作評量可讓教師直接觀察學生表現的過程和所製造出來的最後成品，實作評量要求學生表現可觀察的過程，如演奏樂器、朗讀、吟詩、測量周長等具體行為，所有的過程通常是由下列幾個特徵所組成，學生表現的適當與否需根據這些特徵來評量。實作評量有下列四個明顯的特徵：

一、要求學生應用教過或練習過的知識與技能；

二、呈現的過程要事先指定；

三、呈現的過程是可直接觀察的；

四、按照指定的標準對學生表現加以計分。

　　事實上，實作評量並非新興的評量方法，只是因最近有些學者對客觀式試題之不滿，於是重新燃起對這種評量方法的重視。

對這種評量方法之發展、可行性、及如何評鑑等問題，學者們各自提出自己的看法，以下將此方法簡單介紹。

一、贊成這種評量方法的原因

第一，對選擇題的不滿意。認為選擇題有偏向（bias），往往與教學內容脫節，只注重分辨能力。但有些學者指出這種看法並不完全正確，認為好的選擇題一樣可以免除這些缺點。第二，受認知心理學之影響。認為選擇題無法測量考生解答問題的過程。至於如何測量這些過程，認知心理學目前仍未提供實際的理論基礎。第三，擔心選擇題所能測得的範圍有限。但是，有些持相反意見的學者卻認為實作評量可能測的深度較大，但所測的題材仍是有限的。第四、使用客觀式試題對教學方法有不良的影響。倘若教學只注重提高學生成績，往往會犧牲應該學習的內容。然而，也有學者持相反的意見，認為果真用實作評量，不但為考試而教學的方式不會改變，同時，教學的範圍恐會變得更狹窄。第五，書本學習（book learning）和實際表現有相當的距離，紙筆式測驗或用口頭發問，學生只能以語言或文字表達自己認為能做的東西，而實作評量則可真正了解學生是否真的會做。就以蛙式游泳而言，能用語言或文字長篇大論的學生，他們在真正下水時未必能進行標準的蛙泳。

二、反對這種評量方法的理由

實作評量最大的困難是在評分方法與評分標準。除非所有主考官都是測量專家，否則這種主觀的評分方法極易引起爭論，同時，要兼顧過程與結果往往造成計分的複雜化。另外一個困難是評分費時，除非有充分的時間，否則就是測量專家評分也難準確。此外，之編制與應用的實作測驗理論尚未充分發展，因此，目前談效度，也只能談表面效度。由於這種測驗的題材有限，明顯地會影響概化的能力，也因而影響到信度。最後一個困難是考試保密性。由於這種考試的題材方式有限，即使試題在考後不公開，被猜中的機率也很大。也有些學者（如，Frechtling,1991）認為實作評量傾向於從多向度看一特定的技能，因此，有過於注意廣度卻忽略深度之現象。

三、實作評量之設計與發展

根據Stigg(1987)，實作評量之設計與發展可分為下列幾個步驟：

第一步：澄清評量的原因。考慮的重點包括：(1)評量的結果用來做哪些決定，(2)那些人要用這些評量的結果，(3)如何用這些評量的結果（如決定等第或精熟程度），(4)描述考生之特徵。

　　第二步：辨明要評鑑那些實際作業。考慮的重點包括：(1)確認內容與技能之要素，(2)選擇作業的類別，(3)決定作業的標準。

　　第三步：習題之設計。考慮的重點包括：(1)選擇練習之形式，(2)決定是否預先宣佈，(3)決定要收集多少證據（抽樣一次或數次）。

　　第四步：作業評定計劃之設計。考慮的重點包括：(1)決定所需分數之類別，(2)決定評分者身份，(3)證明分數的計分方法。

四、鑑定實作評量品質之標準

　　一般說來，評鑑客觀試題之標準仍然適用於實作評量。但下列幾個要項值得特別強調（ Linn, Baker & Dunbar, 1991 ）：

1. 要考驗這種評量之效度，應考慮利用這種評量後可能會產生那些後果？
2. 應考慮採用這種評量對所有的考生是否公平？
3. 評量結果可能被概化的程度如何？
4. 此類試題所包括的認知複雜又如何？
5. 內容的品質及其包涵的範圍如何？
6. 此測驗是否真的有意義？
7. 所需的代價及其效率如何？

第五節 使用測驗爭論

在八十年代及九十年代初期，美國測量界有下列幾個值得注意的事項。由這幾個例子可以看出，測驗之應用有時會產生無法預期的爭論，所以測驗之編製與應用應該謹慎小心（Linn, 1989）。

一、辦學的績效（accountability）

指測驗之結果被用來作爲政策決定時所引發的問題。它包含了誰該對某些事負責之涵意。七十年代之最低能力測驗（minimum-competency testing）運動就是一個例子。由於績效問題之影響，教育當局和學校共同努力辦學，期望所有學生能通過此類考試。但學童考試失敗並不一定是老師、學校，或教育當局的責任。

教師能力之證明考試也是績效問題之一。如何決定最低的教師能力成爲大家關心的重要測量問題。九十年代初期，最重要的績效問題該算是教育進步的全國性評量（National Assessment of Educational Progress, NAEP）。這個考試不但被用來估計美國學童學業成就的程度，考試的結果也用作州與州之間學童學

業成就之比較。然而，這種比較是否合理，仍在爭論中。

　　我國教育部爲了解國中、國小學生之基本學習成就，亦曾於民國八十三年對台灣區部分國中國小實施部分學科基本學習成就之評量，並將結果作爲城鄉平衡教育之參考，事實上這種評量之實施受NAEP影響巨大。

2.測驗的偏向（test bias）

　　所謂測驗的偏向是指測驗是否對某一群體有利，而對另一群體不利的現象。例如甲、乙二人能力相當，但性別不相同。如果某題目甲能答，乙不能答，那這個題目就有性別偏向的可能。目前，偏向的定義紛歧，因此，這個詞彙也漸被「Differential Item Functioning (DIF)」所取代。DIF包含較廣，意味著某些題目對不同的群體會有不同反應，但並不一定是偏向所造成的。

　　除了性別差異以外，在美國，最重要的算是種族之間的差異。除非一個測驗能被證明無偏向，否則，用測驗的結果用來決定是否被錄取將被認爲不公平，這對測驗編製者而言，是一個很棘手的問題，因此，這個問題是研究教育測驗的熱門課題之一。

三、全國性中小學生成就標準

　　美國爲了提高中小學生的程度和學業成就，頒佈了全國性中

小學生成就標準。其理由是：很多人認爲全國沒有統一的教學要求與標準，往往會造成地方發展不均衡的現象，教育水平高低不一。就理論而言，這也是一種不公平。所以希望能藉此共同標準，以減少地方之差距。

然而，美國各州的教育情況迥異，而教育又完全由州政府各自負責。要建立統一的標準，實在不容易，況且，頒佈的標準是否合理，更是爭論不一。近年來，中小學某些年級進行統一考試，因此，如何利用這些考試的結果也是重要爭論之一，教師深怕這些分數會影響他們的升遷，而教育行政部門則怕影響他們的政績；實際上，這種成績並不能完全代表教學的功能，所以，用這類分數來評鑑教師與學校之功能顯然是不適當的。因此，有一種折衷的辦法，是把統一考試的分數分發給各學校或學區，由他們自行決定如何使用。不管如何，總是在統一標準問題上進行了一次有益的嘗試。

四、測驗應用標準

美國教育與心理測量職業團體一向關心測量工具是否被適當使用，歷年來曾頒佈幾次技術性的指南，希望測驗編製者和應用者能共同遵守，以避免測量工具的誤用。這些指南也應時代之變遷，不斷地在修改。

由於這些指南與標準之應用完全是自願的，因而有些學者認

爲毫無用處。雖然如此，當有關測量問題的爭論進入法庭，法官在裁定結果時，這些標準卻具有相當的影響力。

五、訴訟與教育測量

　　近年來，因爲教育測量問題而到法院提起訴訟的事件經常發生。其中影響最大的還是有關偏向的問題。在法庭上最常碰到的事是，雇主利用某些測驗來決定應徵者及雇員之採用與升遷。有些沒有被採用或升遷的應徵者與雇員便告到法院，法院只好請測量專家來決定這些測驗是否眞有偏向現象，測驗的結果是否可靠。

　　另外一個例子是有關於性向測驗的問題。我們前面已提及，有些專家反對使用性向測驗，因爲性向測驗與成就測驗不易分辨，並且易被誤用。例如，有些老師根據學生某次性向測驗的成績，判定該生爲智能不足，造成學生一生無法造脫離這個標記，甚至影響他一生之發展。此外，有色人種也反對性向測驗的使用，特別是黑人，因爲他們覺得性向測驗是以中產階級的白人爲背景而編製的，對其他的社會階層是不公平的。所以有些州規定不能使用性向測測，有些州甚至規定試題在考試後要公開。以上這些例子，都是法律訴訟影響教育測驗之編製與應用的例子。

參考書目

Linn, R.L. (Ed.)(1989). Educational measurement (3rd. ed.) N. Y.: Macmillan.

Linn, R.L. Baker, E.L., & Dunbar. S.B. (1991). Complex, performance–based assessment: Expectations and validation criteria. Educational Researcher, 20(8), 15–21.

Stiggins, R.J. (1987). Design and development of performance assessments. Journal of Educational Measurement, 6(3), 33–42.

索　引

漢英對照

依英文字母起頭及名詞筆劃序排列。

下列名詞後所列之數字爲該名詞在本書中出現之頁數。

英漢對照

測驗評量 6　心理與教育測驗

作　　者：周文欽、歐滄和、許擇基
　　　　　盧欽銘、金樹人、范德鑫
總 編 輯：林敬堯
發 行 人：洪有義
出 版 者：心理出版社股份有限公司
社　　址：台北市和平東路一段 180 號 7 樓
總　　機：(02) 23671490　　傳　　真：(02) 23671457
郵　　撥：19293172　心理出版社股份有限公司
電子信箱：psychoco@ms15.hinet.net
網　　址：www.psy.com.tw
駐美代表：Lisa Wu　　tel: 973 546-5845　　fax: 973 546-7651
登 記 證：局版北市業字第 1372 號
印 刷 者：玖進印刷有限公司
初版一刷：1995 年 11 月
初版九刷：2008 年 9 月

ISBN 978-957-702-145-8

讀者意見回函卡

No. _____　　　　　　　　　　填寫日期：　年　月　日

感謝您購買本公司出版品。為提升我們的服務品質，請惠填以下資料寄回本社【或傳真(02)2367-1457】提供我們出書、修訂及辦活動之參考。您將不定期收到本公司最新出版及活動訊息。謝謝您！

姓名：_____　　　　性別：1□男　2□女

職業：1□教師 2□學生 3□上班族 4□家庭主婦 5□自由業 6□其他____

學歷：1□博士 2□碩士 3□大學 4□專科 5□高中 6□國中 7□國中以下

服務單位：_____　部門：_____　職稱：_____

服務地址：_____　　電話：_____　傳真：_____

住家地址：_____　　電話：_____　傳真：_____

電子郵件地址：_____

書名：_____

一、您認為本書的優點：（可複選）

　❶□內容 ❷□文筆 ❸□校對 ❹□編排 ❺□封面 ❻□其他____

二、您認為本書需再加強的地方：（可複選）

　❶□內容 ❷□文筆 ❸□校對 ❹□編排 ❺□封面 ❻□其他____

三、您購買本書的消息來源：（請單選）

　❶□本公司 ❷□逛書局⇨_____書局 ❸□老師或親友介紹

　❹□書展⇨____書展 ❺□心理心雜誌 ❻□書評 ❼其他_____

四、您希望我們舉辦何種活動：（可複選）

　❶□作者演講 ❷□研習會 ❸□研討會 ❹□書展 ❺□其他____

五、您購買本書的原因：（可複選）

　❶□對主題感興趣 ❷□上課教材⇨課程名稱_____

　❸□舉辦活動 ❹□其他_____　　（請翻頁繼續）

心理出版社 股份有限公司

台北市 106 和平東路一段 180 號 7 樓

TEL: (02) 2367-1490

FAX: (02) 2367-1457

EMAIL:psychoco@ms15.hinet.net

沿線對折訂好後寄回

六、您希望我們多出版何種類型的書籍

　　❶□心理 ❷□輔導 ❸□教育 ❹□社工 ❺□測驗 ❻□其他

七、如果您是老師，是否有撰寫教科書的計劃：□有□無

　　書名／課程：＿＿＿＿＿＿＿＿＿＿＿＿＿＿＿＿＿＿＿＿＿＿＿

八、您教授／修習的課程：

上學期：＿＿＿＿＿＿＿＿＿＿＿＿＿＿＿＿＿＿＿＿＿＿＿＿＿＿＿

下學期：＿＿＿＿＿＿＿＿＿＿＿＿＿＿＿＿＿＿＿＿＿＿＿＿＿＿＿

進修班：＿＿＿＿＿＿＿＿＿＿＿＿＿＿＿＿＿＿＿＿＿＿＿＿＿＿＿

暑　假：＿＿＿＿＿＿＿＿＿＿＿＿＿＿＿＿＿＿＿＿＿＿＿＿＿＿＿

寒　假：＿＿＿＿＿＿＿＿＿＿＿＿＿＿＿＿＿＿＿＿＿＿＿＿＿＿＿

學分班：＿＿＿＿＿＿＿＿＿＿＿＿＿＿＿＿＿＿＿＿＿＿＿＿＿＿＿

九、您的其他意見

＿＿＿＿＿＿＿＿＿＿＿＿＿＿＿＿＿＿＿＿＿＿＿＿＿＿＿＿＿＿＿＿

謝謝您的指教！

81006